Kleines Fachwörterbuch Wirtschaftsförderung

Englisch–Deutsch
Deutsch–Englisch

Zusammengestellt und bearbeitet von
Rolf Diel und Dieter Wessels

Herausgegeben vom
Kommunalverband Ruhrgebiet

Verlag W. Girardet

1. Auflage 1986
Bestellnummer 51236

Alle Rechte vorbehalten
© W. Girardet Buchverlag GmbH, Düsseldorf 1986
Vertrieb und Auslieferung:
Cornelsen-Velhagen & Klasing Verlagsgesellschaft, Bielefeld
Satz: Satz-Rechenzentrum Hartmann + Heenemann, Berlin
Druck: Boss Druck, Kleve
Printed in Germany

ISBN 3-7736-5123-6

Geleitwort

Angesichts anhaltend hoher Arbeitslosenzahlen spielt die kommunale Wirtschaftsförderung innerhalb der lokalen Wirtschaftspolitik eine immer wichtiger werdende Rolle, wobei die Schwerpunkte in den vergangenen Jahren von einer Ansiedlungspolitik auf die Sicherung der Bestandspflege verlagert wurden. In Zukunft wird dieser Aspekt noch mehr in den Vordergrund treten und damit auch das Aufgabenprofil der kommunalen Wirtschaftsförderung prägen. Sie wird sich nicht mehr auf die Vermarktung von Flächen beschränken können, sondern vielmehr eine Beratungsfunktion erfüllen müssen, und zwar in allen unternehmensrelevanten Problemstellungen wie z. B. Technologie-, Management-, Finanzierungs-, Existenzgründungs- und Exportfragen.

Gerade bei der immer weiter zunehmenden Internationalisierung der Wirtschaftsbeziehungen ist es insbesondere für ein so exportorientiertes Land wie die Bundesrepublik von Bedeutung, daß eventuell bestehende Sprachbarrieren nicht zu einer Behinderung des Handels führen können. So weit gesteckt wie das Feld der Wirtschaftsförderung, so vielfältig sind auch die Fachbegriffe derer sie sich bedient.

Ich begrüße es daher außerordentlich, daß mit dem „Kleinen Fachwörterbuch Wirtschaftsförderung" ein wesentlicher Teil dazu beigetragen wird, die Verständigung mit und im Ausland auf diesem so schwierigen Gebiet der Wirtschaftsförderung zu erleichtern. Die nordrhein-westfälische Landesregierung unterstützt gerade auch bei den Exporten die heimischen Unternehmen durch gezielte Aktionen und Programme, um im weltweiten Wettlauf die eigene Wettbewerbsfähigkeit zu stärken und vorhandene Entwicklungsmöglichkeiten zu nutzen.

Prof. Dr. Reimut Jochimsen
Minister für Wirtschaft, Mittelstand und Technologie
des Landes Nordrhein-Westfalen

Geleitwort

Mitte des vergangenen Jahres entschloß sich der Kommunalverband Ruhrgebiet zur Herausgabe eines Wörterbuches, das dem fachsprachlichen Wortschatz der Wirtschaftsförderung gewidmet ist.

Durch die tiefgreifenden Veränderungen in der wirtschaftlichen Entwicklung und in der Wirtschaftsstruktur der Bundesrepublik – aber auch in den übrigen westlichen Industriestaaten – hat sich auch das Aufgaben- und Anforderungsprofil der kommunalen Wirtschaftsförderung in den vergangenen Jahren stark gewandelt. Dabei hat der Beratungsaspekt wesentlich an Bedeutung gewonnen und immer häufiger wird auf internationale Erfahrungen zurückgegriffen. ,,Enterprise Zones", ,,High-Tech" und ,,Technologieparks" sind nur beispielhafte Schlagworte hierfür. Die Ergebnisse derartiger Projekte und Modellversuche werden angesichts wirtschaftlicher Probleme sehr schnell – und vor allem zuerst in der internationalen Diskussion – aufgegriffen.

Mit dem vorliegenden Kleinen Fachwörterbuch Wirtschaftsförderung soll nun einerseits der Versuch gemacht werden, für relativ junge Fachbegriffe wie z. B. Venture Capital eine unmißverständliche Übersetzung in die jeweilige Sprache zu finden, in der diese Ausdrücke teilweise noch nicht gebräuchlich sind. Andererseits soll der Wortschatz ein nützliches Hilfsmittel bei den Kontakten und Korrespondenzen zwischen deutsch- und englischsprachigen Akteuren aus Politik, Verwaltung und Wirtschaft sein.

Prof. Dr. Jürgen Gramke
Verbandsdirektor des
Kommunalverbandes Ruhrgebiet

Vorwort

Das hier vorgelegte Wörterbuch Wirtschaftsförderung erfaßt mit etwa 12 000 Einträgen die Sprache in einem Bereich wirtschaftlicher und politischer Tätigkeit, der seit einigen Jahren eine ständig zunehmende Bedeutung für die Gestaltung der Wirtschaftsstruktur von Regionen, Kreisen, Städten und Gemeinden gewonnen hat. Parallel zu dieser Entwicklung hat sich eine Terminologie herausgebildet, die in den bekannten Fachlexika bisher nicht oder nur in unzureichendem Maße Berücksichtigung gefunden hat. Angesichts der anhaltenden Wortschöpfungen auf diesem Fachgebiet kann diese Sammlung nur eine Bestandsaufnahme sein, die von Zeit zu Zeit der Aktualisierung bedarf.

Die Verfasser haben umfangreiches Quellenmaterial öffentlicher Körperschaften und privater Institutionen ausgewertet. Dazu gehörten insbesondere Projektstudien und -informationen, Werbeprospekte von Kommunen und überörtlichen Förderungsträgern, statistische Berichte sowie Unterlagen von Fachtagungen aus dem deutschen und anglo-amerikanischen Sprachraum. In das Wörterbuch wurden nur solche Begriffe und Bedeutungsvarianten aufgenommen, die im Kontext Wirtschaftsförderung Verwendung finden.

Das Projekt wurde von Herrn Dr. Dieter Hockel angeregt, dem die Verfasser für die interessierte und aufmunternde Begleitung zu aufrichtigem Dank verpflichtet sind. Ebenso herzlicher Dank gebührt den Herren Andreas Schlieper und Hans Ulrich Lücke vom Kommunalverband Ruhrgebiet, Abteilung Wirtschaftsstruktur, EDV, Statistik, für die in jeder Arbeitsphase höchst angenehme und konstruktive Betreuung sowie die Hilfe bei der Definition von Begriffen, für die Übertragungen oft erst geschaffen werden mußten.

Das entlastet uns nicht von der Verantwortung für die sprachliche Richtigkeit des Wörterbuchs. Wir wären den Benutzern dankbar, wenn sie durch Hinweise auf Fehlübertragungen, Lücken und Neubildungen dazu beitragen würden, das Wörterbuch zu einem nützlichen Instrument für die internationale Verständigung über Fragen der Wirtschaftsförderung zu machen.

Rolf Diel
Dr. Dieter Wessels

Hinweise für den Benutzer

In die vorliegende Wortschatzliste wurden nur solche Einträge und Lösungen aufgenommen, die in engem thematischen Zusammenhang mit Wirtschaftsförderung stehen. Stichwörter mit eindeutig betriebs- und volkswirtschaftlicher sowie technischer Zuordnung möge man in den einschlägigen Wörterbüchern aufsuchen.

Die alphabetische Zuordnung erfolgt in absteigender Reihenfolge nach den Wortkategorien Substantiv, Verb, Adjektiv, Adverb. Stichwörter im Plural werden gleichrangig mit der Singularform behandelt. Evtl. sich ergebende Flexionsänderungen sind kenntlich gemacht. In der Hierarchie des Stichworteintrags schließen sich nach- bzw. vorgestellte präpositionale Appositionen, Adjektivappositionen und Verbphrasen gefolgt von Nominalkomposita an.

Ist in einem Ausdruck oder einer Wendung eine nachrangige Wortkategorie bedeutungstragend (vgl. *commercial, economic, industrial*), so sind die Einträge unter der bedeutungstragenden Einheit abgelegt. Diese Zuordnung, die in Einzelfällen willkürlich erscheinen mag, hat sich in der Praxis bewährt. Es wird empfohlen, gegebenenfalls auch unter den übrigen Begriffen eines Ausdrucks nachzuschlagen.

Bei der Rechtschreibung war die englische Schreibweise maßgebend. Nur bei Stichwörtern, die ausschließlich im amerikanischen Englisch Verwendung finden, wurde die amerikanische Schreibweise beibehalten. Die Endungen *-ize, -ization* sind in der Regel in dieser Schreibweise wiedergegeben.

Verzeichnis der Abkürzungen

Adj.	=	Adjektiv
Btx	=	Bildschirmtext
coll.	=	umgangssprachlich
EDV	=	Elektronische Datenverarbeitung
EG	=	Europäische Gemeinschaften
fig.	=	figurativ
GB	=	britischer Gebrauch
jur.	=	juristisch
o.s.	=	oneself
Pl.	=	Plural
sb.	=	somebody
Sg.	=	Singular
sth.	=	something
Subst.	=	Substantiv
US	=	amerikanischer Gebrauch

PART 1
English–German

A

ability to act Handlungskompetenz
in absolute terms absolut (gesehen)
academic community Universitäts-/Hochschulbereich, Universitätskreise
the up-and-coming/young academics wissenschaftlicher Nachwuchs
acceptability Tragfähigkeit, Akzeptanz; **environmental a.** Umweltverträglichkeit; **social a.** Sozialverträglichkeit, soziale Verträglichkeit
acceptable tragfähig
access (permission) Zugang, Zugriffsmöglichkeit; **a. to the market** Zutritt zum Markt; **authorized a.** Zugriffsberechtigung; **a. highway** Autobahnverbindung; **a. point** Zugang, Tor; **a. road** Erschließungsstraße/-weg, Stichstraße; **a. time** *(EDV)* Suchzeit
job-related accident Betriebsunfall
to accommodate a need ein Bedürfnis befriedigen, einem Bedürfnis Rechnung tragen
accommodation Unterkunft
to bring into accord in Einklang bringen
account Bericht, Darstellung, Aufzeichnung; **to audit the a.s** die (Geschäfts-)Bücher prüfen; **a.s payable** Verbindlichkeiten
accountability Rechenschaftspflicht
accountant Buchhalter, Wirtschaftsprüfer, Rechnungsprüfer, Steuerberater
national accounting volkswirtschaftliche Gesamtrechnung
accounting agency Buchungsstelle
achievement Leistung, Errungenschaft; **social a.** sozialpolitische Errungenschaft; **a. motivation** Leistungsmotivation
acquisition Erwerb, Aufkauf, Firmenübernahme; **a. of land** Grundstückskauf/-erwerb
acreage Grundfläche
scope of action Handlungs-/Aktionsspielraum; **sphere of a.** Handlungsbereich; **a. programme** Aktionsprogramm
activity Betätigung, Beschäftigung, Geschäftigkeit; **industrial or commercial a.** Gewerbetätigkeit; **a. mix** Fächer von Maßnahmen, Struktur der Aktivitäten, Branchenstruktur, Gemengelage; **a. rate** Erwerbsquote; **economic a. rate** Beschäftigungsquote
pressure to adapt Anpassungsdruck; **willingness to a.** Anpassungsbereitschaft
adaptability Anpassungsfähigkeit/-verhalten
adaptation Anpassung; **a. to the landscape** Einfügung in das Landschaftsbild; **structural a.** strukturelle Anpassung; **a. allowance** Umstellungsbeihilfe; **a. grant** Anpassungsbeihilfe; **a. requirement** Anpassungserfordernis
add-on Zusatz, Aufstockung
adequate angemessen, leistungsgerecht; **a.ly** in angemessenem Umfang
need to adjust Anpassungsbedarf; **willingness to a.** Anpassungsbereitschaft
adjustment Anpassung, Angleichung, Umstellung; **structural a.** strukturelle Anpassung; **a. strategy** Anpassungsstrategie
administration (→ *government*) Verwaltung, Regierung; **a. block** Verwaltungsgebäude; **a. costs** Verwaltungskosten/-aufwand
administrative| acts Verwaltungshandeln; **regional a. body** Gebietskörperschaft; **a. boundary** Verwaltungsgrenze; **a. centre** Verwaltungszentrum; **a. charges/fees** Verwaltungsgebühren; **a. reform** Verwaltungsreform; **a. splitting** unterschiedliche Verwaltungszuständigkeit, Zersplitterung der Verwaltungszuständigkeit; **a. unit** Verwaltungseinheit, **a. work** Verwaltungstätigkeit
adult education Erwachsenenbildung; **a. e. centre** Volkshochschule
advance Fortschritt, Vormarsch, Weiterentwicklung, Vorleistung, Vorschuß; **a. contribution** Vorleistung; **a. financing** Vorfinanzierung; **a. payment** Vorleistung, Vorschuß
advancement (→ *promotion*) Förderung, Aufstieg; **a. programme** Förder(ungs)programm
advantage Vorteil, Nutzen
adversarial gegensätzlich
to advertise Werbung machen
direct/selective advertisement gezielte Anzeige
educational/informational advertising aufklärende Werbung; **prestige a.** Imagekampagne; **a. campaign** Anzeigenserie; **a. circular/letter** Werbeanschreiben; **a. concept** Werbekonzept; **a. material** Werbematerial; **a. method** Werbemethode; **a. motive** Anzeigenmotiv
advice (→ *consultancy, consulting, counselling*) Beratung(-shilfe), Gutachten; **a. for exporters** Exportberatung; **a. for importers and exporters** Außenwirtschaftsberatung; **a. on (potential) areas of application** Anwendungsberatung; **a. on the scope of new technologies** Technologieberatung; **a. given** Beratungshilfe
advisory| function Beratungsfunktion; **a. service** Beratungsdienst/-tätigkeit; **a. service for companies** Betriebs-/Unternehmensberatung; **range of a. services** Beratungsangebot

advocate Befürworter
aerospace industry Luft- und Raumfahrtindustrie
age structure Altersstruktur/-aufbau
agency (→ *board, department, government, office*) Amt, Behörde, Stelle, Agentur, Vertretung, Vermittlungsbüro/-funktion, Handelsvermittlung, Verkaufsbüro; **agencies of state/county government** Stellen der Landesregierung; **accounting a.** Buchungsstelle; **governmental a.** Verwaltungsbehörde; **implementing a.** vollziehende Institution; **non-commercial a.** staatliche Stelle; **public a.** öffentliche Körperschaft; **publicly-sponsored a.** staatlich geförderte Körperschaft; **responsible a.** zuständige Stelle, zuständiges Amt; **sponsoring a.** tragende Institution; **subordinate a.** nachgeordnete Behörde
agent Vermittler, Vertreter, Handelsmakler, Mittelsmann
agglomeration Anhäufung, Konglomerat, Agglomeration, Ballungsgebiet/-raum, Verdichtungsraum; **a. advantage** Fühlungsvorteil; **a. economies** Agglomerationsvorteile
aggregate(s) depot Sammellager
aging of the population Überalterung der Bevölkerung
agricultural| and silvicultural land- und forstwirtschaftlich; **a. machinery** landwirtschaftliche Maschinen
agriculture and forestry Land- und Forstwirtschaft
aid (→ *allowance, assistance, benefit, grant, subsidy, support*) Hilfe, Unterstützung, Zuschuß; **financial a.** Beihilfe; **government financial a.** staatliche Förderungsmittel; **normal a.** Regelförderung; **proper a.** sachgerechte Hilfe; **restructuring a.** Umstrukturierungsbeihilfe; **specific a.** gezielte Hilfe; **tied a.** projektgebundene Hilfe; **a. package** Förderungspaket; **a. policy** Förderungspolitik
aim attainment Zielerfüllung
clean air plan Luftreinhalteplan
air pollution Luftverschmutzung; **a. p. abatement system** Anlage zur Luftreinhaltung
airfield Luftverkehrslandeplatz
regional airport Regionalflughafen
alignment (*Stromleitung*) Trasse
to allocate (*Fläche*) ausweisen
allocation Zuteilung, Bemessung, (Mittel-)Zuweisung, Zuwendung, Ausweisung, (*Steuer*) Vergünstigung; **a. of state funds** Vergabe von Landesmitteln

allowance (→ *grant, aid*) Zuschuß, Freibetrag; **a. for wear and tear** Abschreibung für Wertminderung; **accelerated a.** erhöhte Abschreibungen; **annual a.** jährlicher Abschreibungsbetrag, Abschreibung für Anlagegüter; **general and appropriated a.s** allgemeine und zugewiesene Beihilfen; **mills and factory a.** Abschreibung auf Fabrikgebäude; **job familiarisation a.** Einarbeitungszuschuß; **investment a.** Abschreibungen für Investitionen; **settling-in a.** Eingliederungsbeihilfe
alloy(-ing) Legierung
all-time high absoluter Höchststand
alteration (Ver-)Änderung, Verschiebung; **a.s** Umbaumaßnahmen
amalgamation Verflechtung, (*Gemeinden*) Zusammenschluß
amelioration (Boden-)Verbesserung
Amendment of the Clean Air Act Novelle zur TA Luft
amenities Erholungseinrichtungen; **a. for leisure time** Freizeitangebot
cultural amenity kulturelle Einrichtung
amortization (→ *depreciation, write-down*) Abschreibung, Amortisation; **a. period** Amortisationszeit
to analyse prüfen
analysis Analyse, Untersuchung; **a. of aerial photos** Luftbildauswertung; **environmental a.** Umweltanalytik
annex (*Bericht, Urkunde*) Anlage
to announce ansagen, verkünden, bekanntgeben, melden
announcement Bekanntmachung; **official a.** amtliche Bekanntmachung/Mitteilung
annual burden/charge Jahresbelastung
annuity Annuität
to anticipate changes Veränderungen vorhersehen/vorausberechnen
anti-inflation policy Anti-Inflationspolitik
anti-pollution| installations Umweltschutzanlagen; **a.-p. investment** Umweltschutzinvestition; **a.-p. legislation** Umweltschutzgesetzgebung
anti-trust commission Kartellamt
apparel industry Bekleidungsgewerbe
appendix (*Buch*) Anhang, Anlage
applicant Antragsteller, Bewerber, Anmelder
application Antrag, Bewerbung, Anmeldung, Gebrauch, Verwendung(-szweck), Anwendung, Nutzungsmöglichkeit; **a. for a grant/subsidy** Förderantrag; **a. for refinancing** Refinanzierungsantrag; **a. in writing** schriftlicher Antrag; **field of a.** Anwendungsbereich; **form of a.** Einsatzmöglichkeit; **period of a.** Antrags-

frist; **receipt of the a.** Eingang des Antrags; **commercial a.** kommerzielle Anwendung; **individual/separate a.** Einzelantrag; **main a.** Einsatzschwerpunkt; **to file an a. for a patent** zum Patent anmelden; **to find a new a.** einer neuen Nutzung zuführen; **to grant an application** einen Antrag bewilligen; **to make an a. (for sth.)** einen Antrag stellen; **to proceed with an a.** einen Antrag bearbeiten; **to reject an a.** einen Antrag ablehnen; **a. channels** Antragswege; **a. form** Antragsformular/-vordruck; **a.-oriented** anwendungsorientiert; **a. pattern** Nutzungsstruktur; **a.s planning** Einsatzplanung; **a. procedure** Antragsverfahren; **a. programme** *(EDV)* Anwenderprogramm
appointment Termin; **new a.** Neueinstellung
apportionment anteilmäßige Zumessung; **a. of costs** Umlegung; **a. ratio** *(Steuer)* Bemessungsformel
appraisal Bewertung; **detailed a.** eingehende Prüfung; **provisional a.** Zwischenbilanz
appreciation Wertsteigerung
apprentice Auszubildender, Lehrling; **a.ship contract** Ausbildungs-/Lehrvertrag
approach *(gegenüber Problemen)* Ansatz, Vorgehensweise, *(gegenüber Personen)* Ansprache; **a. to planning** Planungsansatz
on an appropriate scale in angemessenem Umfang
appropriation Zuweisung, *(Haushalt)* Ansatz; **a. of profits** Gewinnverwendung
approval Bewilligung, Genehmigung, Zustimmung
aptitude Begabung, Talent, (fachliche) Eignung
area (→ *region*) Gebiet, Gegend, Großraum; **a. for mixed uses** Baufläche mit gemischter Nutzung; **a. of applicability** räumlicher Geltungsbereich; **a. of water** Wasserfläche; **a. in question** Bezugsraum; **a. under cultivation** landwirtschaftliche Nutzfläche; **administrative a.** Verwaltungsgebiet; **associated a.** Umfeld; **blighted a.** Krisenregion; **built-up a.** bebaute Fläche/Grundstücke, Stadtgebiet; **core a.** Kerngebiet, Verdichtungsraum; **densely populated a.** Verdichtungsraum; **depressed a.** Notstandsgebiet; **development a.** Erschließungsgebiet; **disaster a.** *(bei Katastrophen)* Notstandsgebiet; **flooded a.** Überschwemmungsgebiet; **green a.** Grünfläche; **high-density a.** Verdichtungsraum; **improvement a.** Erschließungsgebiet; **leisure a.** Erholungsraum; **metropolitan a.** Ballungsgebiet/-kern; **mixed a.** Mischgebiet; **peripheral a.** Randgebiet, peripherer Raum; **recreation a.** Erholungsgebiet/-raum; **residential a.** Wohn-

siedlungsbereich; **rural a.** ländlicher Raum; **suburban a.** Ballungsrand/-zone; **a. concerned** Bezugsraum; **a. development** innergebietliche Erschließung; **a.-specific** regionalspezifisch; **a.-wide** flächendeckend; **a. zoned for economic activities** Gewerbegebiet; **a. zoned for industrial and commercial activities** Industrie- und Gewerbegebiet
arrangement Vereinbarung, Anordnung, Anlage
arrival Ankunft, Zuzug
articles of incorporation *[US]* Satzung
artificial intelligence künstliche Intelligenz
to ask for anfordern
assemblage Zusammenbau, Montage
assembly| line work Fließbandarbeit; **a. operation/plant** Montagewerk
to assess begutachten
assessed value Schätzwert
assessing Beurteilung
assessment Beurteilung, Bewertung, Einschätzung, Bestandsaufnahme, Erschließungsbeitrag; **upper limit of a.** Bemessungsgrenze; **a. basis** Bemessungsgrundlage; **a. procedure** Beurteilungsverfahren; **a. rate** *(Steuer)* Hebesatz; **a. ratio** Bemessungsfaktor
asset Anlagegut; **a.s** Anlage-/Wirtschaftsgüter, Anlagen, Vermögenswerte, Aktiva, Besitzstand, Aktivposten; **fixed a.s** feste Anlagen; **fixed-a. account** Anlagekonto; **illiquid a.s** unbare Vermögenswerte; **liquid a.s** bare Vermögenswerte; **permanent a.s** Sachkapital; **wasting a.** kurzlebiges Wirtschaftsgut; **a. accounting** Anlagerechnung
assignment Aufgabe(-nzuschnitt), Arbeit, Zuteilung, *(Forderung)* Abtretung; **a. of duties** Aufgabenstellung/-zuweisung
assistance (→ *aid, benefit, grant, subsidy, support*) Hilfe, *(finanziell)* Beihilfe; **financial a.** Finanzhilfe; **deciding whether a company is eligible for a.** Feststellung der Förderungswürdigkeit
assisted area Fördergebiet
associate membership außerordentliche/assoziierte Mitgliedschaft
association Verband; **A. of German Chambers of Industry and Commerce** Deutscher Industrie-und Handelstag (DIHT); **A. of Municipal Corporations** Deutscher Städtetag
assortment (of goods) (Waren-)Sortiment
to start from the assumption (that) von der Einschätzung ausgehen, (daß)
internal audit Rechnungsprüfung, interne Revision

auditing Rechnungsprüfung
austerity Sparsamkeit; **a. measure** Sparmaßnahme
authority Behörde, Instanz; **a. to act** Handlungskompetenz; **a. for granting planning permissions** Baugenehmigungsbehörde; **a. for the protection against noxious substances** Behörde für Immissionsschutz; **constituent a.** Mitgliedsgemeinde/-kommune; **coordinating a.** Koordinierungsstelle; **implementing a.** vollziehende Institution; **learned authorities** Experten, Fachleute; **responsible a.** zuständiges Amt; **sponsoring/supporting a.** tragende Institution; **strategic a.** Planungsbehörde; **supreme a.** oberste Behörde
authorization Erlaubnis, Zulassung, Genehmigung
automation Automation, Automatisierung
automobile/automotive industry Automobil-/Fahrzeugindustrie, Fahrzeugbau
autonomous kreisfrei
auxiliary function Zusatzfunktion
without avail ohne Effekt
available vorhanden, verfügbar; **to be a.** verfügbar sein, bereitstehen; **to hold a.** vorhalten; **to make a.** bereitstellen
average *(Adj.)* durchschnittlich, Durchschnitts-, *(Subst.)* Durchschnitt, Mittelwert; **a. for the federal state** Landesdurchschnitt; **below a.** unterdurchschnittlich; **a. development** Durchschnittsentwicklung; **a. figure/value** Durchschnittswert; **a. revenue** Durchschnittseinnahme
award conditions Vergabebedingungen

B

background *(Gesellschaft)* Umgebung; **b. of promotional activities** Förderkulisse
backlog of demand for investment Auftragsbestand bei Investitionsgütern
balance Ausgewogenheit; **b. to be paid** Restzahlungssumme; **interim b.** Zwischenbilanz
balance sheet Bilanz; **audited b. s.** geprüfte Bilanz; **to draw up a b. s.** eine Bilanz erstellen; **to submit a b. s.** eine Bilanz vorlegen; **b. s. point of view** bilanzieller Gesichtspunkt; **b. s. total** Bilanzsumme
balancing *(Konto)* Ausgleich; **b. of accounts** Bilanzierung; **b. factor** Ausgleichsfaktor
bank Bank, Kredit-/Finanzierungsinstitut; **private b.** Hausbank; **provincial/regional b.** Regionalbank; **to take up money at a b.** einen Bankkredit aufnehmen; **b. facilities** Bankeinrichtungen; **b. loan/credit** Bankkredit; **to raise a b. loan** einen Bankkredit aufnehmen
bankers Bankkreise
banking| centre Bankenplatz/-zentrum; **b. collateral** banktübliche Sicherheit; **b. community** Bankkreise; **b. system** Bankensystem
bankruptcy Konkurs, Insolvenz
bankrupt's estate Konkursmasse
standardized barge Europaschiff
barren| area karges Gebiet; **b. industrial area** Industriebrache
barrier| to innovation Innovationshemmnis; **b. to trade** Handelshemmnis
industrialized base Industriebasis
based ansässig, mit Hauptsitz; **solely b. on one industry** monostrukturiert
base pay Grundlohn
basic| and manufacturing goods sector (Bereich der) Grundstoff- und Fertigungsindustrie; **b. material** Grundstoff; **b. technology** Basistechnologie
basis of information Informationsbasis
batch size Losgröße
beneficial use Nießbrauch
beneficiary Nutznießer, Begünstigter; **beneficiaries** Kreis der Begünstigten
benefit (→ *aid, assistance, grant, support, subsidy*) Nutzen, *(finanziell)* Beihilfe; **b. to be gained** Nutzen; **fringe b.** *(Lohn)* Nebenleistung; **social b.s** öffentliche Sozialleistungen; **supplementary b.** Sozialhilfe; **b.s paid** Leistungsumfang; **b. payment** Unterstützungszahlung
biased einseitig
bid Angebot, *(Auktion)* Gebot; **b. award** Zuschlag, Auftragserteilung; **b. package** Angebotspaket, Komplettangebot; **b.der** Ausschreibungsteilnehmer; **b.ding** Angebotsabgabe, Abgabe einer Offerte; **competitive b.ding process** Ausschreibungsverfahren
bill of emption Kaufvertrag

bing Bergehalde
biotechnology Biotechnik/-technologie
bituminous coal Stein-/Fettkohle
blackball list Index, schwarze Liste
blast furnace Hochofen
blue-collar household Arbeiterhaushalt
blueprint Entwurf, Blaupause
board (→ *agency, department, government, office*) Behörde, Amt, Gremium; **b. of directors** Direktorium; **b. of economic/for industrial development** Amt für Wirtschaftsförderung; **b. of trade** *[US]* Handelskammer; **b. for trade promotion** Amt für Wirtschaftsförderung; **b. for urban development** Amt für Stadtentwicklung
body corporate Körperschaft, juristische Person
bond Schuldverschreibung; **to float/issue b.s** Anleihen begeben; **b. bank** Pfandbriefinstitut
book publisher Buchverlag
boom (blühende) Konjunktur; **b.ing sector** blühender/florierender Wirtschaftszweig
trial boring Probebohrung
borough (→ *district*) *[GB]* Kreis; **b. council** Gemeinderat
borrrower Darlehensnehmer; **b.'s bank** Hausbank; **risk of the b.'s bank** Hausbankrisiko; **b.'s own funding** Eigenleistung
borrowing Kreditaufnahme; **fresh b.s** Neuverschuldung; **net new b.** Netto-Neuverschuldung; **b. target** geplante Neuverschuldung
bottleneck Engpaß; **to clear a b.** Stau auflösen
bottom-up approach progressives Verfahren
branch (→ *industry, sector, trade*) Filiale, Zweigbetrieb, Industrie-/Gewerbezweig; **b. of industry** Wirtschaftszweig; **main b.** Hauptniederlassung; **b. line** *(Bahn)* Nebenstrecke; **b. office** Zweigbüro, (Zweig-)Niederlassung; **b. plant** *(Produktion)* Niederlassung
break clause *(Mietvertrag)* Austrittsklausel
breakdown according to industries *(Statistik)* Branchengliederung
to break even/to reach break-even point die Gewinnzone erreichen
break-off *(Verhandlungen)* Abbruch
breakthrough Durchbruch (am Markt)
brewery Brauerei
brief Handlungsrahmen
to bring into line angleichen
broadband Breitband; **b. cable** Breitbandkabel; **b. cable network** Breitbandkabelnetz; **Integrated Services B. Network (B.ISDN)** Dienstintegrierendes Digitales Breitbandnetz (Breitband ISDN)

broadcast videotext Teletext
glossy brochure/gloss paper brochure Glanzbroschüre
broker Handelsmakler; **b.'s office** Vermittlungsbüro
budget Haushalt, Etat; **administration b.** Verwaltungshaushalt; **operating b.** Betriebsbudget; **b. appropriations** Ausgabenansätze; **b. cut** Haushaltskürzung, Einsparung im Haushalt; **b. estimate** Ausgabenschätzung; **b. funds** Haushaltsmittel; **b. pressures** Haushaltszwänge; **b. requirements** Haushaltserfordernisse; **b. situation** Haushaltslage; **b. year** Haushalts-/Finanzjahr
budgetary planning (procedure) Haushaltsaufstellung/-planung; **medium-term b. p.** mittelfristige Finanzplanung
budgeting| procedure Haushaltsaufstellung; **annual b. process** jährliche Haushaltsaufstellung
buffer function Pufferfunktion
builder Bauträger/-gesellschaft; **would-be b.** Bauinteressent
varied forms of building lockere Bauweise; **developed b.** vollständig eingerichtetes Gebäude; **existing b.s** Baubestand; **new b.** Neubau; **redundant b.** leerstehendes/ungenutztes Gebäude; **residential b.(s)** Wohnbauten, Wohnungsbau; **turnkey b.** schlüsselfertiges Gebäude; **b. code** Bauordnung; **b. company** Baugesellschaft; **b. contractor** Bauträgergesellschaft; **additional b. costs** Baunebenkosten; **b. industry/trade** Baugewerbe/-industrie/-wesen; **economic situation of the b. industry** Baukonjunktur; **b. inspector** Bauaufsicht(-sbehörde); **b. land** Bauland/-fläche; **b. laws and regulations** Bauordnungsrecht; **b. lease** Erbbaurecht; **b. lease agreement** Erbbauvertrag; **permit** Baugenehmigung; **b. plan** Bauplan; **b. plot** Baugrundstück; **b. project** Bauvorhaben/-maßnahme; **completion of a b. (project)** Baufertigstellung; **b. regulations** Bauordnung/-vorschriften; **change in b. regulations** baurechtliche Veränderungen; **b. restrictions** Baubeschränkungen; **b. site** Bauplatz/-grund; **b. surveyor's office** Hochbauamt; **b. trade** Baugewerbe/-handwerk; **b. up** Ausbau; **b. works** Bauarbeiten
bulge age-group geburtenstarker Jahrgang
bulk| articles/goods Massengüter; **b. distribution** Großvertrieb; **b. sale** *[US]* Unternehmens-/Betriebsveräußerung; **b. storage** Großlager
buoyant *(fig.)* blühend

burden *(→ charge)* Last, Belastung; **net b.** *(Steuern, Zinsen)* Nettobelastung
freeing from bureaucracy Entbürokratisierung
bureaucratic impediments bürokratische Hemmnisse
burgeoning blühend
burning Verbrennung
business *(→ company, enterprise, industry)* Unternehmen, Geschäft, Betrieb; **condition for starting a b.** Gründungsklima; **creation/formation of a b.** Unternehmensgründung; **establishment of a b.** Existenzgründung; **founder of a b.** Existenzgründer; **line of b.** Branche, (Wirtschafts-)Zweig, Sektor, Geschäfts-/Erwerbszweig; **retirement from b.** Geschäftsaufgabe; **structure of b.** Unternehmensform, Rechtsform (eines Unternehmens); **type of b.** Betriebsart; **ailing b.** notleidender Betrieb; **family(-owned) b.** Familienbetrieb; **for-profit b.** privatwirtschaftliches Unternehmen; **innovative b.** innovatives/innovationsfreudiges Unternehmen; **large b.** Großunternehmen; **local b.** einheimisches Unternehmen; **new b.** Neugründung, junges Unternehmen; **small b.** Kleinunternehmen/-betrieb; **small b.es** Klein-und Mittelbetriebe, Kleingewerbe; **small and medium-sized b.es** Mittelstand, mittelständische Unternehmen; **counselling of small and medium-sized b.es** Mittelstandsberatung; **to attract b.es from outside** neue Unternehmen ansiedeln; **to revitalize b.** die Wirtschaftstätigkeit ankurbeln; **to set up/start up/launch a new b.** ein (neues) Unternehmen gründen/starten; **to set up in b./to start one's own b.** sich selbständig machen; **b. activity** Geschäftstätigkeit, Konjunktur; **b. activities** wirtschaftliches Handeln; **regulations relating to b. activities** wirtschaftsrelevante Vorschriften; **b. and innovation centre** Betriebs-/Gewerbe- und Innovationszentrum, Technologiepark, Existenzgründerzentrum; **new b. centre** Gründerzentrum; **b. climate** Geschäfts-/Konjunkturklima, Klima für Unternehmen, konjunkturelles Klima; **b. community** Unternehmerschaft, die Unternehmer, Geschäftswelt, Wirtschaftskreise; **b. concept** Unternehmenskonzept; **b. concern** Unternehmenskonzern; **b. consultant** Wirtschaftsberater; **b. cycle** Konjunkturzyklus; **b. development** Geschäftsentwicklung, Industrieansiedlung; **b. enterprise** (Wirtschafts-)Betrieb, Unternehmung; **B. Expansion Scheme** *[GB]* staatliche Förderung privater Anlagen/Beteiligungen an nicht börsennotierten Unternehmen; **b. facilities** gewerbliche Gebäude; **b. finance** Gewerbefinanzierung; **b. growth** Unternehmenswachstum; **b. idea** Geschäftsidee; **b. investors** gewerbliche Investoren; **b. licence** Gewerbeschein; **b.man** Geschäftsmann, Unternehmer, Gewerbetreibender; **small b.man** Mittelständler, Kleingewerbetreibender; **b. management** Unternehmensführung; **b. opportunities** Geschäftsmöglichkeiten; **b. outlook** Konjunkturlage/-erwartung; **b. park** (Industrie- und)Gewerbepark/-zentrum; **b. plan** Unternehmens-/Geschäftsverteilungsplan; **b. planning** Unternehmensplanung; **b. premises** Geschäftsräume/-lokal/-gebäude
business promotion Wirtschaftsförderung; **instruments of b. p.** Wirtschaftsförderungsinstrumentarium; **policy of b. p.** Wirtschaftsförderungspolitik; **applied b. p.** Wirtschaftsförderungspraxis; **b. p. activities** Wirtschaftsförderungsmaßnahmen/-aktivitäten; **b. p. incentives** Wirtschaftsförderungsanreiz; **b. p. scheme** Wirtschaftsförderungskonzept
business| receips Betriebseinnahmen; **b. relocation** Unternehmens-/Betriebsverlagerung, Verlagerung eines Unternehmens; **b. start** Existenzgründung; **b. start-up** Betriebseröffnung; **wave of b. start-ups** Gründer-/Gründungswelle; **b. support services** unternehmensorientierte Dienstleistungen, Dienstleistungen im Rahmen der Wirtschaftsförderung; **b. takeover** Geschäftsübernahme; **local b. tax (on capital and profits)** Gewerbesteuer; **rate of the local b. tax** Gewerbesteuerhebesatz; **b. woman** Geschäftsfrau
buyer Käufer, Abnehmer; **first-time b.** Ersterwerber; **main b.** Hauptabnehmer
buying *(→ procurement, purchase)* Einkauf; **b. income** Kaufkraft; **b.-up** Aufkauf
buyout Aufkauf
by(e)-law(s) (Orts-)Satzung; **local b.-l.s** Gemeindesatzung
by-product Abfallprodukt

C

cable| television Kabelfernsehen; **c. tv system** Kabelrundfunkanlage; **c.text** Kabeltext
cabling Verkabelung
calculation Berechnung, Bemessung, Erwägung, Kalkulation
canalization Kanalbau, Kanalisierung
canal port Kanalhafen
cancellation Auflösung, *(Hypothek)* Kündigung; **c. of a contract** Rücktritt vom Vertrag
canvassing| of companies Unternehmensakquisition, Akquisition von Unternehmen; **direct c.** Direktakquisition; **outside c.** Außenakquisition
capable (leistungs-)fähig; **c. of development** entwicklungsfähig; **c. of gainful employment** im erwerbsfähigen Alter
excess capacity Überkapazität; **productive c.** Produktionspotential; **c. expansion/increase** Betriebs-/Kapazitätserweiterung, Betriebsausweitung, Kapazitätsausbau; **c. factor** Belastungsfaktor; **c. surplus** Kapazitätsüberhang; **c. utilization** Kapazitätsauslastung
capital Kapital, Finanzmittel, Gelder; **injection of c.** Kapitalzuführung; **borrowed c.** Fremdkapital; **human c.** menschliches Kapital, Humankapital; **initial c.** Start-/Anfangskapital; **invested c.** Anlagekapital; **loan/outside c.** Fremdkapital; **nominal/ordinary c.** Stammkapital; **real c.** Sachkapital; **refinancing c.** Refinanzierungskapital; **seed/start-up c.** Start-/Anfangskapital; **working c.** Betriebskapital; **c. aid** Kapitalhilfe; **c. assets** Anlagekapital; **c. base** Kapitalausstattung; **securing the c. base** Kapitalsicherung; **c. borrowing costs** Kreditkosten, Kosten für die Kapitalaufnahme; **c. budget** Investitionsplan/-haushalt, Vermögenshaushalt; **c. budgeting procedure** Investitonsplanung, Aufstellung von Investitionsplänen; **c. contribution** Stammeinlage; **c. cost recovery** Kapitalaufwandsvergütung; **inadequate c. coverage** dünne Kapitaldecke; **c. depreciation** Anlagewertminderung; **c. equipment** Kapital-/Finanzausstattung, Anlage-/Investitionsgüter, Sachkapital; **c. expenditure** Investitionsausgaben; **c. expenditure on equipment** Ausrüstungsinvestition; **c. expenditure programme** Investitionsprogramm; **c. expenditure project** Investitionsvorhaben; **c. facilities** Finanzierungsmöglichkeiten; **c. financing option** Finanzierungsmöglichkeit für Investitionsgüter; **c. formation** Kapital-/Vermögensbildung; **c. gains tax** Kapitalertragsteuer; **c. goods** Investitions-/Anlagegüter; **c. goods industry** Investitionsgüterindustrie, Investitionsgüter produzierendes Gewerbe; **c. grant** Finanzzuschuß; **c. improvement** Kapitalaufwand für technische Verbesserungen; **c. installation costs** Kosten für die Maschinen-/Kapitalaufstellung; **c.-intensive** kapitalintensiv; **c. investment** Anlageinvestition(en), Investitionsaufwand/-ausgaben, Kapitalanlage, Stammeinlage; **gross c. investment** Bruttoanlageinvestitionen; **c. needs** Kapitalbedarf; **c. outlays** Anlageinvestitionen; **c. project** Investitionsvorhaben/-projekt; **c. reconstruction** Sanierung; **c. replacement programme** Programm zur Erneuerung von Produktionsmitteln; **c. resources** Kapitalausstattung; **c. resources aid** Eigenkapitalhilfe; **c. spending** (Aufwendungen für) Investitionen, Investitionsausgaben; **c. stock** Betriebskapital, Kapitalstock
to capitalize mit Kapital ausstatten; **heavily c.d** kapitalintensiv
car| industry Automobilindustrie, Fahrzeugindustrie; **c. park** Abstellfläche
carbon| black Ruß; **c. monoxide** Kohlenmonoxid
carbonization Verkokung
care for Betreuung (von)
career (→ *job*) (beruflicher) Aufstieg; **c. advancement** berufliche Förderung; **c. advancement centre** Berufsförderungsstätte; **c.s advice** Berufsberatung
cargo Transportgüter
carrier Spedition, Verkehrsträger
to carry out durchführen, implementieren
cartel| laws Kartellrecht; **c. office** Kartellamt; **c.ization** Kartellbildung
exceptional/special case Sonderstellung; **to deal with a c.** einen Fall bearbeiten
cash| ceiling Ausgabenbegrenzung; **c.-flow problem** Liquiditätsengpaß; **c. forecast** langfristige Gelddispositionen, Kassen- und Bankvoranschlag; **to impose c. limits** Ausgaben in Grenzen halten; **c. shortage** Liquiditätsengpaß
casualties Personenschaden
catchment area Einzugsbereich; **to be outside the c. a.** außerhalb des Einzugsbereichs liegen; **to be within the c. a.** im Einzugsbereich liegen; **c. population** Bevölkerung im Einzugsgebiet
catchy einprägsam
census (of population) Volkszählung; **major c.** Großzählung

central| idea Leitfaden/-gedanke, Kerngedanke; c. issue/question Kernfrage; c. part Kernstück
centre Zentrum, Schwerpunkt, Ortskern; c. for new business foundations Existengründerzentrum; c. for new businesses and innovation Technologiepark; c. for new technologies Technologiezentrum; c. of gravity Schwerpunkt; intermediate c. Mittelzentrum; c.piece Kernstück
ceramic materials keramische Werkstoffe
ceramics Keramik, keramische Werkstoffe
certain sicher, amtlich
certainty of planning Planungssicherheit
certificate| of incorporation Gründungsurkunde; c. of occupancy (Bau) Abnahmebescheinigung
certification procedure Bescheinigungsverfahren
cession (Forderung) Abtretung
honorary chairman ehrenamtlicher Vorsitzender
chamber| of commerce Handelskammer; c. of commerce district Kammerbezirk; grant by the local c. of commerce Kammerzuschuß; c. of handicrafts Handwerkskammer; c. of industry and commerce Industrie- und Handelskammer
change Veränderung, Umstellung; c. of attitudes Bewußtseinswandel; c. in the contract Vertragsänderung; c.(s) in structure Strukturveränderungen/-verschiebungen; sectoral structural c.s sektorale Strukturveränderungen; to undergo radical c.s sich im Umbruch befinden
changing im Umbruch
channeling Kanalisierung
characterisitic Merkmal
charge (→ burden, fee) (Benutzungs-)Gebühr, Belastung, Abgabe; in c. of zuständig; level of c.s Gebührenbelastung; basic c. Grundpreis; front-foot c. Anliegerbeitrag, Vorderliegergebühren; net c. (Steuern, Zinsen) Nettobelastung; reduced c.s Gebührenvergünstigungen, ermäßigte Gebühren
charter fee [US] Gründungsgebühr
chemical| industry chemische Industrie; c. processing plant Chemiewerk, chemieverarbeitender Betrieb
chief executive officer Hauptgeschäftsführer, Generaldirektor
circle of supporters Förderkreis
citizen|'s initiative Bürgerinitiative; c.'s participation Bürgerbeteiligung
inner city/city centre Stadtkern; tied to a c. district ortsteilgebunden; c. limits Ortsrand; c. manager Oberstadtdirektor; c. treasurer Stadtkämmerer; c. zone Stadtgebiet

civic (action) group Bürgerinitiative
responsible civil servant (fachlich) zuständiger Beamter
civil service öffentlicher Dienst, Beamtenschaft
claim Anspruch, Forderung; c.s (on) Inanspruchnahme; legal c. Rechtsanspruch; to dismiss a c. einen Antrag ablehnen; to file a c. (for sth.) einen Antrag stellen; c.ant Antragsteller
clarification plant Klärwerk/-anlage; large-scale c. p. Großkläranlage
clarity of planning Planungsklarheit
clause Klausel; tying c. Ausschließlichkeitsklausel
clean sauber, rein, umweltfreundlich; C. Air Act [GB]/c. air provisions Technische Anleitung zur Reinhaltung der Luft (TA-Luft)
cleaning of polluted water(s) Gewässerreinigung
to clear abräumen
clear schuldenfrei; c. indication/pointer konkreter Anhaltspunkt
cleavage Spaltung, Kluft
clerical service Schreib-/Bürodienst
climate| for innovations Innovationsklima; c. conducive to growth wachstumsförderndes Klima
close engmaschig
to close schließen, stillegen
closure Schließung, Stillegung; threatened by c. von Stillegung bedroht
clothing industry Textilindustrie/-gewerbe, Bekleidungsgewerbe
conversion of coal to hydrocarbons Kohleumwandlung in Öl; policy for c. Kohlevorrangpolitik; turning c. into electricity Kohleverstromung; brown/soft c. Braunkohle; mineral/pit c. Steinkohle; c. conversion Kohleveredlung; c. deposits Kohlevorkommen/-lagerstätten; c. field(s) Bergbaugebiet; c. gasification Kohlevergasung
coal, iron and steel industries/sector Montanindustrie/-sektor
coal| liquefaction/liquefying Kohleverflüssigung, Kohleumwandlung in Öl; c. mining Kohleförderung, Steinkohlenbergbau; c. output Kohleförderung; c. and oil fired plant Kohleölanlage; c. policy Kohlepolitik; c.-fired power plant Kohlekraftwerk; c.-power station Kohlekraftwerk; c. priority policy Kohlevorrangpolitik; c. processing/transformation Kohleveredlung; c. processing project Projekt zur Kohleveredlung; bituminous c. production Steinkohlenförderung; c. transformation plant Kohleveredlungsanlage; c. transformation technology Kohleveredlungstechnik

code Kennzahl; **industrial c.** Gewerbeordnung; **municipal c.** Gemeinde- und Kreisordnung; **c. enforcement** Durchsetzung von Richtlinien
co-determination Mitsprache/-bestimmung; **c. procedures** Beteiligungsverfahren
coffee-table book Bildband
co-financing Mitfinanzierung
coking Verkokung; **c. coal** Kokskohle; **c. coal subsidy** Kokskohlenbeihilfe; **c. gas** Kokereigas; **c. plant** Kokerei
cold rolling mill Kaltwalzwerk
collaboration Mitwirkung, Zusammenarbeit
collaborative| effort gemeinsame Anstrengung; **c. scheme** Gemeinschaftsprojekt
collateral *(Kredit)* Sicherheit
collecting point *(Lagerplatz)* Sammelstelle
collection of data Datenbeschaffung/-sammlung
colliery Schachtanlage
combination Zusammenschluß
combustion *(Treibstoff)* Verbrennung; **c. process** Verbrennungsprozeß
coming on stream Inbetriebnahme
commercial (→ *economic, industrial*) gewerblich; **c. agency** Handelsvermittlung; **c. application/use** gewerbliche Nutzung; **c. building** Wirtschaftsgebäude; **c. and industrial building** gewerblicher und industrieller Bau; **c. centre** Gewerbezentrum; **c. and leisure complex** Gewerbe- und Freizeitzentrum; **c. development** Entwicklung eines Gewerbegebietes; **c. domicile** Firmensitz; **c. engineer** Wirtschaftsingenieur; **c. enterprise** Handelsbetrieb; **c. and engineering sector** gewerblich-technischer Bereich
commercialization gewerbliche Nutzung; **c. of innovations** Umsetzung von Innovationen (in marktfähige Produkte)
to commercialize vermarkten
commission Provision; **c. stocks** Kommissionslager
commissioner for data protection *(Staat)* Datenschutzbeauftragter
to commit oneself Verpflichtungen eingehen
special committee Fachausschuß
commitment Engagement; **c. authorization** Verpflichtungsermächtigung
primary commodities Grundstoffgüter
short-term commodity kurzlebiges Wirtschaftsgut; **c. price** Rohstoffpreis; **c. product** Grundstoff
common| concern gemeinsames Anliegen; **c. ownership enterprise** gemeinwirtschaftliches Unternehmen

communication Informationsfluß; **c.s** Verkehrswesen, Nachrichtenübertragung, Kommunikationswesen/-technologie; **c.s computer system** Rechnerverbund; **c. equipment/facilities** Kommunikationseinrichtungen; **c. revolution** Revolution im Kommunikationswesen; **c. service** Kommunikationsdienst; **c. skills** Kommunikationsfähigkeiten; **c.s system** Verkehrsnetz; **c. technology** Kommunikationstechnologie
community Gemeinde, Gemeinschaft; **c. of interests** Interessenverband; **c. activities** Nachbarschaftsaktivitäten; **c. development** Kommunalentwicklung; **c. development programme** kommunaler Entwicklungsplan; **c. entity** kommunale Einheit, Gemeinschaft; **c. facilities** kommunale Einrichtungen; **c. needs** kommunale Erfordernisse; **c. organization** Bürgerorganisation; **c. project** Gemeinschaftsprojekt; **c. task** Gemeinschaftsaufgabe
commuter Einpendler; **c. airline** Zubringer-Linie; **c. volume** Pendleraufkommen
company (→ *business, enterprise*) Unternehmen, Betrieb; **reduction of a c. to a viable size** Gesundschrumpfen; **ancillary c.** Zulieferbetrieb; **fledgling c.** junges Unternehmen; **interested c.** ansiedlungswilliges Unternehmen; **joining a c.** Eintritt in ein Unternehmen; **joint stock c.** Aktiengesellschaft; **limited c. (Ltd.)** Gesellschaft mit beschränkter Haftung (GmbH); **local c.** einheimisches Unternehmen; **medium-sized c.** mittelständischer Betrieb; **newly established c.** neu gegründetes Unternehmen, Ansiedlungsfall; **number of newly established companies** Ansiedlungsvolumen; **operating c.** Betriebs(führungs)gesellschaft; **prospective c.** ansiedlungswilliges Unternehmen; **public c.** staatliches Unternehmen; **public limited c. (PLC)** *[GB]* Aktiengesellschaft (AG); **small c.** Kleinbetrieb, mittelständisches Unternehmen; **small and medium-sized companies** Klein- und Mittelbetriebe; **soft c.** Unternehmen für Auftragsarbeit; **threatened site c.** standortgefährdetes Unternehmen; **to establish/form a c.** ein Unternehmen/eine Gesellschaft gründen; **c. adviser** Betriebs-/Unternehmensberater; **c.'s bank** Hausbank; **risk of the c.'s bank** Hausbankrisiko; **c. car** Dienstwagen; **new c. development** Entwicklung von Neugründungen; **new c. growth** Zuwachs an Neugründungen; **c. level** Unternehmensebene; **c. loyalty** Firmentreue; **c. pension** Firmen-/Betriebsrente; **c. reconstruction/rehabilitation** Firmensanierung; **companies registration office** Handelsregister;

c. requiring capital reconstruction Sanierungsfall; c. size Unternehmens-/Betriebsgröße; c.-specific firmen-/unternehmensspezifisch
comparative figure Vergleichswert
compensation Vergütung; annual c. Jahresbezüge
to compete (with) konkurrieren (mit), sich im Konkurrenzverhältnis befinden (mit)
competition Wettbewerb, Konkurrenz; c. of substitute goods Substitutionswettbewerb; conditions of c. Wettbewerbsverhältnisse; distortion of c. Wettbewerbsverzerrung; limitation of c. Wettbewerbsbeschränkung; requirements of c. Wettbewerbsvoraussetzungen; restraint of c. Wettbewerbsbeschränkung; increasing c. verschärfter Wettbewerb; unfair c. unlauterer Wettbewerb; to adapt to changing c. sich an den veränderten Wettbewerb anpassen; c. prospects Wettbewerbschance
competitive wettbewerbs-/konkurrenzfähig; c. advantage Wettbewerbsvorteil; c. market schwieriger/hart umkämpfter Markt, Wettbewerbsmarkt; c. position Wettbewerbsposition; c. pressure Konkurrenzdruck
competitiveness Wettbewerbsfähigkeit; decreasing c. sich vermindernde Wettbewerbsfähigkeit; international c. internationale Konkurrenzfähigkeit
competitivity Wettbewerbsfähigkeit Konkurrenz
competitors Konkurrenz
completion Vollendung, (Bau) Fertigstellung; to be nearing c. vor dem Abschluß stehen; c. date Fertigstellungstermin
component Bestandteil, Bauelement; c. integration Werkstückintegration; c. supplier Zulieferer
compost works/compostation plant Kompostwerk, Kompostierungsanlage
central/host computer Verarbeitungsrechner; time-sharing c. (Rechnerverbund) Teilnehmerrechner; c.-aided design (CAD) computerunterstützte(s) Entwerfen/Konstruktion; c.-aided manufacturing (CAM) computerunterstützte Fertigung; c. capacity Rechnerkapazität; interactive c. communication Benutzerführung; c. display Datensichtgerät; basic c. knowledge/c. literacy Computer-Grundwissen; c. network system Rechnerverbund; c. science Informatik; c.ized numerical control (CNC) CNC-Steuerung (von Maschinen)
concentration Anhäufung, räumliche Zusammenfassung; c. of funds Mittelkonzentration; c. of polluting industries Ballung belastender Industrie

concept| for the development of economic activities Wirtschaftsförderungskonzept; basic c. Grundkonzept; overall c. Gesamtkonzept
concerted action konzertierte Aktion
condition Bedingung, Auflage; c.s for the appropriation of funds Vergabebedingungen; congenial c.s for business unternehmerfreundliches Umfeld; basic c. Grundbedingung; to comply with c.s Bedingungen erüllen; to impose c.s Bedingungen auferlegen
conducive (to) förderlich; c. to growth wachstumsfördernd
conferee Konferenzteilnehmer
conflict of aims Zielkonflikt
to relieve congestion entzerren, (Verkehr) Stau auflösen
connecting mine Anschlußbergwerk
connection Verbindung, Verknüpfungspunkt; c. to the mains (Versorgungsleitungen) Anschluß; c. to the supraregional transport network Anschluß ans überregionale Verkehrsnetz; main c. Hauptanschluß; c. charges Anschlußkosten; c. charges contribution Anschlußbeitrag
consent Zustimmung
conservation Umweltschutz; c. scheme (Programm zum) Schutz von Ressourcen; c.ist Umweltschützer
consideration Erwägung
consolidation Konsolidierung; c. measures Konsolidierungsmaßnahmen; c. policy Konsolidierungspolitik
constitutional debate Grundsatzdiskussion
mixed-style construction Mischbauweise; subsidized c. of commercial buildings subventionierter Gewerbebau; overall c. activity Baukonjunktur; c. code Bauvorschriften; c. company Baugesellschaft; c. industry Bauindustrie; c. period Bauzeit; c.-related machinery Baumaschinen; c. volume Bauvolumen; c. work Bauarbeit/-maßnahme
consultancy (→ advice, consulting, counselling) Beratungstätigkeit/-wesen/-unternehmen; c. experience Beratungserfahrung
free-lance/independent consultant freier Berater
consultation procedure Beteiligungsverfahren
consulting (→ advice, consultancy, counselling) Beratung, Beratertätigkeit; end-user c. Anwenderberatung; c. firm Beraterfirma, Beratungsunternehmen; industrial c. firm Industrieberatungsunternehmen; c. structure Beratungsstruktur
consumer Verbraucher, Konsument, Abnehmer; closeness to the c. Verbrauchernähe; c.

durables Gebrauchsgüter, langlebige Konsumgüter; **c. electronics** Unterhaltungselektronik; **c. goods** Verbrauchsgüter; **c. goods sector/industry** Verbrauchsgüterindustrie, Verbrauchsgüter produzierendes Gewerbe; **c.-oriented** konsumnah; **c. price index** Verbraucherpreis-/Lebenshaltungskostenindex
private consumption privater Konsum; **public-sector/state c.** staatlicher Konsum
contact Ansprechpartner; **establishing initial c.(s)** Kontaktanbahnung; **c. bureau** Verbindungsbüro; **c.ing** Kontaktaufnahme
container| handling Containerumschlag; **c. service** Containerverkehr; **c. terminal** Containerbahnhof; **c. and freighter terminal** Anlegestelle für Container- und Lastschiffe
contaminant Gift-/Schadstoff
cost of rehabilitating contaminated soil, water etc. industrielle Altlast
contamination Verseuchung
continuation Fortschreibung; **c. course** Fortbildungslehrgang
preparation of a contract Vertragsgestaltung; **provisional c.** Vorvertrag; **standard c.** Mustervertrag; **c. period** Vertragsfrist; **c. research** Auftrags-/Vertragsforschung; **c. work** Auftragsarbeit
to contract| for sth. sich vertraglich verpflichten zu; **to c. sth. out** einen Unterauftrag vergeben, etwas außer Haus machen lassen
contracting| firm Vertragsfirma; **c. out** Fremdvergabe
contraction Schrumpfung
contractual arrangement(s) Vertragsgestaltung, vertragliche Vereinbarung
contravention Zuwiderhandlung
contribution (→ *allowance, fee*) Beitrag(-szahlung), Zuschuß, Abgabe, Deckungsbeitrag; **c. to the discussion** Diskussionsbeitrag; **c. margin** Deckungsbeitrag
control| engineering Steuer- und Regeltechnik; **c. system** Regelsystem
conurbation Ballungsgebiet/-zone/-kern, Städtelandschaft, Verdichtungsraum
convergence Konvergenz, Annäherung, Zusammenlaufen
conversion Umwandlung, Umbau
conveyance| of land Grundstücksübergabe; **priority notice of c.** Auflassungsvormerkung
conveyor belt work Fließbandarbeit
co-operation Mitwirkung, Zusammenarbeit; **c. between universities and industry** Kooperation zwischen Hochschule und Wirtschaft; **inter-firm c.** zwischenbetriebliche Zusammenarbeit; **c. agreement** Kooperationsabkommen
co-operative genossenschaftlich; **c. arrangement** Vereinbarung über Zusammenarbeit; **c. project** Kooperationsvorhaben
to coordinate koordinieren, *(harmonisieren)* abstimmen
(central) coordinating body zentrale Anlaufstelle
coordination Abstimmung
copy Zweitschrift, Ausfertigung, Werbetext; **number of copies** Auflage(-nhöhe); **c.right** Urheberrecht
coping with problems Bewältigung von Problemen
core area Kernland/-raum, Verdichtungsraum; **c. a. for subsidies** Schwerpunktort
cornerstone *(fig.)* Eckpfeiler
corporate| affiliation Unternehmensverflechtung; **c. community** die Unternehmen (in ihrer Gesamtheit); **c. concept** Unternehmenskonzept; **c. headquarters** (Unternehmens-)Zentrale, Unternehmens-/Firmensitz; **c. organization/structure** Unternehmensstruktur; **c. planning** Unternehmensplanung
corporation Körperschaft; **c. tax** Körperschaftssteuer
cost|s (→ *expenditure, expenses, outlay*) Ausgaben, Kosten; **c. of land** Grundstückskosten; **c. of living** Lebenshaltungskosten; **c. of purchase** Anschaffungskosten; **c. of supplies** Materialkosten; **c.s per item** Stückkosten; **decrease in c.s** Kostensenkung; **documentation of c.** Kostennachweis; **additional/extra c.s** Mehrkosten; **comparative c.s** relative Kosten; **at favourable c.s** kostengünstig; **fixed c.s** Fixkosten; **follow-up c.s** Folgelast(en); **run-up c.s** Vorlaufkosten; **not affecting c.s/having no effect on c.s** kostenneutral; **to pass on rising c.s/c. increases** Kostensteigerungen weitergeben; **c. accounting** Kalkulation; **c. advantage** Kostenvorteil; **c. aspect** Kostenseite; **c.-benefit analysis** Kosten-Nutzenanalyse, Analyse der Kostenvorteile; **c. consideration** Kostenüberlegung; **c. cutting** Kostensenkung/ -reduzierung/ -einsparung, Absenkung von Kosten; **c.effective** kostenwirksam/-intensiv; **c.-effectiveness** Kosten-Nutzen Relation, höchste Kostenrentabilität; **c. factor** Kostenverursacher; **c.-intensive** kostenintensiv; **c. price** Einstandspreis; **c. recovery** Kostendeckung; **c.-reducing strategy** Strategie der Kostensenkung; **c. reduction** Kostensenkung/ -reduzierung/ -abbau/ -minde-

rung/ -einsparung, Absenkung von Kosten; **c.-saving effect** Kosteneinsparungseffekt; **c. side** Kostenseite
costing Kalkulation; **c. system** Kostenrechnungssystem
costly kostenaufwendig
council tenancy *[GB]* Sozialwohnungswesen
councillor *(Mitglied)* Gemeinderat, Stadtrat
counselling (→ *advice, consultancy, consulting*) Beratung(-shilfe/-tätigkeit), Beratertätigkeit; **brief c.** Kurzberatung; **c. activity** Beratungsfunktion; **c. effort** Beratungsleistung; **grant towards c. fees** Beratungszuschuß; **c. scheme** Beratungsprogramm; **publicly funded c. service** öffentliche Beratungsleistung; **c. team** Beratungsteam
countermeasure Gegenmaßnahme
country of origin Ursprungsland
surrounding countryside städtisches Umland
county *[US]* Kreis; **c. council** *[GB]* Grafschaftsrat; **c. court** Amtsgericht; **c. map** Flächennutzungsplan
course of action Vorgehensweise, Handlungsablauf
administrative court Verwaltungsgericht; **constitutional c.** Verfassungsgericht
craftsman|'s establishment/workshop Handwerksbetrieb; **c.'s yard** Handwerkerhof
crash programme Sofortprogramm
creativity Kreativität
crèche Kindertagesstätte
credit (→ *loan*) Kredit, Darlehen; **extension of c.** Zahlungsaufschub; **line of c.** Kredit(höchst)grenze; **commercial c.** Warenkredit; **transmitted c.** durchgeleiteter Kredit; **to have a c. with a bank** über einen Bankkredit verfügen; **to obtain a c.** einen Kredit erhalten; **c. application** Kreditantrag; **c. ceiling/limit** Kredit(höchst)grenze; **c. facilities** Kreditmöglichkeiten; **c. inquiry agency** (Wirtschafts-)Auskunftei; **c. institution** Kredit-/Finanzierungsinstitut; **c. reporting** Kreditnachweis; **c. subsidy** Finanzierungsförderung; **c. union** Kreditgarantiegemeinschaft
deep crisis tiefgreifende Krise; **structural c.** Strukturkrise
crosscurrent of forces Ineinandergreifen von Faktoren
crucial part Kernstück
cultural| amenities kulturelle Einrichtungen; **c. landscape** Kulturlandschaft
currency policy Währungspolitik
current Strom; **c. expenses** laufende Ausgaben
to cushion abfedern, abmildern
to draw custom away Kaufkraft abziehen, Kunden abwerben
custom-made kundenspezifisch; **c.-m. component** kundenspezifisches Bauelement
customer Käufer, Abnehmer; **major c.** Hauptabnehmer; **c.'s data** Kundendaten; **c. needs** Kundenbedürfnisse; **c. price** *(Strom)* Arbeitspreis; **c.s' requirements** Kundenbedürfnisse/ -erfordernisse
customized| package maßgeschneiderte Gesamtlösung; **c. solution** individuelle Problemlösung
customs Zoll; **c. clearance** Zollabfertigung; **c. declaration** Zollanmeldung/-erklärung; **c. exemption** Zollfreiheit; **c. house/office** Zollamt; **C. and Excise VAT Office** *[GB]* Mehrwertsteueramt; **c. regulations** Zollbestimmungen
cutback Abbau, Verringerung
cyclical| change Konjunkturwechsel, konjunkturelle Veränderung; **c. turn** konjunkturelle Wende, Umschwung der Konjunktur

D

dairy Molkerei
dam Talsperre
damage (to property) Sachschaden; **environmental d.** Umweltschäden; **physical d.** Sachschaden
danger Gefahr, Risiko
data Daten(-material); **d. bank** Datenbank; **d. base** Datenbank/-material/-zentrale; **d. carrier** Datenträger; **switched d. communications facilities** Datenvermittlungseinrichtung; **d. file** Datei; **d. gathering** Datenbeschaffung; **d. handling** Datentechnik/-verarbeitung; **d. investigation** Datenrecherche; **d. processing** Datenverarbeitung; **automated/electronic d. processing** automatisierte Datenverarbeitung; **distributed d. processing** dezentrale Datenver-

arbeitung; **d. protection** Datenschutz; **d. protection officer** Datenschutzbeauftragter; **d. systems technology** Datentechnik; **d. transmission network** Datenübertragungsnetz; **d. transmission system** Datenübertragungssystem
closing date/date of survey Stichtag
deadline Stichtag, Termin; **to meet the d.** einen Termin wahren/einhalten
dealer Händler
dealing with Bearbeitung
debenture Schuldverschreibung
debilitating accident die Erwerbsfähigkeit mindernder Unfall
free of debt schuldenfrei; **level of d.** Verschuldung; **long-term d.** langfristige Verschuldung; **national d.** Staatsverschuldung; **new d.** Neuverschuldung; **to issue d.** eine Anleihe begeben; **d.s payable** Verbindlichkeiten; **d. rescheduling** Umschuldung
debureaucratization Entbürokratisierung
decentralisation Dezentralisierung, Entkernung
decision| aid Entscheidungshilfe; **course of d.-making** Entscheidungsablauf; **freedom of d.-making** Entscheidungsfreiheit; **to strengthen the freedom of d.-making** die Entscheidungsfreiheit stärken; **entrepreneurial freedom of d.-making** unternehmerische Entscheidungsfreiheit; **the individual's freedom of d.-making** die Entscheidungsfreiheit des einzelnen; **d.-making procedures/process** Entscheidungsprozeß/-ablauf
decline Abnahme, Schrumpfung
declining rückläufig
decommissioning *(Anlage)* Stillegung
deconcentration Entflechtung, Auflockerung, Dezentralisierung
to decontaminate entgiften
decoupling Entkopplung
decrease Abnahme, Verringerung
decree Erlaß, Rechtsverordnung
allowable deduction abzugsfähiger Betrag; **class A d.** *[US]* Werbungskosten
defect Mangel
deferment Vertagung, Verschiebung
deficiency Mangel
unburdened with deficit schuldenfrei
de-industrialization Entindustrialisierung
delegation Abordnung
delivery Aus-/Anlieferung; **d. of services** Erbringung von Dienstleistungen; **d. contract** Liefervertrag; **d. roadway** Ladestraße; **d. terms** Lieferbedingungen; **extended d. times** verlängerte Lieferfristen

demand Forderung, Nachfrage; **d.s (on)** Inanspruchnahme; **d. for capital goods** Investitionsgüternachfrage; **d. for energy** Energienachfrage; **d. for information** Informationsnachfrage; **backlog of d.** Nachholbedarf; **gearing to d.** Nachfrageorientierung; **measures to increase/influence d.** Nachfrageprogramm; **shift in d.** Nachfrageverschiebung; **trend of d.** Nachfrageentwicklung; **structure of d.** Nachfragestruktur; **volume of d.** mengenmäßige Nachfrage; **accumulated d.** Nachholbedarf; **domestic d.** Binnen-/Inlandsnachfrage, inländische Nachfrage; **foreign/international d.** Auslandsnachfrage; **private d.** private Nachfrage; **public/state d.** staatliche Nachfrage; **suppressed d.** Nachholbedarf; **ultimate d.** Endnachfrage; **d.-oriented** bedarfs-/nachfrageorientiert; **d. side** Nachfrageseite; **d. situation** Nachfragesituation; **d. structure** Nachfragestruktur
demographic trend Bevölkerungsentwicklung
demolition *(Gebäude)* Abbruch
high-density| area Verdichtungsraum; **d. level** Bebauungsdichte
department *(→ agency, board, office)* Abteilung, Ressort, Behörde, Dezernat, (Fach-)Amt, Ministerium; **D. of Labor** *[US]* Arbeitsministerium; **d. for trade and industry** Wirtschaftsabteilung; **d. for trade promotion** Amt für Wirtschaftsförderung; **d. for urban development** Amt für Stadtentwicklung; **D. of Employment** Arbeitsministerium; **D. of Health and Social Security (DHSS)** *[GB]* Gesundheits- und Sozialministerium
depiction *(in einem Buch)* Darstellung
depletion Substanzverzehr; **d. of forests** Waldsterben
deployment of instruments/tools Instrumenten-/Mitteleinsatz
to deport ausweisen
deposit *(Rohstoffe)* Lagerstätte
depot Lagerplatz
depreciable abschreibungsfähig
depreciation *(→ amortization, write-down)* Abschreibung, Wertminderung, *(Währung)* Kaufkraftverlust; **d. of buildings** Abschreibungen für Gebäude; **d. of industrial equipment** Abschreibungen auf Betriebsanlagen; **d. of premises** Abschreibungen auf Grundstücke; **d. on tangible assets** Abschreibungen auf Sachanlagen; **d. on office furniture and equipment** Abschreibungen auf die Betriebs- und Geschäftsausstattung; **annual rate of d.** jährlicher Abschreibungsbetrag; **sinking-fund method of d.**

depreciation

progressive Abschreibung; **calculated d.** kalkulatorische Abschreibung; **declining-balance d.** degressive Abschreibung; **real-estate d.** Abschreibungen auf Grundstücke; **straight-line d.** lineare Abschreibungen; **unrestricted d.** ungeminderte Abschreibungsmöglichkeit; **d. allowance** Abschreibungsbetrag/-vergünstigung/-möglichkeit; **imputed d. allowance** kalkulatorische Abschreibung; **to improve d. allowances** Abschreibungsbedingungen verbessern; **d. benefits** Abschreibungsvorteile; **d. charges** Abschreibungskosten; **d. conditions** Abschreibungsbedingungen; **(accelerated) d. facilities** Abschreibungserleichterungen; **d. period** Abschreibungszeitraum; **d. procedure** Abschreibungsverfahren; **d. tax policy** steuerliche Abschreibungspolitik; **d. terms** Abschreibungsbedingungen
deprivation   Mangel, Verlust, Entzug
depth of range   Sortimentstiefe
deregulation   Liberalisierung, Deregulierung
dereliction   *(Gebäude)* Verfall
description   Darstellung
destocking   Lagerabbau
desulfurization   Entschwefelung; **d. of flue/smoke/power-plant gas** Rauchgasentschwefelung
to desulfuriz|e   entschwefeln; **d.ing** Entschwefelung
detrimental   zuschußschädlich
devaluation   Abwertung
to develop   entwickeln, *(Land)* erschließen
developer   Förderer, Grundstückserschließer/-erschließungsgesellschaft, Standortberater, Bauunternehmer
development   (→ *promotion*) Entwicklung, (Land-)Erschließung, Förderung; **d. of exports** Exportentwicklung; **d. of a location** Standortentwicklung; **d. of the mix of enterprises** Bestandsentwicklung; **d. of new technologies** Technologieentwicklung; **barrier to d.** Entwicklungshemmnis; **density of d.** Bebauungsdichte **obstacle to d.** Expansionshemmnis; **economic d.** Wirtschaftsförderung; **industrial d.** Industrieansiedlung, Wirtschaftsförderung; **new d.** Neubau(-gebiet), Neuentwicklung; **overall d.** Gesamtentwicklung; **regional d.** Regionalförderung; **relating to urban d.** städtebaulich; **to fail to keep abreast of d.s** den Anschluß versäumen; **to take a d. into account** einer Entwicklung Rechnung tragen; **d. agency** Grundstückserschließungsgesellschaft; **d. area** Fördergebiet, strukturschwaches Gebiet, *(Bau)* Planungsgebiet; **core d. area** Entwicklungsschwerpunkt; **d. area policy** regionale Strukturpolitik; **d. centre** Entwicklungszentrum; **d. charge** Erschließungsabgabe; **d. commission** Wirtschaftsförderungs-/Entwicklungskommission; **d. concept** Gestaltungskonzept; **d. corporation** Entwicklungsgesellschaft; **industrial d. corporation** Wirtschaftsförderungsgesellschaft; **local d. corporation** Stadtentwicklungsgesellschaft, kommunale Wirtschaftsförderungsgesellschaft; **d. costs** Erschließungskosten; **d. criteria** Förderungsbedingungen/-kriterien; **d. effort/expense** Entwicklungsaufwand; **d. fee** Erschließungsgebühr; **d. finance** Entwicklungs-/Erschließungsfinanzierung; **d. funding** Finanzierung von Entwicklungsaktivitäten; **d. land tax** Erschließungsabgabe; **d. objective** Entwicklungsziel, Ziel der Förderung; **d. permit** Baugenehmigung; **d. plan** Bebauungs-/Flächennutzungsplan; **d. planning** Bauleitplanung; **d. planning authority** Planungs- und Entwicklungsbehörde; **d. planning law** Raumordnungsrecht; **d. planning procedure** Bauleitplanverfahren; **d. policy** Förderpolitik; **d. potential** Fördermöglichkeit, Entwicklungspotential, *(Vertrag)* Gestaltungsmöglichkeit; **d. programme** Förderprogramm; **d. project** Bau-/Entwicklungsvorhaben; **d. prospect** Entwicklungschance; **d. prospects** Fördermöglichkeit; **d. targets** Gestaltungsvorgaben; **d. works** Erschließungsarbeiten; **d.al lead** Entwicklungsvorsprung
dewatering fee   Entwässerungsgebühr
directorate   Direktorium
difficulty   Problem, Belastung
to fall into disarray   in Unordnung geraten
to disburse   auszahlen; **d.ment** Auszahlung
discharge   (→ *emission*) Ausstoß, Schadstoffemission; **d. of pollutants/noxious substances** Schadstoffausstoß/-emission
discount   (Preis-)Nachlaß; **special d. price** Vorzugspreis; **d. rate** Diskontsatz
disengagement   Entkopplung, Entflechtung
disincentive   Entmutigung, negativer Anreiz; **d. to investment** *(Adj.)* investitionshemmend, *(Subst.)* Investitionshemmnis; **d. to work** fehlender Arbeitsanreiz
dismantlement/dismantling   *(Anlagen, Maschinen, Gebäude etc.)* Abbruch, Abbau, Demontage
dismissal   Entlassung, Kündigung; **arbitrary d.** willkürliche Entlassung
dispersal   Streuung
displacement   Verschiebung; **d. of workers** Freisetzung von Arbeitskräften

disposal| of land Grundstücksverkauf/-veräußerung; **d. site** Deponie; **central d. site** Zentraldeponie
disposition Anlage, Disposition
dissolution Auflösung
safe distance Sicherheitsabstand; **travelling d.** Entfernung
distorted picture Zerrbild
to distribute vertreiben
distributing operation Vertrieb
distribution Vertrieb, Verteilung, Versorgung, Absatz; **d. of goods** Warendistribution; **channel of d.** Vertriebs-/Absatzweg; **pattern of d.** Verteilungsmuster; **d. centre** Auslieferungslager; **proximity to a d. centre** Marktnähe; **d. channel** Handelskette; **d. location** Vertriebsstandort; **d. pattern** Absatzbeziehungen, Verteilungsmuster; **d. policy** Vertriebspolitik
distributor Distributionsbetrieb; **d. rails** *(Bahn)* Verteilergleis
district Stadtteil, *[US]* Kreis; **new d.** Neubaugebiet; **d. authority** regionale Behörde; **d. centre** Nebenzentrum; **d. council** Gemeinderat; **d. court** *[US]* Amtsgericht; **d. guilds** Kreishandwerkerschaft; **d. heating** Fernwärme
to become disused aufgeben
diversity Vielfalt
division (→ *branch, department*) Teilung, Spaltung, Fach, Abteilung, Sparte, Unternehmensteil, Dezernat; **d. of labour** Arbeitsteilung

domestic inländisch, einheimisch
domiciled ansässig; **to be commercially d. in** den Firmensitz haben in
downstream *(Industrie)* nachgelagert; **d. (field of) application** nachgelagerter Verwendungsbereich; **d. industry** nachgelagerte Branche; **d. operations** Weiterverarbeitung
down time *(Maschine)* Ausfall-/Stillstandszeit
downtown district Geschäftszentrum
draft Entwurf; **preliminary/tentative/rough d.** Vorentwurf
drainage Entwässerung, Dränage, Kanalisation; **d. fee** Entwässerungsgebühr; **d. system** Entwässerungsanlage
draining Entwässerung
drive to improve qualifications Qualifizierungsoffensive
drop Abnahme, Rückgang; **d.ping off** Abflachung
dual tier zweistufig/-gliedrig
dump (→ *disposal site*) Deponie, Halde, *(Abfall)* Sammelstelle; **central d.** Zentraldeponie
dust Staub; **d. pollution** Staubbelastung; **d. removal** Entstaubung
duty (→ *charge, contribution, fee, levy, tax*) Abgabe, Steuer, Zoll, *(Vorschrift)* Auflage; **to impose a d.** eine Abgabe erheben; **d.-free** steuer-/zollfrei, frei von Abgaben
dwelling Wohnung(-seinheit), Unterkunft; **d. start** Wohnungsneubau

E

early warning system Frühwarnsystem
to earmark vorsehen, bereitstellen; **e.ed** zweck-und sachgebunden
easement Grunddienstbarkeit
EC regulation EG-Regelung
ecological (→ *environmental*) ökologisch, die Umwelt betreffend; **e. policy** Umweltpolitik; **relating to e. policy** umweltpolitisch; **e. policy programme** Umweltprogramm; **e. product** umweltfreundliches Produkt; **e.ly harmless product** umweltverträgliches Produkt; **e. requirements** ökologische Erfordernisse
ecologist Umweltschützer
ecology Ökologie
economic (→ *industrial*) wirtschaftlich, Wirtschafts-; **e. activity** Wirtschaftsleben/-tätigkeit; **field of e. activity** Wirtschaftsbereich; **trend in e. activity** Konjunktur-/Beschäftigungsentwicklung; **e. adaptability** wirtschaftliche Anpassungsfähigkeit; **e. adjustment** wirtschaftliche Anpassung; **e. adviser** Wirtschaftsberater; **e. area** Wirtschaftsraum
economic base wirtschaftliche Basis, Wirtschaftskraft (einer Region); **to broaden the e. b.** die wirtschaftliche Basis verbreitern; **to revitalize the e. b.** die Wirtschaftskraft erneuern
economic| basics Grundsätzliches zur Wirtschaft; **e. benefit** gesamtwirtschaftlicher Nutzen; **e. centre** wirtschaftliches Zentrum; **e. circumstances** wirtschaftliche Bedingungen, wirtschaftliches Umfeld; **e. committee** Wirtschafts-

ausschuß; **e. condition** wirtschaftliche Lage; **e. cycle** Konjunkturzyklus

economic development (→ *business promotion, industrial development, economic promotion*) Wirtschaftsförderung; **tools for promoting e. d.** Instrumente der Wirtschaftsförderung; **e. d. and situation** wirtschaftliche Lage und Entwicklung; **e. d. committee** Wirtschaftsförderungsausschuß; **e. d. programme** Wirtschaftsförderungsprogramm

economic| disadvantage betriebswirtschaftlicher Nachteil; **e. downswing/downturn** Rezession, Wirtschaftskrise; **e. efficiency** Wirtschaftlichkeit; **e. environment** Konjunkturbedingungen, wirtschaftliche Rahmenbedingungen; **e. forecast** Konjunkturprognose; **e. forecaster** Konjunkturforscher/-prophet; **e. generator** Wachstumsmotor, Konjunkturlokomotive; **e. goods** Wirtschaftsgüter; **engine for e. growth** Wachstumsmotor, Konjunkturmotor/-lokomotive; **slackening e. growth** stagnierendes Wirtschaftswachstum; **e. health** Wirtschaftskraft, wirtschaftliches Wohlergehen; **e. indicator** Konjunkturindikator; **system of e. indicators** Gesamtindikatorsystem; **domestic e. interrelations** binnenwirtschaftliche Verflechtung; **e. issue** wirtschaftliche Frage, wirtschaftliches Problem; **e. life** wirtschaftliches Leben; **e. objective** wirtschaftspolitische Zielsetzung; **e. order** Wirtschaftsordnung; **e. outlook** Konjunkturerwartung; **e. performance** wirtschaftliche Leistung

economic policy Wirtschaftspolitik; **e. p. of the federal state** Landeswirtschaftspolitik; **instrument of e. p.** wirtschaftspolitisches Instrument

economic| preconditions wirtschaftliche Voraussetzungen; **e. promotion** (→ *economic development, industrial development*) Wirtschaftsförderung; **e. prosperity** wirtschaftlicher Wohlstand; **e. and social readjustments** wirtschaftliche und soziale Anpassungen; **engine for e. recovery** Konjunkturmotor; **e. requirements** wirtschaftspolitische Anforderungen; **e. restructuring** wirtschaftliche Umstrukturierung; **e. resurgence** wirtschaftliche Wiedererstarkung

economic| sector (→ *branch, industry, industrial sector*) Wirtschaftszweig; **e. setback** Konjunkturrückschlag, Rezession, Wirtschaftskrise; **e. situation** Konjunktur; **e. stabilization** wirtschaftliche Stabilisierung; **e. strategy** Wirtschaftsstrategie; **e. strength** Wirtschaftskraft; **e. structure** Wirtschaftsstruktur; **improvement of the regional e. structure** Verbesserung der regionalen Wirtschaftsstruktur; **e. system** Wirtschaftsordnung/-system; **e. usefulness** gesamtwirtschaftlicher Nutzen; **e. vitality** Wirtschaftskraft, wirtschaftliche Dynamik; **e. well-being** wirtschaftliches Wohlergehen

economical wirtschaftlich, sparsam

economically| active population erwerbstätige Bevölkerung; **e. feasible** wirtschaftlich machbar; **e. and structurally strong** wirtschafts- und strukturstark; **e. and structurally weak** wirtschafts- und strukturschwach; **to be e. sound** auf gesunden Füßen stehen

economicalness Wirtschaftlichkeit

economics (Volks-)Wirtschaft

economy Wirtschaft, Konjunktur, Einsparung, Sparmaßnahme/-samkeit, Wirtschaftlichkeit, Ökonomie; **e. as a whole** Gesamtwirtschaft; **economies in administration** Einsparungen in der Verwaltung; **economies of scale** Rationalisierungs-/Degressionsgewinne, Kostendegression, Kostensenkung durch hohe Stückzahlen; **rebound of the e.** Belebung der Wirtschaft; **support for the e.** konjunkturstützende Maßnahme; **black e.** Schattenwirtschaft/-ökonomie; **domestic e.** heimische Wirtschaft, Binnenwirtschaft; **state of the domestic e.** binnenwirtschaftliche Lage; **major economies** größere Einsparungen; **national e.** Volks-/Binnenwirtschaft, heimische Wirtschaft; **sophisticated e.** hochentwickelte Wirtschaft

ecosystem Naturhaushalt

edition (*Buch*) Ausgabe, Bearbeitung

education (→ *training*) (Aus-)Bildung; **continuing/further e.** Fortbildung; **continuing e. course** Weiterbildungslehrgang; **further e. and retraining schemes** Maßnahmen zur Fortbildung und Umschulung; **adult e. facilities** Erwachsenenbildungseinrichtungen; **higher e. institute** Weiterbildungseinrichtung; **e. policy** Bildungspolitik

educational| programme Bildungs-/Schulungsprogramm; **e. scheme** Schulungsmaßnahme; **e. services** Bildungseinrichtungen; **e. system** Bildungssystem

effect Effekt, Wirkung; **easing e.** entlastende Wirkung; **primary e.** Primäreffekt; **side e.** Nebenwirkung; **structural e.** Struktureffekt; **to be in e.** gültig/in Kraft sein; **to have an e. (on)** Wirkung/einen Effekt ausüben; **to have the desired e.** die gewünschte Wirkung erzielen

efficiency Leistung(-sfähigkeit); **e.-improving capacity** Rationalisierungspotential; **e. gain** Leistungszuwachs, Rationalisierungsgewinn; **e. review** Erfolgskontrolle

efficient tüchtig, leistungsfähig, rationell, wirtschaftlich

effort Anstrengung, Bemühung, Leistung, Arbeit; **e.s to promote economic development** Wirtschaftsförderungsbemühungen; **incremental e.** zusätzliche Anstrengung; **to make e.s** Anstrengungen unternehmen

elected representative Mandatsträger

election result Wahlergebnis

electric| power Elektrizität; **e. rate schedules** Strompreise/-tarife

electricity Strom, Elektrizität; **e. industry** Strom-/Elektrizitätswirtschaft; **e. prices** Strompreise; **difference between e. prices/e. price differential** Strompreisgefälle; **e. supply** Energie-/Elektrizitätsversorgung

electronic| component elektronischer Baustein; **e. controlling** elektronische Steuerung; **e. mail system** elektronischer Postverkehr; **e. transaction processing** elektronische Geschäftsabwicklung

electronics company Elektronikunternehmen

elevator Silo

eligibility Eignung, Anspruchsberechtigung; **e. for assistance** Förderungsanspruch/-berechtigung

eligible *(Förderung)* (anspruchs-/teilnahme-)berechtigt, in Frage kommend; **e. to apply** antragsberechtigt; **e. for a grant/subsidy** zuschußfähig, förderungsfähig/-würdig; **e. for a grant/subsidy on economic grounds** volkswirtschaftlich förderungswürdig; **deciding whether a company is e. for assistance** Feststellung der Förderungswürdigkeit; **e. party/person** Anspruchs-/Antragsberechtigte(r); **e. project** förderungsfähiges Vorhaben

emigrant Aussiedler

emission (→ *discharge*) Ausstoß, Emission; **e. of pollutants** Schadstoffemission; **maximum permissible level of e.s** Emissionsgrenzwert; **e. protection law** Emissionsschutzrecht; **e. reduction** Emissionsminderung

emphasis (Schwer-)Gewicht, Betonung, Akzent, Nachdruck; **main e. (of action)** Schwerpunkt, Hauptaugenmerk, Aktionsschwerpunkt

employed angestellt, beschäftigt; **number of people e.** Beschäftigtenzahl; **to be gainfully e.** beruflich tätig sein; **to become (gainfully) e.** ins Erwerbsleben eintreten; **gainfully e. person** Erwerbsperson

employee Arbeitnehmer(in), Angestellte(r), Beschäftigte(r), Mitarbeiter(in); **e. in employment** Beschäftigte(r); **e. liable to make social security contributions** sozialversicherungspflichtig beschäftigte(r) Arbeitnehmer(in); **disadvantaged/disabled e.** behinderte(r) Mitarbeiter(in); **managerial e.** leitende(r) Angestellte(r), Führungskraft; **managerial e.s** Führungskräfte/-personal; **part-time e.** Teilzeitbeschäftigte(r); **qualified e.** qualifizierte Fachkraft; **white-collar e.** Angestellte(r); **e. compensation package** Arbeitnehmervergütung; **e. organization** Arbeitnehmerorganisation; **e. service** vom Arbeitnehmer erbrachte Dienstleistungen; **e. suggestion scheme** betriebliches Vorschlagswesen

employer Arbeitgeber(in); **e.s' association/federation** Arbeitgeberverband; **e. identification number** Arbeitgebernummer

employment (→ *job, work*) Arbeit, Beschäftigung, Anstellung, Verwendung, Anwendung, Inanspruchnahme; **e. of labour** Arbeitskräfteeinsatz; **decline in e.** rückläufige Beschäftigung(-sentwicklung); **density of e.** Beschäftigungsdichte; **effect on e.** Beschäftigungswirkung; **having no effect on e.** beschäftigungsneutral; **level of e.** Beschäftigungslage; **maintaining/safeguarding the level of e.** beschäftigtenstabil; **person seeking e.** Arbeitsuchender; **proportion of total e.** Beschäftigungsanteil; **rise in e.** steigende Beschäftigung(-sentwicklung); **terms of e.** Anstellungs-/Beschäftigungsbedingungen; **full e.** Vollbeschäftigung; **persons capable of gainful e.** erwerbsfähige Bevölkerung; **industrial e.** gewerbliche Beschäftigung, Beschäftigung in der Industrie; **to be without e.** erwerbslos/stellungslos/ohne Arbeit sein; **to generate e.** Arbeitsplätze schaffen; **to seek e.** eine Beschäftigung suchen; **e. advance** Beschäftigungszuwachs; **e. agency** Stellenvermittlung; **temporary e. contract** befristeter Arbeitsvertrag; **e. data** Arbeitsmarktzahlen; **e. effect** Beschäftigungseffekt; **e. exchange** Arbeitsamt; **e. figures/statistics** Beschäftigtenzahlen, Arbeitsmarktzahlen/-statistik; **e. gain** Beschäftigungszuwachs; **e. generation** Schaffung von Arbeitsplätzen, Arbeitsplatzbeschaffung; **e. growth** Beschäftigungswachstum; **e. linkage** Beschäftigungsverbund; **e. market** (→ *job market, labour market*) Neuling auf dem Arbeitsmarkt; **new entrant into the e. market** Neuling auf dem Arbeitsmarkt; **relevance for the e. market** arbeitsmarktpolitische Bedeutung; **e. mix/pattern** Beschäftigungsstruktur; **e. office** Arbeitsamt; **e. opportunity** Beschäftigungsmöglichkeit; **e. planning** Planung des Arbeitskräfteeinsatzes; **e. policy** Beschäftigungspolitik, beschäftigungspolitische Strategie; **e. problem** Arbeitsmarkt-/Beschäftigungsproblem; **e. programme** Arbeitsmarkt-

employment

programm; **e. prospects** Beschäftigungsaussichten; **E. Secretary** Arbeitsminister; **e. security** Arbeitspatzsicherheit, berufliche Sicherheit, Sicherheit des Arbeitsplatzes; **e. situation** Beschäftigungslage; **positive effect on the e. situation** positive Beschäftigungswirkung; **e. subsidy** Personalkostenzuschuß; **e. trend** Beschäftigtenentwicklung, Beschäftigungsverhalten, Entwicklung auf dem Arbeitsmarkt
empty leer(-stehend)
to encapsulat|e versiegeln; **e.ion** Versiegelung
enclosure *(Schriftstück)* Anlage
encouragement of self-help Hilfe zur Selbsthilfe
end in itself Selbstzweck
end demand Endnachfrage
to become endangered in Gefahr geraten
endogenous potential endogenes Potential
more efficient use of energy rationellere Energieverwendung; **saving of e.** Energieeinsparung; **primary e.** Primärenergie; **e. conservation** Energieeinsparung; **e. consumption** Energieverbrauch; **e. consumption area** Energieverbrauchsregion; **e. conversion** Energieumwandlung; **e. costs** Energiekosten; **e. demand** Energienachfrage; **e. distribution** Energieverteilung; **e. engineering** Energietechnik; **e. generator** Energieerzeuger; **e. industry** Energiewirtschaft; **E. Industry Law** Energiewirtschaftsgesetz; **e. intensity** Energieintensität; **e.-intensive** energieintensiv; **e. policy decision** energiepolitische Entscheidung; **e. price** Energiepreis; **level of e. prices** Energiepreisniveau; **e. production** Energieproduktion; **e. recuperation/regeneration** Energierückgewinnung; **e.-related** energiebezogen; **e. saving** Energieeinsparung; **e.-saving** energiesparend; **e.-saving scheme** Energiesparprogramm; **e. sector** Energiewirtschaft; **e. supply** Energieangebot/-versorgung; **e. supply company** Energieversorgungsunternehmen; **e. thrift campaign** Energiesparprogramm
engineer Techniker
engineering Technik, Maschinenbau, Ingenieurwesen; **e. and construction** Anlagenbau; **civil e.** Tiefbau; **electrical e.** Elektrotechnik; **genetic e.** Gentechnik; **mechanical e.** Maschinenbau; **precision e.** Feinmechanik; **structural e.** Hochbau; **e. manager** Wirtschaftsingenieur; **e. subjects** Ingenieurwissenschaften; **e. training** technische Ausbildung
to ensure gewährleisten
increase of the number of enterprises Bestandsergänzung; **ailing e.** notleidender Betrieb; **big/large e.** Großbetrieb/-unternehmen; **industrial e.** Industrieunternehmen/-betrieb; **medium-sized e.** Mittelbetrieb; **newly-established e.** neuerrichteter Betrieb; **small e.** Kleinbetrieb/-unternehmen; **looking after existing e.s** Bestandspflege; **number of existing e.s** Bestandsgröße, Bestand der heimischen Wirtschaft; **range of (existing) e.s** Bestand an Unternehmen; **e. agency** Wirtschafts-/Unternehmensberatungsgesellschaft; **e. plan** Unternehmensplan; **e. zone** Gewerbepark/-gebiet, Industrie- und Gewerbepark, Freihandelszone
entitled to apply antragsberechtigt
entitlement Anspruch; **legal e.** Rechtsanspruch
entrance fee Zulassungsgebühr
entrepreneur Unternehmer; **aspiring e.** angehender Unternehmer; **budding e.** Jungunternehmer
entrepreneurship Unternehmertum
entry of conveyance Auflassungsvormerkung
environment Umwelt, Umfeld(-bedingungen); **hazard to the e.** Umweltgefahr; **pressure on the e.** Umweltbelastung, Belastung der Umwelt; **quality of the e.** Umweltqualität; **scheme for the e.** Umweltprogramm; **residential e.** Wohnumfeld; **to nurture the e. for** günstige Voraussetzungen schaffen für; **e. for entrepreneurial activity** unternehmerische Rahmenbedingungen, unternehmerisches Umfeld/Klima; **e. community** die Unternehmer(-schaft); **e. environment** unternehmerische Rahmenbedingungen, unternehmerisches Umfeld/Klima; **e. interests** unternehmerische Belange; **e. responsibility** unternehmerische Verantwortung; **e. skills** Unternehmereigenschaften; **e. talent** unternehmerisches Talent
environmental (→ *ecological*) ökologisch, die Umwelt betreffend; **e. awareness** Umweltbewußtsein; **e. compatibility** Umweltverträglichkeit; **e. conditions** Umweltbedingungen; **e. health department** Umweltschutzbehörde/-ministerium; **e. improvement** Verbesserung der Umweltqualität; **e. law** Umweltschutzgesetz; **e. legislation** Umweltschutzgesetzgebung; **e. policy/policies** Umweltpolitik/-programm; **e. pollution** Umweltverschmutzung; **e. programme** Umweltprogramm
environmental protection Umweltschutz; **e. p. agency** Umweltschutzbehörde; **e. p. costs** Umweltschutzkosten; **e. p. regulations** Umweltschutzregelungen
environmental| quality Umweltqualität; **e. requirements** ökologische Erfordernisse; **e. situation** Umweltsituation/-bedingungen; **e.ist** Um-

weltschützer; **e.ly acceptable** umweltverträglich
environs Umgebung
equality of opportunities Chancengleichheit
equalization Angleichung, Ausgleich; **E. of Burdens Bank** Lastenausgleichsbank
equipment Ausrüstung, Ausstattung, maschinelle Anlagen; **first-time e.** Erstausstattung; **e. goods** Investitions-/Ausrüstungsgüter; **e. maintenance** Wartung der Anlagen; **e. outlays** Anlageinvestition(en)
equity| (capital) Eigenkapital; **e. base** Eigenkapitalbasis; **injection of e. capital** Eigenkapitalzuführung; **return on e. capital** Eigenkapitalverzinsung; **disposable e. (capital)** verfügbares Eigenkapital; **e. (capital) contribution** Eigenbeteiligung; **e. capital equipment** Eigenkapitalausstattung; **e. (capital) formation** Eigenkapitalbildung
equity| finance Eigenkapital/-mittel; **e. financing** Eigenfinanzierung, Finanzierung durch Aktienemission; **e. participation** Kapitalbeteiligung; **e. position** Eigenkapitaldecke; **e. ratio** Eigenkapitalquote/-anteil; **e. sharing** Kapitalbeteiligung
essential (condition) wesentliche Bedingung
to establish (sich) etablieren, sich niederlassen; **to be well e.ed** auf gesunden Füßen stehen
establishment (→ *formation*) Gründung, Errichtung, Niederlassung, Ansiedlung, Betrieb; **e. of a branch operation** Zweigbetriebserrichtung; **e. of industries** Industrieansiedlung; **e. of a livelihood** Existenzgründung; **considering an e.** ansiedlungsinteressiert; **intending an e.** ansiedlungswillig; **new e.** Neuerrichtung
estimate (of costs) Kostenvoranschlag
estimating Kalkulation
evacuee Aussiedler(in)
evening-out of peaks Spitzenausgleich
evolution Entwicklung
excavation (*Boden*) Abtragung, Aushub
exception Ausnahme(-fall), Sonderstellung; **as an e./by way of e.** ausnahmsweise
exceptional case Ausnahmefall; **in e. c.s** in Ausnahmefällen
excess capacity überschüssige Kapazität
exchange Austausch, (*Telefon*) Vermittlung(-sfunktion); **e. of ideas** Informations-/Ideenaustausch; **private branch e.** Nebenstellenanlage; **e. relation** Währungsrelation
execution Aus-/Durchführung, Vollzug
executive höherer Angestellter, Führungskraft
exemption| for existing plant and equipment Bestandsschutz; **e. from dues** Abgabenbefreiung;

Erlaß von Abgaben; **e. from duties** Zollfreiheit, Abgabenbefreiung, Erlaß von Abgaben; **e. from taxes** Abgaben-/Steuerbefreiung
exertion of influence Einflußnahme
exhaust Abgas, Auspuff(-gas); **e. emission inspection/test** Abgasprüfung; **e. gas** Abgas, Auspuff(-gas)
exhibition Ausstellung; **e. area/site** Ausstellungsgelände
exhibitor Aussteller
existing vorhanden
exogenous developments exogene Entwicklungen
intention to expand Expansionsabsicht
expanse of water Wasserfläche
expansion Ausbau, Expansion; **e. of plant facilities** Betriebserweiterung; **scope for e.** Expansionsmöglichkeit
to expel ausweisen
to expend ausgeben
expenditure (→ *costs, expenses, outlay*) Ausgaben, Aufwendungen, Aufwand; **e. for investment** Investitionsaufwendungen; **e. on machinery and equipment** Ausrüstungsinvestitionen; **cut in e.** Ausgabenkürzung; **operating e.** betriebliche Ausgaben; **refundable e.** erstattungsfähige Ausgaben; **total e.** Gesamtaufwendungen; **e. constraints** Ausgabenbeschränkungen; **e. growth** Ausgabenwachstum
expenses (→ *costs, expenditure, outlay*) Ausgaben, Kosten; **deductible e.** abzugsfähige Ausgaben; **out-of-pocket e.** Barauslagen/-aufwendungen
practical experience Praxiserfahrung; **e. rating system** Wertungssystem nach Betriebserfahrung
experiment Experiment, Modellversuch
experimental mining company Versuchsgrubengesellschaft
experimentation/experimenting Experimentieren
expert|(s) Fachmann/-leute/-personal, Gutachter, fachlich zuständiger Beamter; **e. knowledge** Spezialwissen; **e. opinion/e.'s report** gutachterliche Stellungnahme
exports Ausfuhrgeschäft; **dependence on e.** Außenhandels-/Exportabhängigkeit
export| of goods Warenexport; **e. boom** Exportkonjunktur; **e. drive** Exportoffensive; **e. financing** Exportfinanzierung; **e. promotion** Exportförderungspolitik; **e. ratio** Exportquote; **e. trade development** Außenhandelsförderung; **e. trading company** Außenhandelsgesellschaft; **e. trend** Exportentwicklung; **e.ing** Ausfuhrgeschäft

to expose   aufdecken
exposure   Freilegung, Risiko; **e. to buyers** Käuferkontakt
expressway network   Schnellstraßennetz
expulsion   *(aus einem Land)* Ausweisung
extendable   ausbaufähig
extending the capacity   kapazitätserweiternd
extension   Ausbau, Verlängerung, Stundung, Zahlungsaufschub, *(Telefon)* Nebenanschluß; **e. of capacity** Kapazitätserweiterung; **e. of the term of payment** Zahlungsstreckung; **stage of e.** Ausbauschritt; **main e.** Fernsprechhauptanschluß
extensive   großräumig
external contribution   *(Handel)* Außenbeitrag
extraction   Rohstoffgewinnung; **e. and processing of stone, clay, china and glass** Gewinnung und Verarbeitung von Steinen und Erden
extrapolation   Fortschreibung

F

joint facility   Gemeinschaftseinrichtung
facilities   Einrichtungen, Anlagen; **f. for rest** Erholungseinrichtungen, Ruheräume; **aging f.** veraltete Anlagen; **ancillary f.** Folgeeinrichtungen; **social f.** Sozialeinrichtungen; **supporting f.** Hilfseinrichtungen, zusätzliche Einrichtungen
facsimile (transmission service)   Fernkopieren; **f. radio** Bildfunk; **f. system/terminal/unit** Fernkopierer; **f. transmission service** Telefax
constraining/limiting factor   Engpaßfaktor; **f. cost** Faktorpreis/-kosten
factory   (→ *plant, works*) Fabrik, Werk, Betrieb (-sstätte), Fabrikationsstätte, Anlage; **advance f.** standardisiertes gewerbliches Gebäude; **idle factories** ungenutzte/leerstehende Fabriken/Fabrikanlagen; **f. building** Fabrikhalle; **f. buildings** Betriebsgebäude; **f. building regulations** Vorschriften zur Errichtung von Fabrikgebäuden; **f. committee** Betriebsrat; **f. and shop inspection/safety and health control** Gewerbeaufsicht; **f. inspectorate** Gewerbeaufsichtsamt; **f. site** Fabrikgelände; **f. space** Fabrikfläche/-raum; **f. worker** Industriearbeiter
failure   Fehlschlag, Konkurs
fair   leistungsgerecht
falling   rückläufig
family of four   Vier-Personen-Haushalt
farm building   landwirtschaftlicher Bau
far-sighted   weitsichtig
on favourable terms   zu günstigen Bedingungen
fear of embarking on sth. new   Schwellenangst
feasibility   Wirtschaftlichkeit; **f. study** Wirtschaftlichkeitsanalyse/-berechnung, Durchführ-/Machbarkeitsstudie
feasible   durchführbar

feature   Merkmal
federal| agency   Bundesamt; **F. Institute of Industrial Health and Safety** Bundesanstalt für Arbeitsschutz; **at f. level** auf Bundesebene; **f. trend** Bundestrend
federation   (→ *association*) Verband; **f. of local governments** Kommunalverband
fee   (→ *charge, contribution, levy*) Gebühr, Abgabe, Provision; **flat f.** Einheits-/Grundgebühr; **f. scale** Tarifstruktur; **f. structure** Gebührenordnung
feeder service   Zubringerdienst
felling of trees   (Ab-)Holzung, Rodung
female participation in the workforce   weiblicher Anteil an der Erwerbsbevölkerung
fibre optics   Glasfasertechnik
fiddler   Tüftler
field| of activity/operation   Tätigkeitsfeld; **f. office** Außendienstbüro
to file the necessary documents   die notwendigen Unterlagen einreichen
filing fee   Eintragungsgebühr
filling   Verfüllung
finance   Finanzierung, Finanzen, Gelder; **provision of f.** Finanzierung; **assistance in the arranging of f.** Finanzierungsvermittlung; **source of f./way of providing f.** Finanzierungsmöglichkeit(en); **available f.** Finanzierungsdecke; **front-end f.** Anfangs-/Startfinanzierung; **interim f.** Übergangs-/Zwischenfinanzierung; **start-up f.** Startfinanzierung; **f. committee** Finanzausschuß
financial   finanziell; **f. aid** Finanzhilfe, finanzielle Förderung/Unterstützung, Finanzierungshilfe, Beihilfe; **f. assistance** Finanzierungshilfe; **supplementary f. assistance** Nachfi-

nanzierung; **f. autonomy** Finanzhoheit; **f. backer** Geldgeber; **f. backing** finanzielle Unterstützung; **f. base/equipment** Finanzausstattung; **medium-term f. budgeting** mittelfristige Finanzplanung; **f. capacity** finanzielle Leistungsfähigkeit; **f. equalization at the local government level/between local authorities** Gemeindefinanzausgleich, kommunaler Finanzausgleich, Zuweisungen an die Kommunen (für den Finanzausgleich); **f. facilities** Gelder, Finanzmittel; **f. framework** finanzieller Rahmen; **f. grant** Finanzzuweisung; **f. incentives** finanzielle Anreize; **f. instruments** Finanzierungsinstrumentarium; **f. management** Finanzplanung/-wirtschaft/-wesen/-gebaren; **f. margin** finanzieller Spielraum; **medium-term f. planning** mittelfristige Finanzplanung; **f. policy** Finanzpolitik; **f. power** Finanzkraft; **f. requirements** Finanzbedarf; **f. scope** finanzieller Spielraum; **f. services** Finanzdienstleistungen; **f. situation** Finanzlage; **f. statement** Bilanz; **annual f. statement** Jahresabschluß; **f. status** Finanzlage; **f. strength** Finanzkraft, finanzielle Leistungsfähigkeit; **f. support** finanzielle Unterstützung; **f. system** Finanzwesen; **f. year** Haushalts-/Finanzjahr; **f.ly strong** finanzstark; **f.ly weak** finanzschwach
financing Finanzierung, Kapitalbeschaffung; **conventional f.** übliche Finanzierungsart; **further f.** Nachfinanzierung; **proportional f.** Anteilsfinanzierung; **supplementary f.** Ergänzungsfinanzierung; **f. aid/support** Finanzierungsbeihilfe; **f. agreement** Finanzierungsabkommen/-vereinbarung; **f. assistance** Finanzhilfe; **f. company** Finanzierungsgesellschaft; **f. experience/history** Finanzierungserfahrung; **f. issue** Finanzierung durch Aktienemission; **f. method** Finanzierungsmodus; **f. mix** Finanzierungsstruktur; **f. option** Finanzierungsmöglichkeit; **f. programme** Finanzierungsprogramm; **f. support** Finanzierungsbeihilfe; **f. vehicle/instrument** Finanzierungsmöglichkeit/-instrument
findings Untersuchungsergebnis, Erkenntnisse
fine Ordnungsstrafe
fire| authority Feuerwehr, Brandschutzbehörde; **f. escape** Rettungsweg; **f. protection** Brand-/Feuerschutz
firing Verbrennung
for-profit firm (→ *business, company*) erwerbswirtschaftliches Unternehmen; **large f.** Großunternehmen
fiscal (→ *financial*) finanziell, steuerlich; **f. condition** Steuerlage; **f. court** Finanzgericht; **f.**

drag Steuerprogression; **f. incentives** steuerliche Anreize; **f. policy** Finanz-/Fiskal-/Steuerpolitik, steuerpolitische Maßnahmen; **f. variable** Haushaltsvariable; **f. year** Haushalts-/Finanzjahr
fittings (*Geräte*) Ausstattung
fitting existing plants with the latest technology Umrüstung von Altanlagen
flat Wohnung
flat-growth wachstumsschwach
fleet Fuhrpark
flexibility Anpassungsfähigkeit; **f. to adjust** Anpassungsflexibilität
flo(a)tation of a company Unternehmensgründung
flood plain Überschwemmungsgebiet
floorspace Grund-/Gewerbefläche; **industrial f.** gewerbliche Nutzfläche; **usable f.** Nutzfläche
flop (*coll.*) Fehlschlag
flourishing (*fig.*) blühend
flow of traffic Verkehrsfluß
to (be liable to) fluctuate Schwankungen unterworfen sein
flue gas Rauchgas
focus Schwergewicht, Brennpunkt; **main f.** Schwerpunkt
following (*Gefolgschaft*) Anhang
food| industry Lebensmittelbranche/-industrie, Ernährungsgewerbe; **f., drink and tobacco industries** Nahrungs- und Genußmittelgewerbe; **f. processing industry** Ernährungsgewerbe
footpath Gehweg
to be in force in Kraft sein
to be to the fore (*fig.*) im Vordergrund stehen
forecast data Prognosedaten
forecaster Konjunkturprognostiker
forecasting| model Prognosemodell; **f. technique** Prognoseverfahren
foreclosure (*Hypothek*) Kündigung
foreign ausländisch; **f.-produced** (*Waren*) ausländisch, im Ausland hergestellt; **f. trade developments** außenwirtschaftliche Entwicklungen
damage to the forest(s) Waldschäden; **decay of f.s** Waldsterben; **f. area** Waldgebiet/-fläche; **f. land** Waldbestand
forestry Forsten, Forstwirtschaft; **f. area/land** forstwirtschaftliche Fläche; **f. office** Forstbehörde
form (*Formular*) Vordruck
to comply with formalities die Formalitäten einhalten
formation (→ *establishment*) Gründung, Anordnung, (berufliche) Ausbildung; **f. of a**

formation

company Unternehmensgründung; **f. of a new company** Neugründung
formative period Entstehungsphase, Entwicklungszeitraum
forwarding business Spedition(-sbetrieb)
foundation Gründung
foundry Gießerei
fragmentation Zersplitterung
frame of reference Bezugsrahmen
framework| of the plan Planungsrahmen; **f. programme** Rahmenprogramm
franchise (→ *licence*) Lizenz; **f. tax** Konzessionssteuer/-gebühr; **f.e** Lizenznehmer
franchising Franchisegeschäft, Konzessionierung, Konzessionserteilung, Lizenzvergabe; **f. company** Lizenzgeber
free kostenlos; **f. of charge** kostenlos, zum Nulltarif, gebührenfrei; **f. admission** freier Eintritt, zum Nulltarif; **f. trade zone** freie Handelszone; **f. travel** Fahren zum Nulltarif
freedom Freiheit/-raum; **f. of establishment** Niederlassungsfreiheit; **restriction on f. of establishment** Niederlassungsbeschränkung
freelance practice freiberufliche Praxis
freight| centre Frachtenkontor, Verkehrshof; **f. depot** *[US]* Güterbahnhof; **f. traffic** Güterverkehr; **f. traffic facilities** Güterverkehrseinrichtungen
friction loss Reibungsverlust
front-end costs Vorlaufkosten
fuel Treibstoff, Brennstoff, Verbrennungsprodukt; **fossil f.** fossiler Brennstoff; **liquid f.** flüssiger Treibstoff/Brennstoff; **pipe- and line-based f.s** leitungsgebundene Energieträger; **solid f.** fester Brennstoff

full-time| business Vollbeschäftigung/-existenz; **f.-t. employee** Vollbeschäftigter/-zeitarbeitskraft; **f.-t. job** Vollzeitarbeit(-sstelle), Vollzeitarbeitskraft, Vollexistenz
fully serviced • komplett ausgestattet
functional weakness Funktionsschwäche
revolving fund revolvierender Fonds; **special purpose f.** Sonderfonds
funds (→ *capital, finance*) Gelder, (Finanz-)Mittel, Haushaltsmittel; **provision of f.** Mittelbereitstellung; **available f.** Finanzdecke; **own f.** Eigenkapital/-mittel/-beteiligung, eigene Mittel; **third-party f.** Drittmittel
fundamental pillar tragende Säule
funding (→ *financing*) Finanzierung, Konsolidierung; **dedicated f.** zweckgebundene finanzielle Förderung; **tied f.** zweckgebundene Finanzierung; **f. commitment** Finanzzusage; **f. gap** Finanzierungslücke; **f. grant** Finanzierungsbeihilfe/-zuschuß; **share of the f. package** Finanzierungsanteil; **f. proposal** Finanzierungsvorschlag; **model f. scheme** Finanzierungsbeispiel; **f. shortfall** Finanzierungslücke; **f. support** Finanzhilfe
electric furnace elektrischer Schmelzofen; **single f. plant** Einzelfeuerungsanlage
furnishings and equipment Inventar
further| development Weiterentwicklung; **f. education** Weiterbildung; **institutions of f. education** Hochschullandschaft
future *(Adj.)* zukünftig; **f. directed** zukunftsorientiert
futurology Zukunftsforschung

G

gap (between existing buildings) Baulücke
garbage (→ *refuse, waste*) *[US]* Abfall, Müll; **g. collection** Müllabfuhr; **g. disposal** Abfallbeseitigung; **g. dump** Müllhalde
garden city Gartenstadt
high/long-distance| gas Ferngas; **l.-d. gas supply** Ferngaslieferung
gasification of coal Kohlevergasung
gateway Tor
gazette of laws and ordinances Gesetz- und Verordnungsblatt

to gear to abstellen auf
high gearing hoher Fremdkapitalanteil, Kapitalintensität
general| depot Sammellager; **g. livability** Wohnwert; **g. public** Allgemeinheit, Öffentlichkeit
to generate leverage Wirkung entfalten
generation Erzeugung, Entwicklung; **g. of current** Stromerzeugung; **the new g. of academics** wissenschaftlicher Nachwuchs
gentrification *(Stadtteil)* Entwicklung zur feinen Wohngegend

geographical| concentration Ballung, räumliche Zusammenfassung; **g. confinement** räumliche Beengtheit; **g. mobility** räumliche Mobilität
geography Landeskunde
germ-cell Keimzelle
gestation period Entwicklungs-/Reifezeit
to get under way in Gang kommen
glass-clad *(Gebäude)* voll verglast
glass fibre Glasfaser; **g. f. cable** Glasfaserkabel
to gloss over *(fig.)* schönfärben; **glossing things over** Schönfärberei
to go one's own way (sich) abkoppeln
to give the go-ahead *(fig.)* grünes Licht geben
competing goal|s Zielkonflikt; **g. attainment** Zielerfüllung
go-between Vermittler, Mittelsmann
going into operation Inbetriebnahme
goods| handling Güterumschlag; **g.-producing activities** warenproduzierendes Gewerbe; **g. traffic** Güterverkehr; **g. traffic facilities** Güterverkehrseinrichtungen; **g. yard** *[GB]* Güterbahnhof
government *(→ administration, local authority, local government)* Regierung, öffentliche Hand; **higher level of g.** höhere Regierungsebene; **g. aid** staatliche Hilfe, Zuschüsse der öffentlichen Hand; **g. bodies** Regierungs-/Verwaltungsbehörden, Träger öffentlicher Belange; **g. demand** Staatsnachfrage; **g. department** Behörde, Ministerium; **g. district** Regierungsbezirk; **g. employees** Angestellte der öffentlichen Hand, Staatsbedienstete; **g. expenditure** öffentliche Ausgaben; **g. interference/intervention** staatliche Intervention, staatlicher Eingriff; **g. procurement** Staatskauf; **g. provisions** staatliche Vorsorge; **g. services** staatliche Dienstleistungen; **g.'s spending programme** Ausgabenprogramm der Regierung; **g. unit** Gebietskörperschaft
governmental| entity *(→ administrative, municipal)* Verwaltungseinheit; **g. level** Regierungs-/Verwaltungsebene; **g. unit** Verwaltungseinheit
grace period Tilgungsfreijahr
grant *(→ aid, assistance, benefit, subsidy, support)* (finanzielle) Förderung, (Bei-)Hilfe, Zuschuß, Zuwendung; **g.-in-aid** Finanzierungszuschuß; **g. towards costs** Kostenzuschuß; **g. towards rent** Mietkostenzuschuß; **level of g.s** Leistungsumfang; **period of g.** Förderungsdauer; **range of available g.s** *(Subventionen)* Leistungsprofil; **block g.** Finanz-/Pauschalzuweisung; **company-related g.** unternehmensbezogene Förderungsmaßnahme; **government g.** staatliche Förderungsmittel; **operating g.** laufender Zuschuß; **repayable g.** rückzahlbarer Zuschuß; **non-repayable g.** verlorener Zuschuß; **specific g.** Zweckzuweisung; **tied g.** zweckgebundener Zuschuß, zweckgebundene finanzielle Förderung; **g. level** Fördersatz; **g. payment** Zuschußzahlung; **g. proposal preparation** Vorbereitung eines Förderantrages; **g. total** Förderungssumme
granting Bewilligung; **g. of a subsidy** Zuschußzahlung
green| belt Grünfläche/-zone/-gürtel; **g. belt and leisure uses** Grün- und Freizeitnutzung; **g.-field site** Standort auf der grünen Wiese; **to give the g. light** *(coll.)* grünes Licht geben; **g. space/zone** Grünfläche/-zone
(integrated) grid *(Strom)* Verbundnetz, Leitungsverbund; **g. gas** Ferngas
grievance Mißstand
gross| domestic product (G.D.P.) Bruttoinlandsprodukt (BIP); **g. domestic product per capita** Bruttoinlandsprodukt je Einwohner; **g. national product (G.N.P.)** Bruttosozialprodukt (BSP); **g. production value** Bruttoproduktionswert; **g. value added** Bruttowertschöpfung (BWS)
ground *(→ land, site)* Boden, Terrain; **g. plan** (Lage-)Plan; **g. rent** Erbbauzins; **g. traffic** Bodenverkehr
group| of (prospective) customers Nachfragegruppe; **g. of people** Personenkreis; **social g.** gesellschaftliche Gruppe
growing strongly wachstumsstark
growth Wachstum, Expansion; **g. of production** Produktionswachstum; **g. of productivity** Produktivitätsfortschritt/-anstieg/-zuwachs; **contribution to g.** Beitrag zum Wachstum; **impediment to g.** Wachstumshemmnis; **study of economic sectors promising future g.** Wachstumsstudie; **declining g.** zurückgehendes Wachstum; **economic g.** Wirtschaftswachstum; **flat g.** wachstumsschwach; **negative g.** Minus-/Negativwachstum, Schrumpfung; **qualitative (economic) g.** qualitatives Wachstum; **to make a below-average contribution to g./to contribute little to g.** unterdurchschnittlich zum Wachstum beitragen; **to exhibit g.** Wachstum verzeichnen; **g. area** Wachstumsfeld; **g. centre** Wachstumspol/-zentrum; **g. comparison** Wachstumsvergleich; **g. differential** Wachstumsabstand/-gefälle; **g. dynamism** Wachstumsdynamik; **g.-generating business** wachstumsförderndes Unternehmen; **g. impulse** Wachstumsimpuls; **g. industry** Wachstumsbranche/-industrie/-sektor, zukunftsträchtige

Branche; **g.-oriented** wachstumsorientiert; **g. phase** Wachstumsphase; **g. point** Entwicklungsschwerpunkt; **g. policy** Wachstumspolitik; **g. potential** Wachstumspotential, Expansionsmöglichkeit; **g. prospect** Wachstumschance; **g. rate** Wachstumsrate; **g. sector** Wachstumsbranche; **g. trend** Wachstumsentwicklung

guarantee Garantie, Sicherheit, Bürgschaft; **to g.** gewährleisten
guide Führer, Leitfaden, *(fig.)* Wegweiser
guideline Richtschnur/-linie, Orientierungshilfe; **g.s for economic development measures** Förderungsrichtlinien
guiding principle Leitfaden

H

at hand vorhanden
handbook Leitfaden
handicraft business Handwerksbetrieb
handling Bearbeitung, *(Waren)* Umschlag; **h. capacity** Umschlagskapazität; **h. procedure** Handhabungssystem; **h. time** Bearbeitungs-/Durchlaufzeit
hardware Metallwaren, *(EDV)* Datenverarbeitungsgeräte
harmful schädlich, umweltfeindlich
harmonization Abstimmung, Angleichung
to harmonize angleichen, aufeinander abstimmen, in Einklang bringen, harmonisieren
(road) haulage contractor Spedition
haulier Spedition, Spediteur
headquartered mit Hauptsitz; **to be h. in** den Firmensitz haben in
headquarters Hauptverwaltung/-niederlassung
headwaters Quellgebiet
to make headway Fortschritte erzielen
health| authority Gesundheitsbehörde; **h. care** Gesundheitswesen/-fürsorge; **h. insurance** Krankenversicherung(-sträger); **Local H. and Safety Executive Office** *[GB]* Gesundheits- und Gewerbeaufsichtsamt; **h. policy** Gesundheitspolitik
heap (Abfall-)Halde
heat| market Wärmemarkt; **h.-power link-up** Wärme-Kraft-Kopplung; **(waste) h. recovery** Wärmerückgewinnung; **h. transport system** Wärmetransportsystem
long-distance heating Fernwärme; **l.-d. h. network** Fernwärmeschiene
heating power station Heizkraftwerk
heavy| equipment manufacturer Hersteller von Schwermaschinen; **h. metal** Schwermetall; **h. metal pollution** Schwermetallbelastung
help (→ **aid, assistance**) Hilfe, *(finanziell)* Beihilfe; **proper h.** sachgerechte Hilfe

to help sth./sb. on the road to success zum Durchbruch verhelfen
hierarchy Rangordnung
high-bracket professional position hochdotierte Stellung, berufliche Position mit Spitzenverdienst
high-risk risikoreich
high-tech Spitzentechnologie; **h.-t. accommodation** Hochtechnologieeinrichtung, Fläche für Unternehmen der Zukunftstechnologie; **h.-t. research** Spitzenforschung
high-technology goods technologisch hochwertige Güter
high-temperature reactor Hochtemperaturreaktor (HTR)
high-turnover umsatzstark
high-volume industry Hersteller von Massengütern
highway network *[US]* Fernstraßennetz
higher| authority übergeordnete Stelle; **h. order centre** Oberzentrum
hire| charge Benutzungs-/Leihgebühr; **h. facilities** Anmietungsmöglichkeit; **h. purchase** Mietkauf
to hire out verpachten
to hive off *(Unternehmen)* in eine andere Gesellschaft ausgründen
hiving-off *(Unternehmen)* Ausgründung
holder Inhaber
home Wohnung; **h. loan** Wohnungsbaudarlehen; **h. market** Binnenmarkt; **h.-owner** (Wohnungs-)Eigentümer; **h. ownership** Wohnungseigentum; **h. workstation** *(EDV)* Heimarbeitsplatz
honorary chairman ehrenamtlicher Vorsitzender
hook-up *[US] (Versorgungsleitungen)* Anschluß
hostility to new technologies Technologiefeindlichkeit

hotel- and catering trade Hotel- und Gaststättengewerbe, Gaststätten- und Beherbungsgewerbe
hours worked geleistete Arbeitsstunden
housebuilding Wohnungsbau; **non-profit-making h.** gemeinnütziger Wohnungsbau
household Haushalt; **h. size** Haushaltungsgröße, Größe eines (privaten) Haushalts; **h. waste** Hausmüll
good housekeeping gutes Wirtschaften
housing Wohnungsbau/-wirtschaft; **low-density h.** offene Bauweise; **h. assistance** Wohngeld, Wohnungsbeihilfe; **h. conditions** Wohnverhältnisse; **h. construction** Wohnungsbau; **h. cooperative** Siedlungsgenossenschaft; **h. development** Wohnungsbau(-maßnahme); **h. estate** Wohnsiedlung; **new h. estate** Neubaugebiet; **suburban h. estate** Stadtrandsiedlung; **h. loan** Wohnungsbaudarlehen; **h. market** Wohnungsmarkt; **h. need(s)/requirements** Wohnungs-/Wohnraumbedarf; **h. opportunities** Unterbringungsmöglichkeiten; **h. programme** Wohnungsbauprogramm; **h. start** Wohnungsneubau; **h. stock** Wohnungsbestand; **h. supply** Wohnungsangebot
human resource|s Human-/Arbeitskräftepotential, menschliches Potential; **h. r. assistance** Unterstützung bei der Deckung des Arbeitskräftebedarfs; **h. r.s planning** Arbeitskräfteeinsatz
humanization of working conditions Humanisierung der Arbeit(-swelt)
good husbandry gutes Wirtschaften
hydrocarbon Kohlenwasserstoff
hydrogenation of coal Kohleverflüssigung
hypermarket Einkaufszentrum

I

central idea Leitgedanke
identification number Kennzahl
idle untätig, *(Maschinen)* stillstehend, ungenutzt
illiquidity mangelnde Liquidität, Zahlungsunfähigkeit
image Meinungsbild; **i. campaign** Image-Kampagne; **to have an i. problem** ein Imageproblem haben
imbalance Ungleichgewicht
immediacy of need Dringlichkeit
immigrant Zuwanderer
immigration (to the area) Zuwanderung
Immission Protection Act Bundesimmissionsschutzgesetz
immunity from taxes Steuer-/Abgabenbefreiung
widespread impact Breitenwirkung
to impair beeinträchtigen
to give sth. (new) impetus Impulse auslösen
to implement durchführen, implementieren; **to i. a strategy** eine Strategie durchführen; **capable of being i.ed** *(Politik)* durchführbar
implementation Ausführung, (praktische) Durchführung, Vollzug; **state of i.** Vollzugsstand
import|s and exports Außenhandel; **i.-export counselling/advisory service** Außenhandelsberatung; **i.-export trading company** Import-Export-Handelsbetrieb
importance Bedeutung, Stellenwert
to become less important an Gewicht verlieren
imposition *(Steuern, Abgaben, Strafen etc.)* Erhebung, Auferlegung, Verhängung
to make an impression (on) einen Effekt ausüben
improved verbessert, ausgebaut
improvement Verbesserung, Ausbau; **i. of productivity** Rationalisierung; **i. of residential environments** Wohnumfeldverbesserung; **i. of the structure of the regional economy** Verbesserung der regionalen Wirtschaftsstruktur; **i. area** Entwicklungs-/Erschließungs-/Sanierungsgebiet; **i. costs** Erschließungsaufwand
inability to pay Zahlungsunfähigkeit
inactive untätig, arbeitslos
incentive Anreiz; **i.s** Anreizsystem(e); **to create/provide i.s** Anreize schaffen; **to give/offer i.s** Anreize bieten, anspornen; **i. programme** Initiativ-/Impulsprogramm, Anreizsystem; **i. schemes** Anreizsysteme
incineration *(Müll)* Verbrennung; **i./incinerating plant** (Müll-)Verbrennungsanlage
buying/disposable income verfügbares Einkommen; **marginal i.** Deckungsbeitrag; **median family i.** durchschnittliches Familieneinkommen; **national i. accounts** volkswirtschaftliche Gesamtrechnung; **per capita i.** Einkommen

pro Kopf; **total i.** Gesamteinkommen; **net i. area** Gewinnzone; **i. divergence/differential** Einkommensunterschied; **lower-i. group** untere Einkommensgruppe, Geringverdiener; **i. loss** Einkommensverlust/-ausfall; **i.-related** einkommensabhängig
corporate income tax Ertragssteuer für Unternehmen
income tax point of view ertragssteuerlicher Gesichtspunkt
in-commuter Einpendler
to incorporate eingliedern
incorporated eingebunden in, als juristische Person eingetragen
incorporation *(jur.)* Gründung, Errichtung, Eingemeindung; **i. and organization** *[US]* Gründung; **new i.** Neugründung einer AG
increase| in the number of jobs Stellenzuwachs, Beschäftigungsausweitung; **i. in value** Wertsteigerung
incubator| centre Entwicklungszentrum; **i. firm** Existenzgründer
indebtedness Verschuldung
indemnity bond Ausfallbürgschaft
indenture *(Lehrling)* Ausbildungs-/Lehrvertrag
economic independence wirtschaftliche Selbständigkeit; **entrepreneurial i.** unternehmerische Selbständigkeit; **legal i.** rechtliche Selbständigkeit
in-depth investigation gründliche Untersuchung
to indicate anzeigen, ausweisen, hinweisen
indicator system Indikatorsystem
indigenous einheimisch
inducement rate günstiger/attraktiver Satz
industrial (→ *commercial, economic*) industriell, wirtschaftlich; **i. aid policy** Wirtschaftsförderungspolitik; **i. average** (gesamt-)industrieller Durchschnitt; **troubled i. base** gefährdete industrielle Basis; **maintaining the i. base** Bestandssicherung, Sicherung der Bestandsentwicklung; **i. and commercial base** Bestandsgröße; **i. building** Wirtschafts-/Industriegebäude; **floating i. capacity** mobiles industrielles Potential; **i. centre** Gewerbezentrum; **i. concern** Industriekonzern; **i. density** Industriebesatz/-dichte; **i. development** (→ *business promotion, economic development, economic promotion*) Industriesiedlung/-entwicklung, industrielle Erschließung; **i. and commercial development** Industrie- und Gewerbeentwicklung; **i. electronics** Industrieelektronik; **i. employee** gewerblicher Arbeitnehmer; **i. employment** gewerbliche Beschäftigung, Beschäftigung in der Industrie; **i. enterprise** gewerbliches Unternehmen; **siding for i. enterprise** Industriegleisanschluß; **i. environment** Standortbedingungen; **i. equipment** Industrieanlagen; **i. estate** (→ *business park, enterprise zone*) Industrieareal/-park, Gewerbepark, Gewerbe- und Industriepark, Industrie- und Gewerbegebiet; **dirty i. exhausts** Industrieabgase; **i. giant** Großunternehmen; **i. goods** Investitionsgüter; **i. group** Industriekonzern; **i. health and safety** Arbeitsschutz; **law concerning i. health and safety** Arbeitsschutzrecht; **i. history** Wirtschaftsgeschichte, Geschichte der Industrialisierung; **i. impulse** Impuls für die (gewerbliche) Wirtschaft; **i. innovation** Prozeßinnovation
industrial land (→ *industrial premises, industrial sites and buildings*) Industriegelände; **contaminated i. l.** industrielle Altlast; **derelict i. l.** Industrieödland/-brache; **idle i. l.** ungenutztes Fabrikgelände; **i. l. contamination** Bodenverseuchung durch Industrie; **i. l. use** Flächennutzung für gewerbliche Tätigkeit
industrial| loading Belastung durch industrielle und gewerbliche Tätigkeit (Emission); **i. machinery** Industrieanlagen; **i. material** Industriewerkstoff; **i. mix** Branchenstruktur, sektorale Gliederung; **i. output** Industrieproduktion; **i. physiology** Arbeitsphysiologie; **i. policy** Industriepolitik; **i. pollutant** Industriegift; **i. premises** Betriebs-/Industriegelände; **i. processing engineering** Verfahrenstechnik; **with regard to i. processing engineering** verfahrenstechnisch; **i. production** industrielle Fertigung; **i. relations** Beziehungen zwischen den Tarifparteien/Arbeitgebern und Arbeitnehmern, Beziehungen der Sozialpartner, Arbeitnehmer-Arbeitgeberverhältnis; **constructive/meaningful i. relations** konstruktives Zusammenwirken der Sozialpartner; **i. sabotage** Industriesabotage; **i. sales** industrieller Absatz; **i. sector** Wirtschaftszweig/-bereich; **i. settlement policy** Ansiedlungsstrategie; **i. sites and buildings** Industriegelände; **i. society** Industriegesellschaft; **conventional i. space** Gewerbefläche herkömmlicher Art; **i. structure** Industriestruktur; **i. structure solely based on coal, iron and steel** Montanmonostruktur; **i. training** Berufsausbildung; **i. training centre** Berufsausbildungsstätte; **i. tribunal** Arbeitsgericht; **i. turnover** Industrieumsatz; **i. unit** Industrie-/Fabrikanlage, Industriebetrieb; **i. urbanization** industrielle Verstädterung; **i. use** industrielle/gewerbliche Nutzung; **i. waste** Industrie-/Gewerbemüll, Industrieabfall; **i. waste land** Industriebrache, brachliegende Industriefläche; **i. worker** Industriearbeiter/-beschäftigter

less industrialized industrieschwach
industry *(→ branch, economy, sector, trade)* Industrie(-zweig), Wirtschaftszweig, Gewerbe(-zweig), Branche, gewerblicher Bereich, gewerbliche Wirtschaft, Industriesektor; **people/person employed in i.** Industriebeschäftigte(r); **adjusting i.** im Strukturwandel befindlicher Industriezweig; **anchor i.** Schlüsselindustrie; **associated i.** verbundener Industriezweig; **basic i.** Grundstoffindustrie; **domestic i.** heimisches Gewerbe, einheimische Industrie; **downstream i.** nachgelagerte Branche; **established i.** traditioneller Industriezweig; **established industries** Industriebesatz; **expanding/growing i.** Wachstumsindustrie; **extractive i.** Grundstoffindustrie; **heavy i.** Schwerindustrie; **indigenous i.** einheimische Industrie; **key i.** Schlüsselindustrie; **local i.** heimisches Gewerbe, einheimische/ortsansässige Industrie; **main i.** involved hauptbeteiligter Wirtschaftszweig; **manufacturing i.** produzierendes/verarbeitendes Gewerbe; **national i.** *(EG)* heimisches Gewerbe; **new i.** aufstrebende Industrie; **packaging i.** Verpackungsindustrie; **polluting i.** störendes Gewerbe; **primary i.** Grundstoffindustrie; **private i.** Privatwirtschaft, privates Gewerbe; **processing i.** verarbeitende Industrie; **public i.** öffentlicher Sektor, öffentliches Gewerbe; **related i.** angeschlossener Industriezweig; **related industries** verwandte Industriezweige; **smokestack i.** Schwerindustrie; **sunrise i.** aufstrebende Industrie; **sunset i.** klassische/niedergehende Industrie; **upstream i.** vorgelagerte Branche; **i. mix** Branchenstruktur/-gliederung; **i. park** Gewerbepark; **i.'s performance** Gesamtleistung der Industrie; **distribution of i. policy** Industriestandortpolitik; **i. sponsor** Industriesponsor
ineffective wirkungslos, ohne Effekt
to inform unterrichten, benachrichtigen
information Informationsmaterial, Mitteilung, Erkenntnisse, Orientierungshilfe; **flow of i.** Informationsfluß; **lack of i.** Informationsdefizit; **obtaining of i.** Informationsbeschaffung; **range of (available) i.** Informationsangebot; **to provide i.** Orientierung geben; **i. access** Informationszugriff; **i. base** Informationsgrundlage; **i. campaign** Aufklärungskampagne; **i. centre** Informationsstelle; **i. facilities** Kommunikationseinrichtungen; **i. gathering** Informationsbeschaffung; **i. office** Informationsstelle; **central i. office** Informationszentrale; **i. processing** Informationsverarbeitung; **i. provider** *(Btx)* Informations-/Bildschirmtextanbieter;

i. retrieval *(EDV)* Informationsabfrage/-abruf; **i. service** Mitteilungs-/Informationsdienst; **i. society** Informationsgesellschaft; **i. storage** Informationsspeicherung; **i. system** Informationssystem; **area-wide i. system** flächenbezogenes Informationssystem; **i. technology** Informationstechnologie; **i./informative visit** Informationsbesuch; **i. work** Aufklärungsarbeit
infrastructural requirements Infrastrukturvoraussetzungen, infrastrukturelle Voraussetzungen
infrastructure Infrastruktur; **deficiency in i.** Infrastrukturbedarf; **available/existing i.** Infrastrukturausstattung; **business-oriented/industrial and commercial i.** wirtschaftsnahe Infrastruktur; **well-developed/established infrastructure** gut ausgebaute Infrastruktur; **necessary i.** Infrastrukturvoraussetzungen, infrastrukturelle Voraussetzungen; **non-transport i.** nicht-verkehrsgebundene Infrastruktur; **physical i.** bauliche Infrastruktur; **improvement of the regional i.** Verbesserung der regionalen Infrastruktur; **i. facility** Infrastruktureinrichtung; **provision of i. facilities** Infrastrukturausstattung; **i. improvement** Verbesserung der Infrastruktur; **i. policy** Infrastrukturpolitik; **i. works** Infrastrukturmaßnahmen
inhabitant Einwohner
in-house needs/requirements Eigenbedarf
initial| appraisal Vorprüfung; **i. equipment** Erstausstattung; **i. innovation** Erstinnovation; **i. position** Ausgangssituation; **i. years** Anfangs-/Anlaufjahre
personal injury Personenschaden
in-kind contribution Sachzuwendung
inland| port Binnenhafen; **I. Revenue** *[GB]* Finanzamt; **local i. revenue office** *[GB]* zuständiges Finanzamt, Lagefinanzamt; **i. shipping** Binnenschiffahrt; **i. transport** Binnenverkehr
in-migration Zuzug, Zuwanderung
inner-city innerörtlich
innovation Neuerung, Innovation, Erneuerung(-swesen/-sprozeß); **centre for i. and technology** Zentrum für Innovation und Technik; **open to i.** innovationsfreudig; **speed of i.** Innovationsgeschwindigkeit; **basic/fundamental i.** Basisinnovation; **technical i.** technische Innovation; **i. expenditure** Innovationsaufwendungen
innovative innovativ, innovationsfreudig; **i. centre** Innovationszentrum; **i. force** Erneuerungskraft; **i. project** innovatives Projekt/Vorhaben; **i. spirit** Pioniergeist; **i. strength** Innovationskraft; **i. weakness** Innovationsschwäche

innovatory

innovatory innovativ
input *(→ expenditure, investment) (Kapital)* Investition, Zufuhr, Aufwand, Einsatz; **i. price** Einsatzpreis; **i. tax** Vorsteuer
inquiry Anfrage, Erkundigung, Untersuchung, Erhebung
insolvency Insolvenz, Zahlungsunfähigkeit
inspection *(Bau, Fahrzeug etc.)* Abnahme
installations Anlagen, Einrichtungen; **i. subject to approval** genehmigungsbedürftige Anlagen
in equal half-yearly instalments in gleichen Halbjahresraten
instance Instanz
joint institution Gemeinschaftseinrichtung
to instruct unterrichten
instruction Schulung, Unterrichtung, (Handlungs-)Anweisung, Verfügung
instructor Ausbilder
instrument Mittel, Instrument; **i.s** Mittel, Wege, Instrumente; **statutory i.** *(durch Minister) [GB]* Erlaß, Verfügung, Rechtsverordnung
insurance Versicherung; **subject to compulsory i.** sozialversicherungspflichtig; **employer's liability i.** Betriebshaftpflichtversicherung; **product liability i.** Gewährleistungsversicherung; **medical i.** Krankenversicherung(-sträger)
national insurance Sozialversicherung; **N. I.** *[GB]* Sozialversicherung, Arbeitslosenversicherung; **N. I. contributions** *[GB]* Beiträge zum staatlichen Sozialversicherungssystem, Arbeitslosenversicherungsbeiträge; **employer's n. i. contribution** Arbeitgeberanteil (an der Sozialversicherung); **personal contribution to n. i.** Arbeitnehmeranteil (an der Sozialversicherung)
social insurance *[US]* Arbeitslosenversicherung; **third party i.** Haftpflichtversicherung; **i. broker** Versicherungsmakler; **i. company** Versicherung(-sunternehmen)
to integrate eingliedern; **i.d** eingebunden in; **i.d circuit** integrierte Schaltung, integrierter Schaltkreis
integration Integration, Verflechtung, Verschränkung
casual social interaction zwangloser sozialer Kontakt
interchange Schnittpunkt, Autobahnkreuz
interconnection Verflechtung, Zusammenhang, Beziehung, Verschränkung
inter-disciplinary fachübergreifend
interest *(Unternehmen)* Kapitalbeteiligung; **i. in a location** Standortinteresse; **i. burden/charge** Zinsbelastung; **i. costs** Zinskosten; **i. grouping** Interessenverband; **i. rate advantage** Zinsvorteil; **i. rate level** Zinsniveau; **i. rate subsidy** Zinszuschuß
interface conditions *(EDV)* Anschließungsbedingungen
inter-firm contact Kontakte zwischen Firmen
inter-governmental agreement Regierungsabkommen, Übereinkunft zwischen Regierungen
interim aid Übergangshilfe
inter-industry linkage/relations Beziehungen/Verbindungen zwischen Industriezweigen
interlocking Verflechtung; **i. of companies** Unternehmensverflechtung; **i. of preliminary works and services** Vorleistungsverflechtung
intermediary *(→ agent)* Vermittler, Mittelsmann, Zwischenhändler
intermediate stage Zwischenstadium
Internal Revenue Code *[US]* Abgabenordnung
inter-penetration Verflechtung
intersection Knotenpunkt, Kreuzung, Schnittpunkt von Autobahnen
intra-regional intraregional; **i.-r. tensions** Spannungen innerhalb einer Region
inventory *(→ stocks)* Vorräte, Warenbestand, Inventar, Bestandsverzeichnis; **inventories** Vorratsvermögen; **start-up i.** erstes Warenlager; **i. change** Bestandsentwicklung; **i. cutting/reduction** Lagerabbau; **i. holdings** Lagerbestand; **i. taking** Inventur, Bestandsaufnahme
investigation Untersuchung, Erhebung
investing Investitionsdurchführung
investment Investition, Anlage; **i. for expansion** Erweiterungsinvestition; **i. into/for the future** Zukunftsinvestition, Vorleistung für die Zukunft; **i. in plant and equipment** Anlageinvestition; **impediments to i.** Investitionshemmnisse; **incentive to i.** investitionsfreundlich; **level of i.s** Investitionshöhe; **object of i.** Gegenstand der Investition; **additional i.** Neuinvestition; **capacity-increasing i.s** Erweiterungsinvestitionen; **direct i.** Direktinvestition; **follow-up i.** Folgeinvestition; **foreign i.** Anlagen im Ausland; **initial i.s** Anfangsinvestition(en); **time of initial i.** Investitionsbeginn; **minority i.** Erwerb einer Minderheitsbeteiligung; **new i.** Neuinvestition; **output-increasing i.** leistungssteigernde Investition; **profitable i.(s)** ertragreiche Anlagen; **start-up i.s** Anfangsinvestition(en); **subsequent i.** Folgeinvestition; **to ease/facilitate i.s** Investitionen erleichtern; **i. activities** Investitionstätigkeit; **i. adviser** Anlageberater; **i. aid** Investitionshilfe; **i. analysis** Investitionskalkül; **i. appraisal** Wirtschaftlichkeitsanalyse, Rentabilitätskalkül; **i. behaviour** Investitionsverhalten; **i. budget** Investitions-

haushalt; **i. budgeting** Investitionsplanung; **i. capital** Investitionsmittel, Investitions-/Anlagekapital; **i. climate** Investitionsklima; **i. commitment** Investitionszusage/-versprechen, getätigte Investitionen; **i. cost(s)** Investitionskosten/-aufwendungen; **i. costing** Investitionskalkulation; **i. decision** Investitionsentscheidung; **i. expenditure** Investitionsaufwendungen, Ausgaben für Investitionszwecke; **i.-like expenses** investitionsähnliche Aufwendungen; **i. funds** Investitionsmittel, Anlagekapital; **i. grant** Investitionszuschuß; **i. loan** Investitionskredit; **i. outlay** Investitionsaufwand; **i. package** Investitionspaket; **i. pattern** Investitionsstruktur; **i. plan** Investitionsplan; **i. planning** Investitionsplanung; **i. power** Investitionskraft; **i. programme** Investitionsprogramm; **i. project** Investitionsprojekt/-vorhaben; **i. promotion** Investitionsförderung; **i. property** Immobilienanlagen; **i. spending** Investitionsaufwendungen, Ausgaben für Investitionszwecke; **i. strategy** Anlagestrategie; **i. tax credit** Investitionssteuergutschrift; **i. tax incentives** steuerliche Anreize für Investitionen; **i. total** Investitionssumme

investor Anleger, Investor, Geldgeber; **major i.** Großanleger/-investor; **i.-oriented** investitionsfreundlich

involvement Engagement

iron and steel| (producing) industry eisenschaffende Industrie; **i. a. s. industry agreement** Hüttenvertrag

iron| production Eisenerzeugung; **i.ware** Eisenwaren; **i. works** Eisenhüttenwerk

issue Frage, Problem, *(Wertpapiere)* Emission, *(Dokument)* Ausstellung; **i. of a statement** Abgabe einer Erklärung; **i.r** *(Dokument)* Aussteller

J

job (→ *employment, work*) Arbeit(-splatz), Beschäftigung, Aufgabe; **j. in industry** gewerblicher Arbeitsplatz, Industriearbeitsplatz; **choice of j.s** Auswahl an Arbeitsplätzen, Arbeitswahlmöglichkeit; **conditions relating to a j.** Arbeitsplatzgegebenheiten; **creation of j.s** Arbeitsplatzbeschaffung; **cutting of j.s** Beschäftigtenabbau, Stellenkürzung/-streichung; **positive effect on j.s** positiver Beschäftigungseffekt; **gain in j.s** Zuwachs an Arbeitsplätzen; **lack of j.s** Mangel an Arbeitsplätzen, Arbeitsplatzdefizit, Arbeitsplätzemangel; **loss of a j.** Arbeitsplatzverlust; **preservation of j.s** Arbeitsplatzerhaltung; **safeguarding of j.s** Arbeitsplatz-/Beschäftigungssicherung; **shedding of j.s** Stellen-/Beschäftigungs-/Arbeitsplatzabbau; **threat to j.s** Arbeitsplatzgefährdung; **available j.s** Stellen-/Arbeitsangebot; **manufacturing j.** Arbeitsplatz in der Industrie; **new/substitute j.** Ersatzarbeitsplatz; **permanent j.** Dauerarbeitsplatz; **sound new j.** stabiler/sicherer neuer Arbeitsplatz; **other j. in substitution** Ersatzarbeitsplatz; **safe j.** krisensicherer Arbeitsplatz; **unfilled j.s** offene Stellen, Stellenangebot; **to create (new) j.s** Arbeitsplätze (neu) schaffen; **to cut j.s** Arbeitsplätze abbauen; **to cut back on j.s** die Zahl der Arbeitsplätze reduzieren; **to destroy j.s** Arbeitsplätze vernichten; **to provide j.s** Arbeitsplätze (be)schaffen; **to safeguard j.s** Arbeitsplätze sichern; **to shed j.s** Arbeitsplätze abbauen; **j. centre** Arbeitsamt, Vermittlungsbüro, Stellenvermittlung; **j. counselling** Berufsberatung; **j. creation** Schaffung von Arbeitsplätzen; **j. creation programme/scheme** Beschäftigungsinitiative/-projekt, Arbeitsbeschaffungsprogramm/-maßnahme; **j.s credit** *(Steuer)* Personalkostenzuschuß; **new j. credit** Steuerfreibetrag für die Schaffung neuer Arbeitsplätze; **j. decline** Arbeitsplatzverlust(e); **j. definition** Aufgabenstellung; **j. development** Entwicklung von Arbeitsplätzen; **j. diversification** Tätigkeitsausweitung; **j. engineering** Arbeitsplatzgestaltung; **j. growth** Arbeitsplatzzuwachs; **j.-lot production** Kleinserienfertigung; **j. market** (→ *employment market, labour market*) Arbeitsmarkt; **effects on the j. market** arbeitsmarktpolitische Effekte; **relevance for the j. market** arbeitsmarktpolitische Bedeutung; **j. mobility** berufliche Mobilität; **j. needs** berufliche Bedürfnisse; **j. opportunity** Beschäftigungsmöglichkeit; **j. opportunities** berufliche Möglichkeiten; **additional j. opportunities** zusätzliche/neue Arbeitsplätze; **growing j. opportunities** wachsende Be-

schäftigungsmöglichkeiten; **j. placement** Stellenvermittlung; **j.-producing growth** Wachstum, das Arbeitsplätze schafft; **j. prospects** Beschäftigungsmöglichkeiten/-aussichten; **j. protection** Arbeitsschutz, Beschäftigungs-/Arbeitsplatzsicherung; **law concerning j. protection** Arbeitsschutzrecht; **j. qualification** fachliche Eignung, berufliche Qualifikation; **j. qualification structure** (Berufs-)Qualifikationsstruktur, Struktur der beruflichen Qualifikationen; **j.-related** arbeitsplatzbezogen; **j. risk** Arbeitsplatzrisiko; **j. security** Arbeitsplatzsicherheit, berufliche Sicherheit; **j. sharing** Arbeits(platz)teilung; **j. shortage** Arbeitsplatzdefizit, Mangel an Arbeitsplätzen; **j. specialization** berufliche Spezialisierung; **j. tie** Arbeitsplatzbindung; **j. training** Ausbildung, berufliche Bildung; **basic j. training** berufliche Grundbildung; **customized j. training** individuelle Berufsausbildung
jobless *(Adj.)* arbeits-/beschäftigungslos, *(Subst.)* Arbeitslose(r), Erwerbslose(r); **to be j.** stellungslos/ohne Arbeit sein; **j. rate** Arbeitslosenquote
joint venture Kooperationsvorhaben, Beteiligungsgesellschaft, Arbeitsgemeinschaft
judgement/judging Beurteilung
jump in oil prices Ölpreisschub
junction Knotenpunkt, *(Straße)* Kreuzung, *(Bahn)* Anschlußstelle, Gleisanschluß
junior executive *(Unternehmen)* Nachwuchskraft
need for justification/to justify one's actions Rechtfertigungszwang

K

to keep abreast of/keep up mithalten
key| number Schlüsselzahl; **k. role** Schlüsselfunktion
knowledge (Er-)Kenntnisse, Wissen; **k. of the trade** Branchenkenntnis; **background k.** Hintergundwissen; **specialized k.** Fachkenntnisse
to be knowledgeable sich auskennen

L

Labor Secretary *[US]* Arbeitsminister
labour (→ *employment, job, work*) Arbeit, Arbeitnehmer, Tarifpartner; **l. and management** Tarifpartner/-parteien, Sozialpartner; **mobility of l.** berufliche Mobilität; **value of l.** Arbeitswert; **indigenous l.** ortsansässige Arbeitskräfte; **skilled l.** *(Pl.)* Facharbeiter; **semi-skilled l.** angelernte Arbeitskräfte; **unskilled l.** ungelernte Arbeitskräfte; **l. administration** Arbeitsverwaltung; **l. climate** Arbeitsklima, Klima in der Arbeitnehmerschaft; **l. content** Arbeitsanteil, Lohn(kosten)anteil; **l. costs** Lohnkosten; **involving high l. costs** lohnkostenintensiv; **l. cost advantage** Lohnkostenvorteil; **l. court** Arbeitsgericht; **l. exchange** Arbeitsamt; **l. exchange district** Arbeitsamtsbezirk; **l. force** Arbeitskräftepotential; **l. force participation rate** Erwerbsquote; **l. intensity** Personalintensität; **l.-intensive** lohn-/beschäftigungsintensiv; **l. laws** Arbeitsrecht; **protective l. legislation** Arbeiterschutzgesetzgebung; **l.-management relations** Beziehungen der Sozialpartner/zwischen Arbeitnehmern und Arbeitgebern/zwischen den Tarifparteien
labour market (→ *employment market, job market*) Arbeitsmarkt; **effects on the l. m.** arbeitsmarktpolitische Effekte; **positive effect on the l. m.** positive Beschäftigungswirkung; **measure affecting the l. m.** arbeitsmarktpolitische Maßnahme; **regional l. m.** Arbeitsmarktregion; **l. m. forecast** Arbeitsmarktprognose; **l. m. problem** Arbeitsmarktproblem; **l. m. situation** Arbeitsmarktsituation; **l. m. trend** Beschäftigtenentwicklung, Beschäftigungsverhalten

labour| mobility problems Umsetzungsschwierigkeiten; **Federal L. Office** Bundesanstalt für Arbeit; **l. office (re-)training scheme** Arbeitsamtsmaßnahme; **l. physiology** Arbeitsphysiologie; **l. pirating** Mitarbeiterabwerbung; **l. pool** Arbeitskräfte-/Beschäftigtenpotential, Arbeitskraftreserve; **l. productivity** Arbeitsproduktivität; **l. relations director** Arbeitsdirektor; **l. skills** Fachkenntnisse; **l. supply** Arbeitskräftepotential, Arbeitsangebot; **excess l. supply** Arbeitskräfteüberschuß; **l. unrest** Tarifkonflikt
labourer Arbeiter
lack Mangel; **l. of liquidity** mangelnde Liquidität
land (→ *ground, location, site*) Boden; **l. for building development** Baufläche/-land/-grund; **l. for commercial/industrial use** Gewerbegrundstück; **l. zoned for commercial use** Ausweisung von Gewerbegebieten; **l. for housing** Wohnbaufläche; **l. available for the location of industry** Ansiedlungsgelände; **l. used for industrial purposes** Industriefläche; **l. zoned for economic activities** Gewerbefläche; **release of l. for development** Baulandbeschaffung, Freigabe von Land (zur Bebauung/Erschließung); **shortage of l.** Bodenknappheit, Flächenengpaß; **stocking of l.** Flächenbevorratung; **agricultural l.** landwirtschaftliche Fläche; **arable l.** Ackerland, landwirtschaftliche Nutzfläche; **available l.** verfügbare(r) Boden/Fläche, Flächenpotential; **contaminated l.** verseuchter Boden, industrielle Altlast; **derelict l.** (Industrie-)Brache; **derelict l. clearance** Sanierung von brachliegendem Land; **developable l.** baureifes/erschließbares Land; **developed l. for industrial building** erschlossene gewerbliche Baufläche; **idle l.** ungenutztes Grundstück; **industrial l.** Gewerbe-/Industriefläche, Industrieareal; **derelict industrial l.** Industriebrache, brachliegende Industriefläche; **non-plant l.** Vorratsland; **publicly-owned l.** Land im Besitz der öffentlichen Hand/im Kommunalbesitz; **redundant l.** ungenutztes/brachliegendes Grundstück; **reserve l.** Reservefläche; **substitute l.** Ausweichgelände; **to allocate l.** Gelände ausweisen; **to open up new l.** Bauland erschließen; **to take l. on lease** ein Grundstück (an-)pachten; **l. acquisition** Grunderwerb, Grundstückskauf; **l. availability** Verfügbarkeit von Land, Grundstückssituation; **question of l. availability** Geländefrage; **l. bank** Flächen-/Grundstücksvorrat, Grundstücksreserve, Pfandbriefinstitut; **l. bottleneck** Flächenengpaß; **l. dereliction** Landverödung; **l. development** (Boden-)Erschließung, Landerschließung, Baureifmachung; **l. drainage** Bodenwässerung; **l.fill** Auffüllung; **l. fund** Bodenfonds; **l. held for future building** Vorratsland; **l. hoarding** Flächenbevorratung; **l. improvement** Bodenverbesserung; **l.-intensive** flächenintensiv; **l. made redundant** freigezogenes Land; **l. mortgage bank** Pfandbriefinstitut; **l.owner** Grund(stücks)eigentümer/-besitzer; **l. policy** Boden- (und Flächen-)politik; **l. preparation** Baureifmachung; **l. price** Grundstücks-/Bodenpreis; **l. recycling** Landreaktivierung; **industrial l. recycling** (Re-)Aktivierung von Industrieflächen; **l. register** Grundbuch; **l. registry** Grundbuchamt; **l. release** Freigabe von Land; **l. renewal** Bodenerneuerung; **l. requirements** Flächenbedarf, flächenmäßige Voraussetzungen; **l. reserves** Flächenbevorratung, Grundstücksreserve; **question of l. suitability** Geländefrage; **l. supply** Flächenangebot; **l. tax** Grundsteuer; **l. transfer** Grundstücksübergabe; **l. transfer tax** Grunderwerbssteuer; **exemption from l. transfer tax** Grunderwerbssteuerbefreiung; **l. use** Flächennutzung/-beanspruchung/-inanspruchnahme; **with regard to l. use** grundstückspolitisch; **l. use for industrial purposes** Flächennutzung für gewerbliche Tätigkeit
natural landscape Naturlandschaft; **scarring of the n. l.** Verunstaltungen des Landschaftsbildes; **urban l.** Städtelandschaft; **l. conservation** Landschaftspflege; **l. plan** Landschaftsplan; **l. planning** Landschaftsplanung; **l. development** Landschaftsentwicklung
landscaping Landschaftsentwicklung/-gestaltung
lasting nachhaltig
latency (*EDV*) Wartezeit
to launch auf den Markt bringen; **to l. a (new) business** ein (neues) Unternehmen gründen/starten; **l.ing aid** Starthilfe; **l.ing cost** Anlauf-/Gründungskosten; **l.ing funds** Startkapital
law enforcement Gesetzesvollzug
lawyer Rechtsanwalt
to lay bare freilegen; **l.ing bare** Freilegen, Freilegung
lay-off Freischicht, Entlassung
layout Aufmachung, Anlage, Anordnung
lead Spitzenstellung; **l. in growth** Wachstumsvorsprung; **to give a l.** Orientierung geben
lack of leadership (*Unternehmen*) Managementdefizit; **corporate-style l.** Leitung nach Art eines Wirtschaftsunternehmens

lease Pacht(-vertrag), Mietvertrag; **to l.** pachten; **to l. (out)** verpachten, vermieten; **repairing and insuring l.** Mietvertrag mit Instandhaltungs- und Versicherungsklausel; **short-term l.** kurzfristiger Mietvertrag; **to take on l.** pachten; **l. arrangements** Gestaltung des Mietvertrages; **l. contract** Pachtvertrag; **l.hold** (Erb-)Pacht; **l.-purchase plan** Mietkaufmodell
leasing Mietkauf; **l. facilities** Anmietungsmöglichkeit
leather| manufacturing Ledererzeugung; **l. processing** Lederverarbeitung
legal| action Rechtsweg; **l. certainty** Rechtssicherheit; **l. condition** gesetzliche Bedingung; **l. entity** gesetzliche Körperschaft; **l. and regulatory environment** Gesetze und Verordnungen; **l. form** Rechtsform; **l. person** juristische Person; **l. proceedings** Rechtsweg; **l. stipulation** gesetzliche Bedingung; **l. successor** Rechtsnachfolger; **l. validity** Rechtswirksamkeit
leisure| centre (→ *recreation*) Freizeit-/Erholungszentrum; **l. facilities** Freizeit-/Erholungseinrichtung(en); **l. grounds/park** Freizeitanlage; **l. time industry** Freizeitindustrie; **l. use** Nutzung für Freizeitzwecke
lender Darlehensgeber
lending bank Darlehensbank
length of the run Durchlaufzeit
lessee Leasingnehmer
lessening of the irritation caused by traffic Verkehrsberuhigung
lessor Leasinggeber
to let (→ *to lease*) verpachten, vermieten; **l.ting agent** Makler für Vermietungen
level| of indebtedness Verschuldung; **l. of pollution** Belastungsfaktor; **l. of dust pollution** Staubbelastung; **l. of technology** Stand der Technik; **corporate l.** Unternehmensebene
levelling off Abflachung
levy (→ *charge, contribution, duty, fee, rate, tax*) Abgabe, Gebühr; **l.ing** (Abgaben, Steuern etc.) Erhebung
to make liable to earnings tax (jdn.) der Ertragssteuer unterwerfen
liability Haftung, Anfälligkeit; **liabilities** Verbindlichkeiten; **l. for redress** Wiederherstellungspflicht; **l. to (pay) tax** Steuerpflicht
liaison Verbindung, Zusammenarbeit; **l. office** Verbindungsbüro
liberalization (→ *deregulation*) Liberalisierung, Deregulierung, Freigabe
licence (→ *franchise*) Lizenz, Genehmigung; **operating l.** Betriebsgenehmigung; **l. award** Lizenzvergabe; **l. fees** Lizenzgebühren; **l. proceedings** Lizenzverfahren; **l. tax** Konzessionssteuer
license|e Lizenznehmer; **l.r** Lizenzgeber
licensing Genehmigung, Zulassung, Konzessionierung, Konzessionserteilung; **l. procedure** Genehmigungsverfahren; **l. requirements** Genehmigungsvoraussetzungen
life (*Vertrag*) Laufzeit; **average (useful) l.** betriebsgewöhnliche Nutzungsdauer; **operational l.** (*Maschine*) Laufzeit
light metal construction Leichtmetallbau
lignite Braunkohle; **l. mining** Braunkohlenförderung
line Tätigkeitsfeld, Sortiment; **l. of products** Sortiment; **local l.s** Ortskabel
link Verbindung, (Binde-)Glied, Verknüpfungspunkt, (*Verkehr*) Anbindung
linkage Verbindung, Koppelung, Verkettung
liquidation Auflösung
liquidator of an estate Konkursverwalter
liquidity bottleneck mangelnde Liquidität, Liquiditätsengpaß
literature Schrifttum, Informationsmaterial; **specialist l.** Fachliteratur
livelihood Lebensgrundlage(n); **basis of one's l.** Existenzgrundlage; **means of l.** Erwerbsgrundlage; **putting the l. at risk/threatening the l.** existenzgefährdend; **securing one's l.** Existenzsicherung; **strengthening of one's l.** Existenzfestigung
living| costs Lebenshaltungskosten; **l. environment** Wohnumfeld; **l. space** Wohnraum/-fläche
load Last; **able to take a l.** tragfähig; **base/normal l.** Grundlast; **peak l.** Spitzenlast; **l.-bearing capacity** Tragfähigkeit; **l. factor** Belastungsfaktor; **l. period** Lastbereich
loan (→ *credit*) Darlehen; **l. at a favourable rate of interest** zinsgünstiges Darlehen, zinsgünstiger Kredit; **repayment of a l.** Kreditrückzahlung; **interest-free l.** zinsloses/unverzinsliches Darlehen; **low-interest l.** zinsgünstiges Darlehen; **publicly-sponsored l.** öffentlich gefördertes Darlehen; **recirculating/revolving l.** revolvierender Kredit; **soft l.** zinsgünstiges Darlehen, zinsgünstiger Kredit; **to extend/grant a l.** ein Darlehen gewähren; **l. charges** Darlehensgebühren, Kreditkosten; **l. finance** Kredit-/Anleihefinanzierung; **L. Guarantee Scheme** [GB] staatliche Bürgschaft für Firmengründer; **l. interest** Kreditzinsen; **l. scheme** Darlehensprogramm; **l. scheme for small and medium-sized businesses** Mittelstandskreditprogramm (MKP)

lobby Interessenverband
local (→ *municipal*) (am Ort) ansässig, örtlich, kommunal; **l. advisory group** kommunale Beratergruppe
local authority (→ *local government*) Gemeinde(-verwaltung), Kommunalbehörde, Stadtverwaltung, städtische Behörde, kommunale Gebietskörperschaft; **l. a. association** Kommunalverband, kommunaler Spitzenverband; **l. a. grants** Zuweisungen an die Kommunen; **l. a. planning department** städtische Planungsabteilung
local| business promotion kommunale Wirtschaftsförderung; **l. business tax equalization** Gewerbesteuerausgleich; **l. byelaws** *[GB]* Gemeindeordnung/-satzung; **l. community** Standortgemeinde; **l. DHSS office** *[GB]* örtliches Sozialversicherungsamt; **l. economy** Wirtschaft der Stadt; **l. elections** Kommunalwahlen; **L. Enterprise Agency (LEA)** *[GB]* kommunale Unternehmensberatungsstelle
local government (→ *local authority*) *[GB]* Stadtverwaltung, Kommunalregierung; **consolidation of l. g.s** Zusammenschluß von Kommunalverwaltungen; **l. g. elections** Kommunalwahlen; **l. g. finance/financing** Gemeindefinanzierung; **l. g. law** Kommunalrecht; **l. g. politics** Kommunalpolitik; **l. g. regional authority** Landschaftsverband; **l. g.al unit** Kommunalbehörde
local| level kommunale Ebene; **l. passenger transport** Personennahverkehr; **l. plan** Flächennutzungsplan; **l. public transport** öffentlicher Nahverkehr; **l. public transport facilities** Einrichtungen des öffentlichen Nahverkehrs; **l. rates** *[GB]* kommunale Abgaben/Steuern, Gemeindesteuern; **l. resident** Anrainer; **l. self-government** kommunale Selbstverwaltung; **l. tariff** Nah-/Ortstarif; **l. taxes** Kommunalsteuern; **l. passenger transport** Personennahverkehr; **l. public transport** öffentlicher Nahverkehr; **l. public transport facilities** Einrichtungen des öffentlichen (Personen-)Nahverkehrs; **l. unit of government** Kommunalbehörde; **l. zone** Nahbereich
localized örtlich begrenzt
locally vor Ort
to locate (→ *to establish*) (sich) ansiedeln
location (→ *land, site*) Ansiedlung, Lage, Standort; **l. of companies from outside** externe Gewerbeansiedlung; **l. of companies from within** interne Gewerbeansiedlung; **l. of commercial facilities** Ansiedlung von Gewerbebetrieben/ Unternehmen; **l.s on offer** Standortangebot; **advertising for a l.** Standortwerbung; **choice of l.** Standortwahl; **flexibility of l.** Standortflexibilität; **list of l.s** Standortkatalog; **potential for new l.s** Neuansiedlungspotential; **report on a l.** Standortgutachten; **safeguarding of l.s** Standortsicherung; **seeking a new l.** Standortsuche; **market for companies seeking new l.s** Ansiedlungsmarkt; **tied to a specific l.** standortabhängig; **advantageous l.** günstiger Standort; **central geographical l.** verkehrsgeographischer Mittelpunkt; **centralized l.** zentraler Standort; **fringe l.** Randlage; **industrial l.** Gewerbestandort; **policy of industrial l.** Ansiedlungskonzept; **industrial l. policy** Industriestandortpolitik; **new l.** Neuansiedlung, neuer Standort; **preferred l.** Standortwunsch; **priority l.** Schwerpunktort; **secondary l.** Ersatzstandort; **successful l.** Ansiedlungserfolg; **l. alternative** alternativer Standort; **l. development** Standorterschließung; **l. development programme** Standortprogramm; **l.s expert** Standortspezialist; **l. index** Standortverzeichnis/-katalog; **l. line** Trasse; **l. problem** Standortproblem; **l. project** Ansiedlungsvorhaben; **l. study** Standortstudie
locational| advantage Standortvorteil; **l. characteristics** Standortmerkmale; **l. choice** Standortwahl/-entscheidung; **l. conditions** Standortsituation/-bedingungen; **l. data** Standortdaten; **l. disadvantage** Standortnachteil; **l. effects** Standortwirkungen; **l. evaluation** Lagebewertung; **l. factor** Standortfaktor; **l. guidance** Standortberatung; **l. independence** Standortunabhängigkeit; **l. planning** Standortplanung; **l. policy** Standortpolitik; **l. preference** Standortwunsch/-präferenz/-priorität; **l. prerequisites** Standortvoraussetzung(en); **l. proximity advantage** Fühlungsvorteil; **l. quality** Standortqualität/-eigenschaft; **l. requirements** Standortanforderungen; **l. ties** Standortbindung/-gebundenheit
lock Schleuse
lodging Unterkunft
long-distance gas pipe Ferngasleitung; **l.-d. g. p.s** Ferngasnetz
long-term langfristig; **in the l. t.** langfristig; **l.er t. beneficial impacts** langfristig günstige Einflüsse
looking after Betreuung (von)
loose-leaf edition Loseblattsammlung
Lord Mayor/Lady Mayoress *[GB] (Großstadt)* Oberbürgermeister(in)
lorry| operator Spediteur; **l. park** Fuhrpark

loss

loss Verlust, Einbuße; **l. of energy** Energieverlust
lot size Losgröße
low-cost kostengünstig
low-density *(Bebauung)* aufgelockert
low-interest zinsgünstig
lumbering Holzung
lump sum Pauschbetrag; **l. s. payment** *(finanziell)* Ablösung

M

machine| and plant construction Maschinen-und Anlagenbau; **m. tool** Werkzeugmaschine
machinery Maschinen, Ausrüstungen, maschinelle Anlagen; **m. fabrication/manufacturing** Maschinenbau
machining time Durchlaufzeit
macroeconomic environment gesamtwirtschaftliche Rahmenbedingungen
electronic mail elektronischer Briefverkehr; **m. order business** Versandhandelsbetrieb; **m. order industry** Versandhandel
mainframe *(EDV)* Zentral-/Haupt-/Großrechner
main item Kernstück
mains Versorgungsleitungen; **m. system** *(Wasser, Gas)* Leitungsnetz/-verbund
mainstation *(Telefon)* Hauptanschluß
maintenance Wartung; **m. of clean air** Luftreinhaltung; **m. of the industrial base** Gewerbebestandssicherung; **m. charges** Instandhaltungskosten
to be in the making in der Entstehung sein
management Unternehmensleitung/-führung, Betriebsleitung, Geschäftsführung, Verwaltung, Disposition, *(Arbeitgeber)* Tarifpartner; **m. and unions** (→ *labour and management)* Tarifpartner/-parteien, Sozialpartner; **m. of a company** Unternehmensführung; **m. of (public) finances** (öffentliches) Finanzgebaren; **m. assistance** Managementhilfe; **m. company** Führungsgesellschaft; **m. concept** Managementkonzept; **m. consultancy/consulting** Unternehmens-/Betriebs-/Managementberatung; **m. consultant** Unternehmensberater; **m. device** Führungsinstrument; **m. information system** Management-Informationssystem (MIS); **m. innovations** Innovationen im Bereich der Unternehmensführung; **insufficient m. knowledge** Managementdefizit; **m. neglect** Versäumnisse der Unternehmensleitung; **m. practices** Führungsmethoden; **m. skills** Führungsfähigkeiten/-eigenschaften/-qualitäten; **m. support** Hilfe bei der Unternehmensleitung; **m. tool** Führungsinstrument; **m. training** Managementbildung
managerial| calculation betriebswirtschaftliches Kalkül; **m. concept** Managementkonzept
managing| board Vorstand, Direktorium, Führungsgremium; **m. director** Geschäftsführer
manhours Mannstunden, geleistete Arbeitsstunden
manpower| planning Personalplanung, Arbeitskräfteeinsatz; **m. reserve** Arbeitskräftereserve; **m. savings** Einsparung an Arbeitskräften; **m. supply** Arbeitskräftepotential, Arbeitsangebot
manual Leitfaden
manufacture (→ *manufacturing, production)* Erzeugung, Fertigung; **m. of ferrous metal goods** Herstellung von Eisen-, Blech- und Metallwaren; **m. of paper and cardboard** Papier- und Pappeerzeugung; **method of m.** Produktionsmethode/-verfahren; **place of m.** Fertigungsstätte; **wholesale m.** Serienfertigung; **to m. under licence** in Lizenz herstellen
large-scale manufacturer Großhersteller
manufacturing (→ *manufacture, production)* Herstellung, Fertigung, Erzeugung; **edge in m.** Produktionsvorsprung; **computer-aided m. (CAM)** computerunterstütztes Fertigen; **sophisticated m.** hochentwickelte Fertigung; **m. activities** Aktivitäten im Fertigungsbereich/in der Produktion; **m. base** Produktionsbasis; **m.-based economy** produktionsabhängige Wirtschaft; **m. business** Produktionsbetrieb; **m. capacity** Produktions-/Fertigungskapazität; **m. characteristics** Produktionsstruktur; **m. costs** Herstellungskosten; **m. efficiency** Betriebsleistung; **m. employment** Beschäftigung in der Industrie; **m. establishment** Fertigungs-/Herstellungs-/Produktionsbetrieb; **m. facilities** Fertigungsstätten; **to set up new m. facilities** neue Fertigungsstätten errichten; **m. industry**

verarbeitende Industrie, verarbeitendes Gewerbe; **heavy m. industry** Schwerindustrie; **m. loss** Abnahme/Schrumpfung der verarbeitenden Industrie; **m. operation/plant** Produktionsstätte; **m.-oriented** auf den Fertigungsbereich ausgerichtet; **m. price** Herstellungspreis; **m. process** Produktions-/Fertigungsprozeß; **m. programme** Produktionsprogramm; **m. sector** verarbeitendes/produzierendes Gewerbe, Produktionssektor
mark of quality Qualitätsmerkmal
market Markt, Absatzbereich/-gebiet, Wirtschaftsraum; **m. for commercially used properties** Gewerbegrundstücksmarkt; **m. with a high purchasing power** kaufkraftstarker Markt; **introduction to the m.** Markteinführung; **state of the m.** Marktlage; **changed state of the m.** veränderte Marktlage; **conforming to the m.** marktgerecht; **central m.** Großmarkt; **domestic m.** Binnenmarkt; **expanding/growing m.** Wachstumsmarkt; **mature m.** ausgereifter Markt; **softening m.** Rückgang der Aufnahmebereitschaft des Marktes; **untapped m.** unerschlossener Markt; **to match the needs of a m.** den Marktbedürfnissen entsprechen; **to open up new m.s** neue Märkte erschließen; **m. access** Marktzugang; **m. conditions** Marktlage, Absatzbedingungen; **changed m. conditions** veränderte Marktbedingungen; **m.-conformed** marktgerecht, dem Markt angepaßt; **m. conscious** markt-/verbraucherbewußt; **m. control** Marktaufsicht; **m. disengagement** Abkopplung vom Markt; **m. expansion/growth** Marktausweitung; **m. forces** Antriebskräfte des Marktes; **m. interest rate** Marktzins, marktüblicher Zinssatz; **m. investigation** Marktbeobachtung; **m. leader** Marktführer; **m. maturity** Marktreife; **m. niche** Marktlücke/-nische; **m. opportunity** Marktchance; **m.-oriented** konsumnah; **m. penetration** Marktdurchdringung; **m. potential** Marktpotential; **ordinary m. price** üblicher Marktpreis; **m. proximity** Marktnähe; **m. saturation** Marktsättigung; **m. segment** Absatzbereich; **m. segmentation** Marktsegmentierung; **m. situation** Marktlage; **m. supervision** Marktaufsicht; **m. survey** Marktbeobachtung/-studie/-analyse; **m. value** Marktwert, *(Grundstück)* Verkehrswert
to market vermarkten, auf den Markt bringen, vertreiben
marketable goods/products marktgängige Erzeugnisse
marketing| aid Absatzhilfe; **m. concept** Marketingkonzeption; **m. enterprise** Distributionsbetrieb; **m. idea** Marketingidee; **m. prospects** Vermarktungschance; **m. research** Absatzforschung
mass production Serien-/Massenproduktion; **inflexible m. p.** starre Massenfertigung
master craftsman Handwerksmeister
material Werkstoff; **substitution of m.s** Materialsubstitution; **m.s flow system** Materialflußsystem; **basic m.s industry** Grundstoffindustrie; **m.s technology** Werkstoffkunde; **m.s testing office** Materialprüfungsamt/-prüfstelle
mature|(d) ausgereift; **m. industrial area** voll entwickelte Industrieregion
mayor(-ess) Oberbürgermeister(in)
means test Bedürftigkeitsprüfung
measure|s of regional development regionale Förderung; **m. to improve the infrastructure** Infrastrukturmaßnahme; **m.s to promote small businesses** Mittelstandsförderung; **m. aimed at protecting the environment** Umweltschutzmaßnahme; **mix/set of m.s** Maßnahmenbündel; **dirigistic m.s** dirigistische Maßnahmen; **preventive m.** vorbeugende Maßnahme; **supporting m.** flankierende Maßnahme
measuring| and control engineering Meß- und Regeltechnik; **m. and controlling devices** Meß- und Regelungsgeräte; **m. instruction** Meßvorschrift; **m. report** Meßbericht; **m. station** Meßstation
mechanical engineering Maschinenbau
mechanics Mechanik
media| centre Medienzentrum; **m. communications** Medienkommunikation
mediator Vermittler; **m.y function** Vermittlungsfunktion
medical centre medizinische Einrichtung
medium range Mittelbereich
medium-sized business/firm mittelständisches Unternehmen, Unternehmen mittlerer Größe
medium-term mittelfristig; **in the m. t.** mittelfristig
mega company Großunternehmen, Gigant
member Mitglied; **m. of parliament** Abgeordnete(r); **compulsory m.ship** Zwangsmitgliedschaft
memorandum and articles of association *[GB] (Unternehmen)* Satzung
memory| block *(Btx)* Seitenspeicher; **(main) m. capacity** Speicherkapazität; **m. location** *(EDV)* Speicherplatz
menu *(EDV, Btx)* Suchbaum
merchandize (Wirtschafts-)Güter; **m. inventory** Warenlager
merchant Händler

merger *(Unternehmen)* Zusammenschluß
fabricated metal Produkt der Metallverarbeitung; **fabricated m.s industry** metallverarbeitende Industrie; **primary m.s industry** Primärmetallindustrie; **m. processing** Metallverarbeitung; **m. processing industry** metallverarbeitende Industrie; **m. production** Metallerzeugung; **non-ferrous m. production** NE-Metallerzeugung; **m. working** Metallbearbeitung; **m.-working industry** Metallverarbeitung; **m.-working machinery** Anlagen zur Metallbearbeitung
metropolitan| area Großstadtgebiet, Ballungszentrum; **m. units of government** Großstadtbezirke
microelectronics Mikroelektronik
middle class Mittelstand
migration (from an area) Abwanderung, Fortzug; **m. of companies** Firmenwanderung, Ab-und Zuzug von Unternehmen; **m. of mining** Wanderung des Bergbaus
to mine *(fördern)* abbauen
mineral-oil processing Mineralölverarbeitung; **m.-o. p. plant** Anlage zur Mineralölverarbeitung
mineral resources Bodenschätze
minimum wage Mindestlohn
mining Bergbau, *(Förderung unter Tage)* Abbau; **M. Act** Berggesetz; **m. activity** Bergwerksbetrieb; **m. area** Bergbaugebiet; **m. board** Bergamt; **m. company** Bergbauunternehmen, Bergwerksbetrieb, Gewerkschaft; **m. damage** Bergschäden; **m. equipment** Bergbauausrüstung, Maschinen und Anlagen für den Bergbau; **m. operation** Bergwerksbetrieb/-unternehmen; **m. patch** Bergbau-/Kohlerevier; **m. settlement** Bergarbeitersiedlung; **m. waste land** Zechenbrache
ministry *(→ board, department, office)* Ministerium
minority interest Minderheits-/Minoritätsbeteiligung
mismatch Fehlanpassung, Nichtübereinstimmung, Inkongruenz
mix Streuung; **m. of industries** Gewerbestruktur
mobility| allowance Mobilitätshilfe; **m. process** Mobilitätsprozeß
mode| of presentation Aufmachung, Art der Darbietung; **m. of transport** Transportart
model *(Adj.)* modellhaft, *(Subst.)* Vorbild; **m. calculation** Modellrechnung; **m. test** Modellversuch
module Modul

modernity Modernität
lasting modernization nachhaltige Modernisierung; **sweeping m.** durchgreifende Modernisierung; **m. strategy** Modernisierungsstrategie
to modernize modernisieren
modification of a contract Vertragsänderung
to give sth. momentum Impulse auslösen; **to gather m.** in Fahrt/Gang kommen
money-making strategy Gewinnstrategie
monies Gelder
monopolies commission *[GB]* Kartellamt
monostructure Monostruktur
monthly burden/charge Monatsbelastung
moratorium Zahlungsaufschub, Stundung, Moratorium
mortgage foreclosure Kündigung einer Hypothek, Zwangsvollstreckung aus einer Hypothek
motion *(Parlament)* Antrag; **to defeat a m.** einen (parlamentarischen) Antrag ablehnen
by motor-freight per Straße
motor (vehicle) industry Fahrzeugindustrie
urban motorway Stadtautobahn; **m. intersection** Autobahnkreuz; **m. junction** Autobahnanschluß; **m. link** Autobahnanbindung; **m. network** Autobahn-/Schnellstraßennetz
mound *(Abfall-)*Halde
movement of freight/goods Gütertransport
multi-annual/-year mehrjährig
multi-funding ban *(Zuschüsse)* Kumulierungsverbot
acting as a multiplier Multiplikatorfunktion; **m. effect** Multiplikatorwirkung
municipal *(→ administrative, local)* städtisch, kommunal; **m. area** Stadtgebiet; **M. Association of the Ruhr Area** Kommunalverband Ruhrgebiet; **m. charter** *[US]* Gemeindeordnung/-satzung; **m. council** Gemeinderat; **m. development plan** Flächennutzungsplan; **m. governance** Kommunalverwaltung; **m. government** *[US]* Gemeindeverwaltung; **m. investments/investment activity** kommunale Investitionstätigkeit; **m. labour force** kommunale Bedienstete; **m. level** kommunale Ebene; **m. office** Ordnungsamt; **m. offices** Stadtverwaltung; **m. planning** kommunale Planung; **m. rates** kommunale Abgaben; **m. services** kommunale Dienstleistungen; **m. share in income tax revenue** Gemeindeanteil an der Einkommensteuer; **m. taxes** kommunale Steuern, Gemeindesteuern; **m. tax rate** kommunaler Steuersatz, Gemeindesteuer(hebe)satz; **federal and state participation in the m. trade tax** Gemeindesteuerumlage; **m. undertakings** Stadtwerke

municipality Gemeinde, Stadtbezirk; **distressed m.** Gemeinde/Kommune mit hoher Arbeitslosigkeit
museum guide Museumsführer
mutual trust Vertrauensverhältnis

N

narrow-band Schmalband
national staatlich, bundesweit, inländisch, überregional; **n. average** Landes-/Bundesdurchschnitt; **at the n. level** auf (der) Bundesebene; **on a n. level** bundesweit, auf nationaler Ebene; **n. market** *(EG)* Binnenmarkt; **n. product** Sozialprodukt
nationwide landes-/bundesweit, überregional
natural gas Erdgas
inland navigation Binnenschiffahrt; **pusher n.** Schubschiffahrt
(political) necessity to act (politischer) Handlungsbedarf
necessities of life Lebensgrundlagen
day-to-day needs alltäglicher/laufender Bedarf; **to create n.** Bedürfnisse wecken
neighbour Anrainer
neighbourhood| centre Nebenzentrum; **n. decline** Zerfall eines Viertels/einer Wohngegend
integrated services digital network (ISDN) dienstintegrierendes digitales Fernmeldenetz (ISDN); **n. structure** Netzaufbau
news Nachricht(en), Neuigkeit(en), Mitteilung; **n.letter** Rundschreiben, Mitteilungsblatt
nitric oxide Stickstoffoxid
nitrogen removal Entstickung
noise Lärm; **n. abatement** Lärmverminderung; **N. Abatement Act** Technische Anleitung Lärm (TA-Lärm); **n. pollution** Lärmbelästigung
nominal increase nominale Erhöhung
nomination right Vorschlagsrecht
non-business/-commercial nicht gewerblich
non-committed nicht zweckgebunden
non-manufacturing| activities Aktivitäten außerhalb des Fertigungsbereichs; **n.-m. sector** nichtverarbeitender Bereich

non-metropolitan area Gebiet außerhalb von Großstädten
non-polluting umweltfreundlich
non-profit| business/firm gemeinnütziges Unternehmen; **n.-p. operation** gemeinnütziges/ nicht erwerbswirtschaftliches Unternehmen; **n.-p. organization** gemeinnütziger Verband, gemeinnützige Organisation/Gesellschaft, gemeinnütziges Unternehmen
non-tariff trade barriers nicht-tarifäre Handelshemmnisse
norm Norm
notarial fees Notariatsgebühren
notary public Notar
notice Kündigung(-sfrist)
notification Bekanntmachung, Unterrichtung; **n. of approval** Bewilligungsbescheid; **provisional n.** Zwischenbescheid; **n. requirements** Meldevorschriften
to notify benachrichtigen, unterrichten, melden, anzeigen
nuclear| energy Kernenergie; **n. fuel** Kernbrennstoff; **n. fuel reprocessing plant** Wiederaufbereitungsanlage; **n. fusion** Kernfusion; **n. research plant** Kernforschungsanlage
nuisance Mißstand
number of items/units Stückzahl
nursery Kindertagesstätte, *(Unternehmen)* kleine Betriebsstätte; **n. factory** kleine Fabrik, Produktionsstätte für junge Unternehmen; **n. finance** Kredite an junge Unternehmen; **n. unit** kleines Unternehmen
to nurture *(fig.)* hegen

O

catalogue of objective|s Aufgabenkatalog; **immediate/short-term o.** Nahziel; **o. attainment** Zielerfüllung
obligation (→ *bond*) Schuldverschreibung
occupation (→ *job, profession, work*) Beruf, Arbeit, Beschäftigung; **ready for o.** bezugs-/schlüsselfertig; **o. held** ausgeübter Beruf; **o. learned** erlernter Beruf
occupational beruflich; **o. disease** Berufskrankheit; **o. forecasting** Arbeitsmarktprognose; **o. hazard** Berufs-/Arbeitsplatzrisiko; **o. training** Berufsbildung, berufliche Ausbildung
occupier Inhaber
offer (→ *supply*) Angebot; **range of o.s** Angebotsfeld; **competing o.** Konkurrenzangebot; **submitting an o.** Angebotsabgabe, Abgabe einer Offerte
offerings of courses Kursangebot
office (→ *board, department*) Büro, Abteilung, (Fach-)Amt; **o. for the promotion of industry** Amt für Wirtschaftsförderung; **o. for trade and industry** Wirtschaftsabteilung; **ancillary o.s** zugehöriger Büroraum; **coordinating o.** Koordinierungsstelle; **head/main o.** Hauptniederlassung/-verwaltung; **principal o.** Hauptgeschäftssitz; **registered o.** Firmensitz; **responsible o.** zuständiges Amt; **o. automation** Büroautomatisierung/-kommunikation; **o. building** Geschäfts-/Bürogebäude; **o. communications** Bürokommunikation; **o. equipment** Büroausstattung/-maschinen; **first-time o. equipment** erste Büroausstattung; **o. function** Verwaltungsaufgabe/-tätigkeit; **o. and computing machines** Büro- und Rechenmaschinen; **o. management** Büroorganisation; **o. rationalization** Bürorationalisierung; **o. space** Bürofläche/-raum; **o. technology** Büro- (und Organisations-)technik; **o. teleprinter** Bürofernschreiber
official amtlich; **o. approval of a plan** Planfeststellungsbeschluß; **o. car** Dienstwagen; **o. channels** Instanzenweg; **o. statement** *(Erklärung)* amtliche Mitteilung; **o. statistics** amtliche Statistik
offset *(Unternehmensfinanzen)* Gewinnverrechnung
offshoot of an existing firm Ableger eines bestehenden Unternehmens, Unterorganisation
oil crisis Ölkrise
to open up *(Fläche)* freilegen

opencast| mining Tagebau, Abbau; **o. lignite mining** Braunkohlentagebau
opening Eröffnung, Inbetriebnahme, Einstiegschance; **o. years** Anfangsjahre
open-mindedness Aufgeschlossenheit
open-office area Bürolandschaft
to operate in Betrieb nehmen/setzen
operating| conditions Betriebsbedingungen; **o. expenses** Betriebsausgaben; **o. performance** Betriebsleistung; **o. receipts** Betriebseinnahmen
operation Betrieb, Unternehmensteil; **sequence of o.s** Arbeitsablauf; **type of o.** Betriebsart; **back-room o.** (verwaltungsmäßige) Auftragsabwicklung; **distributing o.** Vertrieb; **large-scale o.** Großbetrieb/-unternehmen; **to establish an o.** einen Betrieb errichten; **to put into o.** in Betrieb nehmen/setzen
operational funktionsfähig, betriebsbereit, betrieblich; **fully o.** voll einsatz-/funktionsfähig; **to become o.** den Betrieb aufnehmen; **o. function** Betriebsfunktion; **o. procedure** Arbeitsverfahren, Betriebsablauf; **o. requirements** betriebliche Anforderungen; **o. system** Handhabungssystem; **o.ly necessary** betriebsnotwendig
opinion Stellungnahme; **pattern of o.s** Meinungsbild; **o. poll** Meinungsumfrage
opportunity costs Opportunitätskosten
opposite gegensätzlich
optical fibre Glasfaser; **o. f. cable** Glasfaserkabel, Lichtwellenleiterkabel; **o. f. technology** Glasfasertechnik
optics Optik
optoelectronics Optoelektronik
order Auftrag, Handlungsanweisung; **o.s on hand** Auftragsbestand; **decline in o.s** Auftragsrückgang; **weakening of o.s** Auftragsschwäche; **surpus o.** Zusatzauftrag; **unfilled o.s** Auftragsbestand; **o. backlog** Auftragsbestand/-rückstand, unerledigte Aufträge; **o. reduction** Auftragsrückgang; **o. situation** Auftragslage
ordinance Erlaß, Verfügung, Verordnung; **o. relating to conditions at the place of work** Arbeitsstättenverordnung
ore deposits Erzvorkommen/-lager
organization (→ *association, union*) Verband; **o. of transport** Verkehrsgestaltung; **o. of the work** Arbeitsorganisation; **o. of workers** Arbeitnehmerorganisation; **supporting o.** Trägerschaft; **o. chart** Geschäftsverteilungsplan

new orientation Neuausrichtung
outage Ausfall(-zeit)
outcome Folge
out-commuter Auspendler
outdated veralt
outgrowth Auswuchs, Folge
outlay (→ *costs, expenditure, expenses*) Kosten, *(finanziell)* Vorleistung; **total o.** Gesamtaufwendungen
outlet (→ *market*) Markt, Absatzmöglichkeit, Verkaufsstelle
outline Entwurf, Skizze, Profil
outlook (Zukunfts-)Aussichten
out-migration Abwanderung, Fortzug; **rate of o.-m.** Abwanderungsrate; **o.-m. effect** Abzugseffekt

output Produktion(-smenge), Ausbringung, Ausstoß, Leistung; **o. of industry** Industrieproduktion; **o. per manhour** Produktionsergebnis je Beschäftigtenstunde; **cutback in o.** Produktionsdrosselung; **increase in o.** betriebliche Leistungssteigerung; **real net o.** Wertschöpfung; **o. volume** Produktion(-smenge/-svolumen)
outside| contact(s) Außenkontakt; **o. parties** Dritte
outskirts *(Stadt)* Ortsrand, Peripherie
overburden *(Bergbau)* Abraum
overcapacity Überkapazität
overheads *(Unternehmen)* Fix-/Gemeinkosten
overlay shelf *(Bergbau)* Abraum
owner Eigentümer; **o.ship structure** Eigentumsverhältnisse

P

packet switching *(Fernmeldewesen)* Paketvermittlung
page buffer *(EDV)* Seitenspeicher
parallel betriebsbegleitend
parcelling out Parzellierung
parent| company Muttergesellschaft; **p. plant** Stammbetrieb
parking| (area) Abstell-/Parkfläche; **p. facilities** Parkfläche; **p. lot** Abstellplatz; **p. place/space** *(Auto)* Stellplatz
parochial policy Kirchturmspolitik
partial closing Teilschließung
participation Teilnahme, Mitwirkung; **p. in the decision-making process** Mitbestimmung, Beteiligung am Entscheidungsprozeß; **p. procedures** Beteiligungsverfahren; **acquisition of p.s** Beteiligungserwerb
particular attention Hauptaugenmerk
partition Teilung
(general) partnership Partnerschaft, Gemeinschaft, *(Unternehmen)* Personengesellschaft, offene Handelsgesellschaft
parts supplier Teile-/Ersatzteillieferant, Zulieferer
part-timer Teilzeitbeschäftigte(r)
party eligible to apply Antragsberechtigte(r)
to pass on *(Kosten)* weitergeben
passenger movement/transport Personenbeförderung

patent Patent; **p. lawyer** Patentanwalt; **p. office** Patentamt; **p. protection** Patentschutz; **p. regulations** Patentvorschriften; **p. right** Urheberrecht
pattern of use Nutzungsstruktur
pay Lohn, Bezahlung; **to p.** bezahlen, begleichen; **to p. out** auszahlen
payment Bezahlung, Begleichung, Auszahlung, Vergütung, Entlohnung
payout/paying out Auszahlung
payroll Belegschaft, *(Pl.)* Mitarbeiter, Lohn- und Gehaltssumme; **on the p.** angestellt, beschäftigt; **p. tax** Lohnsummensteuer; **p. total** Lohn- und Gehaltssumme
pedestrian precinct Fußgängerzone
pension| fund Rentenversicherung(-sträger); **p. insurance institution** Rentenversicherungsträger; **p. office** Versorgungsamt; **compulsory p. scheme** Rentenversicherungspflicht, Pflichtversicherung
per capita personal income privates Pro-Kopf-Einkommen
percentage Provision; **p. growth** prozentualer Zuwachs; **p. levy on sales** prozentuale Umsatzabgabe
perfect example Paradebeispiel
performance Leistung(-sprofil), Arbeit; **proof of p.** Leistungsnachweis; **range of p.** Leistungsskala

period| of notice Kündigungsfrist; **p. under review** Untersuchungszeitraum, Berichtsperiode
peripheral| equipment Peripherie, periphäre Geräte; **p. location** Randlage; **p. region** Randgebiet/-zone, entlegenes Gebiet
periphery Peripherie
perk *(Lohn)* Nebenleistung
permanent| staff of skilled workers Facharbeiterstamm; **p. working capital** betriebsnotwendiges Kapital
perquisite *(Lohn)* Nebenleistung
person eligible to apply Antragsberechtigte(r)
personnel (→ *staff, workforce*) Personal, Belegschaft; **qualified/skilled p.** geschultes Personal; **p. cutdown/reduction** Personalabbau/-einsparung
petitioner *(bei Gericht)* Antragsteller(in)
petro-chemicals petrochemische Erzeugnisse
pharmaceutical industry pharmazeutische Industrie
phased *(Vorgehen)* stufenweise
physiology of nutrition Ernährungsphysiologie
piece-work Akkordarbeit
pig| iron Roheisen; **p. metal** Rohmetall
pile *(Vorräte)* Halde
pilot| calculation Modellrechnung; **p. plant** Pilot-/Versuchsanlage; **p. production** Nullserie; **p. project** Pilotversuch
pioneer| of progress Wegbereiter des Fortschritts; **p.ing** bahnbrechend; **p.ing role** Vorreiterrolle; **p.ing spirit** Pioniergeist
long-distance pipeline Rohrfernleitung
pit Schachtanlage; **p. heap** Bergehalde
place| of manufacture/production Produktionsstätte/-ort; **p. of trans(s)hipment** Umladestelle; **p. of work** Arbeitsplatz/-stätte; **conditions at the p. of work** Arbeitsplatzbedingungen/-gegebenheiten
placement agency *(Arbeitskräfte)* Stellenvermittlung, Vermittlungsbüro
placing Unterbringung, *(Stelle)* Vermittlung
plan Plan, Absicht, Anlage; **p. of action** Handlungskonzept; **p. for action** Aktionsprogramm; **structural p. of objectives** Aufgabengliederungsplan; **p. for zoning** *[US]* Flächennutzungsplan; **economic p.** Wirtschaftsplan; **local p.** Bebauungs-/Flächennutzungsplan; **overall p.** Rahmenplan; **p. approval procedure** Planfeststellungsverfahren
to plan vorsehen
bad planning Fehlplanung; **preliminary p.** Vorplanung; **provisional p.** Planungsvorlauf; **(sub-)regional p.** Regionalplanung; **p. agency** Planungsbehörde; **p. application** Planfeststellungsantrag, Bauantrag; **preliminary p. application** Bauvoranfrage; **autonomous p. body comprising the towns of the Ruhr area** Kommunalverband Ruhrgebiet; **p. committee** Planungsausschuß; **p. concept** Gestaltungskonzept; **p. instrument** Planungsinstrument; **p. jurisdiction** Planungsrechtsprechung/-hoheit; **change in p. jurisdiction** planungsrechtliche Veränderung; **p. knowledge** Erfahrung in der Planung; **(development) p. law** Raumordnungsrecht; **p. period** Planungsvorlauf; **p. and building permission** Baugenehmigung; **p. permission fee** Baugenehmigungsgebühr; **p. procedure** *(Bau)* Planungs-/Aufstellungsverfahren; **regional p. programme** Gebietsentwicklungsplan; **p. reliability/stability** Planungssicherheit; **p. target** Plan-/Entwicklungsziel
plant (→ *factory, operation, works*) Betrieb(-sstätte), Werk, Fabrik, Produktionsstätte; **p. and machinery** Maschinen und Anlagen; **continued existence of the p.** Fortbestehen der Betriebsstätte; **commercial p.** großtechnische Anlage; **existing p.** Altanlage; **idle p.s** ungenutzte Fabriken/Fabrikanlagen; **industrial p.** großtechnische Anlage; **large-scale p.** Großanlage; **large-scale p. for sewage treatment** Großkläranlage; **manufacturing p.** Produktionsbetrieb; **relocated p.** verlagerter Betrieb; **subsidiary p.** Zweigbetrieb; **in-p. activity** betrieblicher Vorgang; **p. area** Betriebsfläche; **p. closing/closure** Betriebs-/Werksschließung; **p. closure aid** Stillegungsbeihilfe; **p. construction** Anlagenbau; **p. expansion/extension** Betriebserweiterung/-ausweitung; **cost of p. expansion** Betriebserweiterungskosten; **p. grounds** Betriebsfläche; **p. location** Betriebsstandort; **p. modernization** Betriebsmodernisierung; **p. operator** Betreiber (einer Anlage); **improved p. productivity/p. productivity increase** betriebliche Leistungssteigerung; **p. relocation within city boundaries** innerörtliche Betriebsverlagerung; **p. shut-down** Betriebsschließung; **p. size** Betriebsgröße; **mix/spread of p. sizes** Betriebsgrößenstruktur
play centre Spielplatz
plenary meeting Voll-/Plenarversammlung
plot Bauplatz/-grundstück
plurality of needs Bedürfnisvielfalt
pointing the way richtungsweisend
policy| for the improvement of the regional structure regionale Strukturpolitik; **p. for transport and communications** Verkehrswegepolitik; **p. of promoting exports** Exportförderungspolitik; **coordination of policies** Abstimmung der

Politik; **farsighted p.** vorausschauende Politik; **monetary p.** Geld-/Währungspolitik
layered political authority abgestufte politische Zuständigkeit; **coordination of p. measures** Abstimmung der Politik; **p. setting** politischer Rahmen
pollutant Schadstoff
polluting umweltfeindlich
pollution (→ *contamination*) Umweltverschmutzung, Belastung der Umwelt; **p. of the air** Luftverschmutzung/-verunreinigung; **p. of the environment** Umweltverschmutzung; **level of the p. of the environment** (Grad der) Umweltbelastung; **p. of underground water** Grundwasserbelastung; **p. abatement/control requirement** Immissionsschutzauflage; **p. control** Umweltschutz/-kontrolle; **p. control equipment/facilities** Umweltschutzanlagen/-einrichtungen; **p. control standard** Immissionsrichtwert; **p. protection** Immissionsschutz
polytechnic Technische Hochschule, Gesamthochschule, Fachhochschule
population Bevölkerung, Einwohner; **working p.** erwerbstätige Bevölkerung; **p. decline** Bevölkerungsrückgang; **p. density** Bevölkerungsdichte; **p. increase** Bevölkerungszuwachs; **p. structure** Bevölkerungsstruktur; **p. trend** Bevölkerungsentwicklung
free port Freihafen; **p. facilities** Hafenanlagen; **p. trans(s)hipment facilities** Hafenumladestation
portfolio (*Politik*) Ressort; **p. manager** Anlageberater
portrayal Darstellung, Schilderung
leading position Spitzenstellung; **p.s offered** offene Stellen, Stellenangebot
postponement (*Termin*) Verschiebung, Vertagung
potential potentiell; **p. for impact** Einwirkungspotential
powder Staub
innovative power Innovationskraft; **p. cable** Stromleitung; **p. generation** Stromerzeugung, Energieerzeugung/-produktion; **coal-based p. generation** Kohleverstromung; **p. grid** Kraftwerks-/Leitungsnetz; **p.-heat link-up** Kraft-Wärme-Kopplung; **p. industry** Stromwirtschaft; **overhead p. line** Überlandleitung; **p. plant** Elektrizitätswerk; **coal-fired p. plant** Steinkohlekraftwerk; **coal-, oil- or gas-fired p. plant** Einzelfeuerungsanlage; **p. plant construction** Kraftwerksbau; **p.-plant gas** Rauchgas; **p. plant rehabilitation scheme** Kraftwerkssanierungsprogramm; **p. producer** Energieerzeuger; **p. production** Energieerzeugung/-produktion, Stromerzeugung; **p. rates** Strompreise; **p. (generating) station** Elektrizitätswerk; **coal p. station** Steinkohlekraftwerk; **p. supply** Energie-/Stromversorgung; **p. supply industry** Energiewirtschaft; **p. transmission** Leistungsübertragung
powerful (*technisch*) leistungsfähig
practicable durchführbar
preconditions Voraussetzungen
pre-employment| costs (*Mitarbeiter*) Kosten vor Einstellung; **p.-e. screening** Personalauswahl; **p.-e. training** Berufsvorbereitung
preemption Vorkaufsrecht
prefinancing Vorfinanzierung
pre-investment analysis Rentabilitätskalkül
to overcome prejudices Vorurteile abbauen
pre-let Vermietung vor Fertigstellung
preliminary study Vorstudie
premises| with common services Gemeinschaftseinrichtungen, Grundstücke mit gemeinsamen Versorgungseinrichtungen; **question of p.** Gebäudesituation; **to acquire p.** ein Grundstück/Gelände erwerben; **to rent p.** ein Grundstück/Gelände pachten, Geschäftsräume/ein Geschäftslokal (an-)mieten
preparation of the annual accounts/balance sheet (jährliche) Bilanzierung
pre-recession level Stand vor der Rezession
pressure| of imports Importdruck; **p. on the environment** Umweltbelastung; **p. to change** Veränderungsdruck; **p. to improve productivity/to rationalize** Rationalisierungsdruck; **p. to innovate** Innovationsdruck; **inherent p.** Sachzwang
pre-treatment (*Grundstück*) Erschließung
preventive measure Vorkehrung
price| of energy Energiepreis; **base/net p.** Grundpreis; **out-turn p.** Herstellungs-/Produktionspreis; **preferential/special p.** Vorzugspreis; **p. competition** Preiswettbewerb; **p. control** Preisaufsicht; **p.-fixing scope** Preissetzungsspielraum, preispolitischer Spielraum; **p. risk** Preisrisiko
principle| of giving everyone a slice of the cake (*fig.*) Gießkannenprinzip; **p. of making the polluter pay** (*Umweltschutz*) Verursacherprinzip; **p.s of private enterprise** privatwirtschaftliche Grundsätze; **p. of rotation** Rotationsprinzip; **guiding p.** Richtlinie/-schnur
printer's/printing works (*Betrieb*) Druckerei
priority measure Schwerpunktmaßnahme
privacy Datenschutz
private| initiative Privatinitiative; **p. sector** privatwirtschaftlich; **p. sector economic activity**

private Wirtschaftstätigkeit; **p.-sector supplier** privater Anbieter; **p. transport** Individualverkehr
privilege Privileg, Vergünstigung
problem Problem, Aufgabe; **p.s of business administration** betriebswirtschaftliche Fragen; **formulation of the type of the p.** Aufgabenstellung; **economic p.s** wirtschaftliche Probleme, betriebswirtschaftliche Fragen; **to address a p.** ein Problem angehen; **p. industry/sector** Problembranche; **p. region** Problemregion
proceeds (of sale) Veräußerungserlös
process| heat Prozeßwärme; **p. heat recovery** Wärmerückgewinnung; **p. plant** Verarbeitungsbetrieb
processing (→ *manufacturing*) Bearbeitung, Weiterverarbeitung, Veredelung; **p. fee** Bearbeitungsgebühr; **p. holdup/snag** Bearbeitungshemmnis; **p. industry/sector** verarbeitendes Gewerbe, Veredelungsindustrie; **p. plant** Verarbeitungsbetrieb; **p. stage** Verarbeitungstiefe
processor Verarbeitungsbetrieb
procurement (→ *buying, purchasing*) Beschaffung; **p. of capital** Kapitalbeschaffung; **p. links** Beziehungen auf der Beschaffungsseite; **p. market** Beschaffungsmarkt, staatliche Beschaffungsstellen
procuring of information Informationsbeschaffung
producer goods industry Produktionsgütergewerbe
producing of a programme Programmerstellung
clean product umweltfreundliches Produkt; **gross domestic p. (G.D.P.)** Bruttoinlandsprodukt (BIP); **intermediate p.** Zwischenprodukt; **marketable/saleable p.** marktfähiges Produkt; **net p.** Wertschöpfung; **new p. strategy** Strategie der neuen Produkte; **primary p.s** Grundstoffgüter; **semi-finished/unfinished p.** Zwischenprodukt; **waste p. (of combustion)** Verbrennungsprodukt; **p. depth** Sortimentstiefe; **p. innovation** Produktinnovation; **p. line** Produktreihe/-gruppe/-linie, Produktionszweig; **p. mix** Produktstruktur; **p. range** Produktprogramm/-palette; **extension of the p. range** Sortimentserweiterung; **p. specialization** Einengung des Produktionsprogramms; **p.-specific** produktspezifisch; **p. substitution** Produktsubstitution; **p. technicalities** Produktspezifika
production (→ *manufacture, manufacturing, output*) Erzeugung, Fertigung; **change in p.** Produktionsumstellung; **cost of p.** Produktions-/Herstellungspreis; **going into p.** Produktionsbeginn; **pattern of p.** Produktionsstruktur; **readiness for p.** Serienreife; **mass/series p.** Serienfertigung; **special p. area** freie Produktionszone; **p. capacity** Produktionskapazität; **p. centre** Produktionsstandort; **p. costs** Herstellungskosten; **p. cutback** Produktionsdrosselung; **p. efficiency** Produktivität; **p. engineering** Fertigungstechnik; **p. equipment** Produktionsausstattung, Betriebseinrichtung; **p. facility** Fertigungsstätte; **p. facilities** Produktionsanlagen/ -einrichtungen/ -kapazität/ -stätte; **transfer of p. facilities** Verlagerung von Produktionsstätten; **to relocate p. facilities** Produktionskapazitäten verlagern; **p. factor** Produktionsfaktor; **p. increase** Produktionswachstum; **p. method** Produktionsmethode; **p. line** Fertigungsstraße; **p. plan** Produktionsplan; **p. planning** Produktionsplanung; **p. plant** Fabrikationsstätte; **p. potential** Produktionspotential; **p. process** Produktionsprozeß; **p. programme** Produkt(ions)programm; **p. programming** Erstellung des Produktionsprogramms; **p. runs** Produktionszahlen; **p. schedule** Produktionsprogramm; **p. stage** Produktionsstufe, Serienreife; **p. start-up** Produktionsbeginn; **p. technique(s)** Produktions-/Herstellungsverfahren; **p. technology** Fertigungstechnik, Produktionstechnologie; **p. unit** Fertigungsgruppe, Betriebs-/Produkteinheit
productive leistungsfähig
productivity Produktivität; **p. of labour** Arbeitsproduktivität; **to improve p.** rationalisieren, die Produktivität steigern; **p. gain** Produktivitätsfortschritt, Rationalisierungsgewinn
profession (→ *employment, job, work*) Beruf
professional beruflich; **p. association** Berufsgenossenschaft, Fachverband; **p. body** berufsständische Vertretung; **p. expenses/outlay** Werbungskosten; **p. worker** Facharbeiter
profile Profil
profit Gewinn, Vorteil, Nutzen; **for p.-** in Gewinnabsicht; **to accumulate p.s in a business** Gewinne thesaurieren; **to retain p.s** Gewinne einbehalten; **p. contribution** Deckungsbeitrag; **p. control** Erfolgskontrolle; **p. margin** Gewinnspanne; **p. orientation** Gewinnorientierung; **p.-oriented** in Gewinnabsicht; **p.(s) tax** Ertragssteuer
profitability Rentabilität; **calculations concerning p.** Rentabilitätskalkül
prognosticator Konjunkturforscher
programme| for action Aktionsprogramm; **emergency/immediate p.** Sofortprogramm; **extra/special p.** Sonderprogramm; **flexible-purpose p.** Mehrzweckprogramm, vielfältiges Programm; **outline p.** Rahmenprogramm; **to**

administer a p. ein Programm auflegen/verwalten; **to launch a p.** ein Programm auflegen; **p. length** Programmumfang
progress Fortschritt; **p. report** Zwischenbescheid/-bericht
project *(Vorhaben)* Bauplan; **independent p.** Einzelvorhaben; **major p.** Großvorhaben; **proposed p.** Vorhaben; **p. appraisal** Projektbewertung; **p. financing** Projektfinanzierung; **p. notification** Projektanzeige
to project vorsehen
promising erfolgs-/zukunftsträchtig, entwicklungsfähig; **with a p. future** zukunftsträchtig
to promote fördern, Werbung machen, vorantreiben
promoter Förderungsträger
promotion| of economic development/(economic) growth (→ *business promotion, economic promotion, economic development, industrial development*) Wirtschaftsförderung; **p. of innovation** Innovationsförderung; **p. of (small and) medium-sized companies** Mittelstandsförderung; **p. of research and new technologies** Forschungs- und Technologieförderung; **p. of tourism** Fremdenverkehrsförderung; **p. of trade** Wirtschaftsförderung; **period of p.** Gründerzeit; **total amount available for p.** Förderungsvolumen; **dual p.** Doppelförderung; **indirect p.** indirekte Förderung; **p. efforts** Werbebemühungen; **p. technique** Werbemethode
promotional| campaign Werbekampagne; **p. material** Werbematerial
project aid/promotion Projektförderung; **p. p. funds** Projektfördermittel
propensity to invest Investitionsneigung/-bereitschaft
commercial/industrial property (→ *land, location, premises, site*) Gewerbegrundstück/-objekt, gewerblich genutztes Grundstück; **surrounding p.** angrenzendes Gelände; **unbuilt/undeveloped p.** unbebautes Grundstück; **p. damage** Sach-/Vermögensschaden; **p. to let** Mietobjekt; **p. market** Grundstücks-/Immobilienmarkt; **p. owner** Grundstückseigentümer; **p. price** Grundstückspreis; **p. tax** Grundsteuer, Realsteuern; **p. tax base** Realsteuerkraft, Grundsteuerbemessungsbetrag; **p. transactions** Immobilienhandel, Bodenverkehr
proportion of votes Stimmen-/Abstimmungsverhältnis
proportional anteilig, anteilmäßig
proposal Vorschlag, Antrag; **p. for the provision of security** Besicherungsvorschlag; **financial p.** Finanzierungsvorschlag; **p. form** *(Versicherung)* Antragsformular

proposer *(Vorhaben)* Antragsteller
proprietor Inhaber, Eigentümer; **sole p.** Alleinunternehmer; **p.y right** Urheberrecht
pro-rata/prorated anteilig
prospect Aussicht, Ansiedlungsinteressent; **p. for relocation** Umsiedlungsinteressent; **future p.s** Zukunftsperspektive; **to hold out the p.** in Aussicht stellen
prospective *(Adj.)* voraussichtlich, zukünftig, potentiell, *(Subst.)* Ansiedlungsinteressent
protection| of the environment Umweltschutz; **conditions imposed for the p. of the environment** Umweltschutzauflagen; **p. of existing plant and equipment** Bestandsschutz
protectionist protektionistisch
protective strip of land Schutzstreifen
prototype Prototyp
to provide bereitstellen
provision Bereitstellung, Versorgung, *(Vertrag)* Klausel; **p.s** *(Kapital)* Ausstattung; **p. of collateral/security** Besicherung
proximity Nähe; **p. to companies** Firmennähe; **p. to the customer** Kundennähe; **geographical p.** räumliche Nähe
public| agency/body öffentliche Körperschaft, öffentlich-rechtliche Körperschaft, Anstalt öffentlichen Rechts; **p. aid** öffentliche Unterstützung; **p. assistance** öffentliche Unterstützung, Sozialhilfe; **p. authority** (öffentliche) Behörde, Träger öffentlicher Belange; **p. charges** öffentliche Abgaben; **p. corporation** Körperschaft des öffentlichen Rechts; **p. debt** Staatsverschuldung; **p. entity** öffentliche Körperschaft; **p. expenditure** öffentliche Ausgaben; **p. funds/monies** öffentliche Gelder; **p.-funded** öffentlich finanziert; **p. health policy** Gesundheitspolitik; **p. passenger transport** öffentlicher Personenverkehr; **p.-private partnership** öffentlich-private Zusammenarbeit; **p. relations concept** Werbekonzept; **p. relations office** Presseamt/-stelle; **p. relations (work)** Öffentlichkeitsarbeit; **p. safety services** Sicherheitsorgane; **p. sector** öffentliche Hand; **p.-sector employees** Arbeitnehmer im öffentlichen Dienst; **p. (utility) services** öffentliche Dienstleistungen; **p. service demands** Nachfrage nach öffentlichen Dienstleistungen; **p. transport** öffentliche Verkehrsmittel, öffentliches Verkehrswesen; **p. utility (company)** Versorgungsunternehmen; **p. utilities** (öffentliche) Versorgungsbetriebe; **p. welfare (aid)** öffentliche Sozialleistungen
publicity Öffentlichkeitsarbeit
to publish veröffentlichen, anzeigen

publisher Verleger(in), (Buch-)Verlag
publishing firm (Buch-)Verlag
pulling-down *(Gebäude)* Abbruch
pump-priming Ankurbelung der Konjunktur
purchase *(→ buying, procurement, purchasing)* Ankauf, Erwerb, Beschaffung; **option of p.** Vorkaufsrecht; **additional p.** Zukauf; **p. contract** Kaufvertrag; **p. cost** Anschaffungskosten; **p. formalities** Kaufformalitäten
purchaser Käufer, Abnehmer

purchasing *(→ buying, procurement, purchase)* Ankauf, Einkauf, Beschaffung; **joint p.** gemeinsamer Einkauf, gemeinsame Beschaffung; **decline in p. power** Kaufkraftverlust; **mass p. power** Massenkaufkraft
purification of water Gewässerreinigung
purpose Verwendungszweck
purview Tätigkeitsfeld
pusher formation/unit Schubverband

Q

in quadruplicate in 4-facher Ausfertigung
qualification| of labour Qualifikation der Arbeitskräfte; **required q.** Qualifikationserfordernis; **q. capacity** Qualifikationspotential
to qualify for berechtigen zu
qualifying date Stichtag; **conditions to be met by the q. d.** Stichtagsvoraussetzung(en)

quality| of land Bodenbeschaffenheit; **q. of life** Lebensqualität; **q. control circle** Qualitätszirkel
quantity adjustment Mengenanpassung
quarrying *(Förderung über Tage)* Abbau, Gewinnung und Verarbeitung von Steinen und Erden
quick fix Patentlösung, schnelle und kurzfristige Lösung

R

race| for innovations Innovationswettbewerb; **r. for subsidies** Subventionswettlauf
rail| freight line Güterverkehrsstrecke; **r. link** Bahnanschluß; **r. movement** Schienentransport; **r. network** Schienennetz; **r.-road traffic** Schiene-Straße-Verkehr; **r. transport** Schienen-/Bahntransport
city railroad *[US]* S-Bahn; **r. system** Schienennetz
metropolitan railway Stadtbahn; **suburban r.** *[GB]* S-Bahn; **underground r.** *[GB]* U-Bahn; **r. lines** Gleisanlagen; **r. link** Bahnanschluß; **r. trunk line** Eisenbahnfernstrecke
acid rain saurer Regen
range *(Waren)* Sortiment; **r. of application** Einsatzspektrum; **r. of goods** Sortiment; **r. of incentives** Förderungsbedingungen/-instrumentarium; **r. of products** Produktangebot; **r. of promotional activities** Förderkulisse; **r. of qualifications** Qualifizierungsangebot; **r. of services**

Dienstleistungspalette; **r. of use** Einsatzspektrum
rank Rang
rate| of expansion/growth Wachstumsrate; **flat r.** Grundgebühr; **at a favourable r. of interest** zinsgünstig; **going r.** Marktzins, marktüblicher Zinssatz; **joint r.** Verbundtarif; **r. structure** Tarifstruktur; **r. support grant (RSG)** *[GB]* Schlüsselzuweisung
rateability Abgabenpflicht
rates *[GB]* Kommunalsteuer(n), Abgaben; **r. and taxes** öffentliche Abgaben; **local r. and taxes** Kommunalabgaben
to rationalize rationalisieren
rationalization Rationalisierung; **potential for r.** Rationalisierungspotential; **r. effect** rationalisierender Effekt; **r. measure** Rationalisierungsmaßnahme
price of raw materials Rohstoffpreis
within easy reach leicht erreichbar

readiness to invest Investitionsbereitschaft
to be ready bereitstehen, verfügbar sein
reafforestation Aufforstung; **r. area** Aufforstungsfläche
real estate| acquisition tax Grunderwerbssteuer; **r. e. company** Immobiliengesellschaft; **r. e. department/office** Amt für Liegenschaften; **r. e. fund** Grundstücksfonds; **r. e. owner** Grundbesitzer, Grund(stücks)eigentümer; **r. e. register** *[US]* Grundbuch; **r. e. tax** Grundsteuer; **r. e. transactions** Immobilienhandel, Bodenverkehr
real servitude Grunddienstbarkeit
to reappraise neu bewerten
rearrangement Umstellung
reassessment Neuveranlagung
rebound Erholung; **to r. from the recession** *(Wirtschaft)* sich kräftig erholen
rebuilding Umbaumaßnahme
receiver Konkursverwalter
receptiveness Aufgeschlossenheit, Aufnahmefähigkeit
recession Rezession, Wirtschaftskrise; **r. year** Rezessionsjahr
to reclaim| deteriorated neighbourhoods verfallene Wohnsiedlungen sanieren; **to r. value added tax** Mehrwertsteuerrückerstattung beantragen
reclamation| of land Neulandgewinnung; **r. of derelict land** Aktivierung von brachliegendem Land; **r. work** Landgewinnung
recommendation Empfehlung; **to work out r.s** Empfehlungen ausarbeiten
to reconcile aussöhnen, in Einklang bringen, miteinander vereinbaren
reconciliation Vereinbarung, Abstimmung
to reconstruct *(Unternehmen)* sanieren
Reconstruction Loan Corporation Kreditanstalt für Wiederaufbau
reconversion Umwandlung, Umstellung
record Aufzeichnung
recording fee Eintragungsgebühr
to recover gesunden, sich erholen
recovery Erholung, Aufschwung, Wiedergewinnung; **economic r.** Belebung der Wirtschaft
recreation Erholung; **r. area** Erholungsfläche/-gebiet; **local r. area** Naherholungsgebiet; **r. facilities** Erholungs-/Freizeiteinrichtung(en); **local r. facilities** Naherholungseinrichtungen; **r. zone** Erholungszone
recreational| facilities Erholungs-/Freizeiteinrichtung(en); **r. value** Freizeitwert

recruit Neueinstellung; **r.ing** Einstellung von Arbeitskräften; **r. ment (of labour)** (Neu-)Einstellung von Arbeitskräften
recultivation Rekultivierung
to recycle refuse Abfälle verwerten
recycling Abfallverwertung, (Wieder-)Aufbereitung
redemption Tilgung, Ablösung; **r.-free** tilgungsfrei; **r.-free period** Tilgungsfreijahr(e)
to redevelop sanieren, *(Fläche)* freilegen
redevelopment Sanierung; **r. area** Sanierungsgebiet; **r. process** Sanierung; **r. scheme** Sanierungsprojekt
red tape *(coll.)* bürokratische Hemmnisse; **without a lot of r. t.** unbürokratisch
to reduce verringern, abbauen, beeinträchtigen
reduction Verringerung, Abbau, Ermäßigung, Nachlaß, Vergünstigung; **r. of costs** Kostensenkung, Einsparung; **r. of pollution** Schadstoffminderung; **r. of noise pollution (caused by cars)** Verkehrsberuhigung; **maximum r. of the level of pollutants/of the pollution level** Schadstoffminderung; **r. of subsidies** Subventionsabbau; **r. of unemployment** Abbau von Arbeitslosigkeit; **r. of working hours/of the working week** Arbeitszeitverkürzung
redundancy *(Mitarbeiter)* Entlassung
redundant arbeitslos
re-equipment grant Umstellungsbeihilfe
refinancing funds Refinanzierungsmittel
to refurbish *(Gebäude etc.)* modernisieren; **r.ment** Modernisierung, Umbau
refuse *(→ garbage, waste)* Abfall, Müll; **domestic r.** Hausmüll; **r. disposal** Abfallbeseitigung; **r. disposal site** Mülldeponie/-halde
to regard as very important einen hohen Stellenwert beimessen
regeneration Wiedergewinnung/-belebung; **r. of the local and regional economy** Wiederbelebung der örtlichen und regionalen Wirtschaft
region Raum; **functional r.** Funktionalraum; **separation of functional/nodal r.s** funktionsräumliche Trennung; **growing r.** Wachstumsgebiet; **handicapped r.** benachteiligte Region; **low-growth r.** wachstumsschwaches Gebiet; **nodal r.** Funktionalraum; **troubled r.** Problemregion; **to renovate a r.** eine Region wiederbeleben; **r.-wide** landesweit, flächendeckend
regional räumlich; **r. analysis** Regionalanalyse; **r. authority** Landesbehörde; **r. centre** Oberzentrum; **facilities of a r. centre** oberzentrale Einrichtungen; **chairman of the r. council** Regierungspräsident; **r. development** Landesplanung; **r. development policy** Regionalpolitik,

regionale Entwicklungs-/Förderpolitik; **r. development programme** Raumförderungsprogramm; **r. disparity** regionales Ungleichgewicht; **r. dispersal** regionale Streuung; **r. distinctions** regionale Unterschiede/Differenziertheit
regional economic| development regionale Wirtschaftsförderung; **r. e. policy** Landeswirtschaftspolitik, Standortpolitik; **r. e. strategy** regionale Wirtschaftspolitik; **r. e. structure** regionale Wirtschaftsstruktur
regional| economy regionale Wirtschaft; **r. income differential** regionales Einkommensgefälle; **r. interlocking/interrelation** regionsinterne Verflechtung; **R. Office for Trade** Landesgewerbeamt; **r. plan** Landesentwicklungsplan; **r. planning** regionale Planung, Landesplanung; **r. planning authority** regionale Planungsbehörde, Landesplanungsamt/-behörde; **r. planning council** Bezirksplanungsrat; **r. planning programme** Landesentwicklungsplan; **r. policy** Regionalpolitik, Raumordnung(-spolitik); **law relating to r. policy** Raumordnungsrecht; **intermediate authority responsible for r. policy** Bezirksplanungsrat; **r. services capital** regionales Dienstleistungszentrum; **r. structural change** regionale Strukturveränderung; **r. structure** Regionalstruktur, regionale Gliederung; **importance for the (improvement of the) regional structure** strukturpolitische Bedeutung; **r. survey** räumliche Bestandsaufnahme; **r. transport network** regionales Transport-/Verkehrsnetz; **r.ly balanced** regional ausgewogen
register of companies Handelsregister
registered office Unternehmenssitz
Registrar of Companies Handelsregisterführer
registration Anmeldung, Zulassung, Eintragung ins Handelsregister; **r. office** Einwohnermeldeamt; **r. requirements** Meldevorschriften
registry of deeds *[US]* Grundbuchamt
regulation|s Vorschriften; **r.s concerning coal-, gas- and oil-fired power stations** Großfeuerungsanlagenverordnung; **administrative r.** Verwaltungsvorschrift; **legal/statutory r.** gesetzliche Regelung
regulative| law Ordnungsrecht; **r. policy** Ordnungspolitik
regulatory| authority Aufsichtsbehörde; **r. framework** Rahmenbedingungen; **r. role** Kontroll-/Ordnungsfunktion
to rehabilitate rehabilitieren, eingliedern, sanieren, modernisieren, umschulen

rehabilitation Modernisierung, Sanierung; **r. of land** Aufbereitung von Grundstücken; **r. efforts** Sanierungsanstrengungen; **r. loan** Wiederaufbaukredit
reintegration Wiedereingliederung
related to individual cases einzelfallbezogen
relation between cause and effect Ursachen- und Wirkungszusammenhang
reliability Zuverlässigkeit, Sicherheit
reliable sicher, zuverlässig
relief (→ *aid, allowance, grant*) Hilfe, Erleichterung, Ablösung, (Steuer-)Nachlaß, Freibetrag, Vergünstigung, entlastender Effekt; **r. road** Entlastungsstraße
to relieve congestion (*Verkehr*) Stau auflösen
relinquishment of subsidence claim rights Bergschädenverzicht
intention to relocate Verlagerungsabsicht
relocation Umsiedlung, (Standort-)Verlagerung, Auslagerung, Fernverlagerung, Verschiebung; **r. of factories/plants** Verlagerung von Betrieben; **r. of key industries** schwerpunktmäßige Verlagerung; **r. of production facilities** Verlagerung/Auslagerung von Betrieben/Produktionsstätten; **r. within city boundaries** innerörtliche Verlagerung; **external r.** Verlagerung nach außen; **far-off r.** Fernverlagerung; **inner-area r.** Nahverlagerung; **r. effect** Abzugseffekt; **r. needs/requirements** Verlagerungsbedarf; **r. potential** Verlagerungspotential, mobiles Ansiedlungspotential; **r. project** Ansiedlungsvorhaben; **r. prospects** mobiles Ansiedlungspotential
easily remembered einprägsam
remodelling Umbau
remote control Fernüberwachung
remuneration Vergütung, Entlohnung
renewal Erneuerung, Sanierung; **urban r. and restructuring of transportation** Städte- und Verkehrssanierung
renovation Umbaumaßnahme
rent Miete, Pacht(-preis); **preferential r.** Vorzugsmiete; **r. allowance** Mietzuschuß; **r.-free period** mietfreie Zeit; **r. loss** Mietausfall; **risk of r. loss** Mietausfallrisiko; **advance r. payment** Mietvorauszahlung; **r. rebate** Mietzuschuß/-geld, Wohngeld, Wohnungsbeihilfe; **r. review** Mietanpassung
to rent (an-/ver-)pachten
rental Miete, Leihgebühr; **r. right** Erbbaurecht
rented property Mietobjekt
renting facilities Anmietungsmöglichkeit
renunciation of subsidence claim rights Bergschädenverzicht

reordering Umstellung
reorganization Neuordnung/-organisation, Reorganisation, Sanierung; **r. of production** Produktionsumstellung
to reorganize *(Unternehmen)* sanieren
reorientation Neuausrichtung
repair programme Instandsetzungsprogramm
repayment Tilgung; **r. of capital debt** Rückzahlung einer Kapitalschuld; **r. schedule** Rückzahlungsplan
adverse/negative repercussions negative Rückwirkung
replacement investment Ersatzinvestition
interim reply Zwischenbescheid
report (Lage-)Bericht, Gutachten; **annual r. and accounts** *(Unternehmen)* Jahresabschluß, Geschäftsbericht; **r. on subsidies** Subventionsbericht; **interim r.** Zwischenbericht
to report melden, unterrichten
reporting Rechenschaftslegung; **r. requirements** Rechenschaftspflicht, Rechnungslegungspflicht
representation Darstellung, Vertretung
representative *(durch Wahl)* Abgeordnete(r), Vertreter(in), *(jur.)* Bevollmächtigte(r); **r. from industry** Wirtschaftsvertreter(in)
reprint Nachdruck
request Forderung, Antrag; **to r.** fordern, verlangen, anfordern
requirement Forderung, Erfordernis, Bedingung; **r.s** Voraussetzungen; **r.s of a business** betriebliche Anforderungen; **r.s of (floor) space** Flächenbedarf; **list of r.s** Bedarfsplan; **legal r.s** Rechtsvorschriften; **minimum r.** Mindestvoraussetzung; **to meet the r.s** den Anforderungen entsprechen/gerecht werden
rerouting *(Strecke)* Umlegung
resale Wiederveräußerung
rescue route Rettungsweg
research and development (R&D) Forschung und Entwicklung (F&E); **r. and d. activity** Forschungs-und Entwicklungsaktivität; **r. and d. expenditure** Forschungs- und Entwicklungsausgaben
research| into accidents Unfallforschung; **r. (results) capable of immediate application** anwendungsreifes Forschungsergebnis; **r. to order** Auftragsforschung; **special field of r.** Sonderforschungsbereich; **input/use of r. and technology** Forschungs- und Technologieeinsatz; **basic r.** Grundlagenforschung; **large-scale r.** Großforschung; **outside r.** Auftragsforschung; **r. activity** Forschungstätigkeit/-aktivität; **cooperative r. agreement** Vereinbarung über Zusammenarbeit in der Forschung; **r. assignment/ contract** Forschungsauftrag; **r. capabilities/capacity** Forschungspotential; **r. facility** Forschungseinrichtung; **major r. facility** Großforschungseinrichtung; **r. faculty/insititute** Forschungseinrichtung/-institut; **r. grant** Forschungszuschuß; **non-university r. institute** außeruniversitäre Forschungseinrichtung; **r.-intensive** forschungsintensiv; **r. laboratory** Forschungslabor; **r. project** Forschungsvorhaben; **r. promotion** Forschungsförderung; **r. work** Forschungsarbeit/-tätigkeit
reservoir Talsperre
resettlement Umsiedlung
reshaping Neuordnung, Reorganisation
resident (→ *local*) *(Adj.)* (orts-)ansässig, *(Subst.)* Gebiets-/Ortsansässiger; **r. participation** Bürgerbeteiligung, Beteiligung der Anwohner; **r. population** Wohnbevölkerung, ortsansässige Bevölkerung
residential| amenity improvement Wohnumfeldverbesserung; **r. area** Wohngebiet; **r. and recreational value** Wohn- und Freizeitwert
resistance to innovations Innovationswiderstand
diminution of resource|s Abnahme der Ressourcen; **own r.s** Eigenmittel; **technological r.s** Technologieressourcen; **to marshal r.s** den Ressourceneinsatz planen; **r. allocation** Mittelzuweisung/-verteilung; **r. availability** Mittelverfügbarkeit, Verfügbarkeit von Ressourcen; **r.-saving** ressourcenschonend
respite Stundung
to respond to changes auf Veränderungen reagieren
responsible zuständig
rest *(Stütze)* Auflage; **r. room** Erholungsraum
restoration liability Wiederherstellungspflicht
to restrict beeinträchtigen; **to r. financially** finanziell einengen
restriction| of use Nutzungseinschränkung; **r. on subsidies** Fördereinschränkung
restructuring Neuordnung, Reorganisation, Restrukturierung; **r. of production** Neugestaltung der Produktionsstruktur; **r. strategy** Umstrukturierungsstrategie
result Folge, (Untersuchungs-)Ergebnis; **r. testing** Erfolgskontrolle; **r.ant problem** Folgeproblem
retail| chain (Einzel-)Handelskette; **r. enterprise** Einzelhandelsunternehmen/-firma; **r. establishment** Einzelhandelsbetrieb; **r. goods** Einzelhandelsartikel; **r. market** Einzelhandelsmarkt; **r. outlet** Einzelhandelsgeschäft/-markt; **r. shop/store** Einzelhandelsgeschäft; **r. trade**

retail

Einzelhandel(-sgewerbe); **r. trader** Einzelhandelskaufmann; **r.er** Einzelhandelskaufmann/-unternehmen
retailing Einzelhandelsgewerbe; **to go into r.** ins Einzelhandelsgeschäft einsteigen
retimbering Aufforstung; **r. area** Aufforstungsfläche
to retrain umschulen
retraining Umschulung; **r. course** Umschulungslehrgang; **r. facilities** Umschulungseinrichtungen
retrieval strategy *(EDV)* Suchverfahren
return| of investment Rentabilität; **r. on capital employed** Kapitalertrag
revaluation Aufwertung
to reveal zeigen, ausweisen, enthüllen, aufdecken
to generate revenue Einkünfte erzielen; **to raise r.s** die Einnahmen steigern, die Steuereinnahmen anheben; **inland r. authorities** *[GB]* Steuerbehörde; **internal r. authorities** *[US]* Steuerbehörde; **r. budget** Verwaltungshaushalt; **r. expenditure** Aufwendungen, Kapitalaufwand, Betriebsausgaben; **r. flow** Einnahmenfluß; **r. loss** Einnahme-/Steuerausfall; **r. quota** Steueranteil; **r. quota of local authorities** Steueranteil der Gemeinden; **r.-raising power** Steuer-/Einnahmekraft
review *(Kritik)* Beurteilung; **r. of options** Prüfung der Optionen/Möglichkeiten
to rezone den Flächennutzungsplan/Bebauungsplan ändern
rezoning (Flächen-)Umwidmung
right| of access Zugangs-/Zugriffsberechtigung; **r. of disposal** Verfügungsrecht; **r. of establishment** Niederlassungsfreiheit; **r. of first refusal** Vorkaufsrecht; **r. of participation** Mitspracherecht; **r. of retention** Zurückbehaltungsrecht; **r. of way** Wegerecht; **r. to instal services** Leitungsrecht; **r. to levy tax(es)** Steuerhoheit/-erhebungsrecht; **r. to a say in a matter** Mitspracherecht; **legal r.** Rechtsanspruch
risk Risiko; **willingness to take a r./r. taking** Risikobereitschaft; **r. capital** Risiko-/Wagniskapital; **r.y** risikoreich
distributor road Verteilerstraße; **relief r./route** Entlastungsstraße/-strecke, Nebenstrecke; **ring r.** Ringstraße; **spur r.** Nebenstraße; **r. construction** Straßenbau; **r. haulage/transport** Straßengüterverkehr/-transport; **r. improvement scheme** Straßen(aus)bauprogramm; **r. link** Straßenanschluß; **r. network** Straßen(verkehrs)netz; **r. use** Straßenbelastung; **r. vehicle industry** Straßenfahrzeugbau
robotics Robotertechnik
to roll forward *(Programm)* fortschreiben
room for manoeuvre Freiraum, Verhandlungsspielraum
roomy großräumig
route Transportweg, Trasse
royalties Lizenzgebühren
rubber processing Gummiverarbeitung
rubbish dump Mülldeponie/-halde
Ruhr Area| community Ruhrgebietskommune; **R. A. economy** Ruhrgebietswirtschaft; **R. A. industry** Ruhrgebietsbranche
Ruhr Technical Advice Centre Technologieberatungsstelle Ruhr
rules Vorschriften; **r. of procedure** Geschäftsordnung
rural centre solitäres Verdichtungsgebiet

S

safe sicher
safeguarding *(Verkehrsstrecke vor dem Bau)* Freihalten von Trassen; **s. a location** Standortschutz
safety Sicherheit; **s. of nuclear reactors** Reaktorsicherheit; **s. regulations** Sicherheitsvorschriften; **s. zone around building area** Bauschutzbereich
gross/total salaries (Brutto-)Gehaltssumme
sale Verkauf, Abgabe; **s.s** Absatz; **s. of domestic products/self-produced goods** Umsatz aus Eigenerzeugung; **s. of land** Grundstücksveräußerung; **increase in s.s** Umsatzsteigerung/-zuwachs, steigende Absatzentwicklung; **foreign s.s/s.s abroad** Auslandsumsatz; **s.s area** Absatzgebiet; **s.s conditions** Absatz-/Lieferbedingungen; **s.s indicator** Umsatzkennzahl/-ziffer; **s.s literature** Werbematerial; **s.s office** Verkaufsbüro; **s.s potential** Marktpotential; **s.s

price Verkaufspreis; **s.s promotion** Verkaufsförderung; **s.s promotion grant** Absatzhilfe; **s.s prospects** Absatzchancen/-erwartungen/-perspektive(n); **s.s statistics** Umsatzstatistik; **s.s tax permit** Umsatzsteuergenehmigung; **s.s text** Akquisitionstext
sample| (survey) (Stichproben-)Erhebung; **s. statistics** Erhebung(-sdaten)
sanitary authority Gesundheitsbehörde
satellite town Satelliten-/Trabantenstadt
saving Einsparung, Ersparnis; **s. of labour** Einsparung an Arbeitskräften; **s. of resources** Schonung von Ressourcen; **compulsory s.s** erzwungene Einsparungen; **s. scheme** Ansparprogramm; **s. scheme bonus** Ansparzuschuß
scale of charges Gebührenordnung
schedule of responsibility Geschäftsverteilungsplan
scheme Plan, Programm
school| providing general education allgemeinbildende Schule; **day-release s.** berufsbegleitende Schule; **secondary s.** weiterführende Schule; **trade s.** Handelsschule; **vocational s.** berufsbildende Schule; **vocational-technical s.** Berufs-/Gewerbeschule; **s. roll** Schülerzahl; **s.ing** Schulung
science park (→ *business and innovation centre*) Technologiepark/-zentrum, Existenzgründer-/Innovationszentrum, Innovations- und Transferzentrum
scope Umfang, (politischer) Rahmen, Freiraum, Gestaltungsspielraum; **s. of action** Handlungsspielraum; **s. for expansion** Wachstumsmöglichkeit, Ausdehnungsspielraum; **s. for pricing** Preissetzungsspielraum; **s. of promotional activities** Förderkulisse; **financial s.** finanzieller Rahmen; **sectoral s.** sektoraler Spielraum
scrap Schrott; **s. metal** Altmetall, Schrott
to screen prüfen, begutachten, sichten
preliminary screening Vorprüfung
to seal up versiegeln
sealing Versiegelung; **s.-off tendency** Abschottungstendenz
search| method/strategy *(EDV)* Suchverfahren; **s. time** *(EDV)* Suchzeit
seasoned ausgereift, bewährt
secondment *(Personal)* Abordnung
secrecy Geheimhaltung
Secretary of State for Employment Arbeitsminister
section (→ *department, division*) Abschnitt, Absatz, Abteilung, Dezernat, (Unternehmens-)Teil

sector (→ *branch, industry*) Abschnitt, Sektor, Wirtschaftszweig; **s. of the economy** Wirtschaftszweig/-bereich; **economic s.** Wirtschaftsbereich; **growing s.** Wachstumsindustrie; **industrial s.** gewerblicher Bereich; **private s.** Privatwirtschaft, privates Gewerbe; **producing s.** produzierendes Gewerbe; **public s.** öffentliches Gewerbe, der staatliche Bereich, die öffentliche Hand; **tertiary s.** tertiärer Sektor; **s. planning** sektorale Planung
sectoral sektoral; **s. concentration** sektorale Konzentration; **s. differentiation** sektorale Differenzierung; **s. structure** sektorale Struktur
secure sicher
security Sicherheit, Bürgschaft; **with regard to s.** sicherheitspolitisch; **s. of supplies** Versorgungssicherheit; **material s.** dingliche Sicherheit; **s. deed** Hypothekenbestellungsurkunde
seed| bed Nährboden, Brutstätte; **s. capital fund** Startkapitalfonds; **for-profit s. capital fund** gewinnorientierter Startkapitalfonds, gewinnorientierter Kapitalfonds für Neugründungen
to seek out aufspüren
self-financing Eigen-/Selbstfinanzierung
self-governing body Selbstverwaltungskörperschaft
self-help Selbsthilfe
self-production Eigenfertigung/-leistung
self-selection process Prozeß der Selbstauslese
selling| corporation Vertriebsgesellschaft; **s. price** Verkaufspreis
semiconductor Halbleiter; **s. industry** Halbleiterbranche/-industrie; **s. manufacturing** Halbleiterfertigung
senior executive leitender Angestellter
sensitive to cyclical fluctuations konjunkturagibel
sequence of operations Betriebsablauf
serial advertisement Anzeigenserie
service Dienst(-leistung), Betrieb, Wartung, Arbeit; **delivery of s.s** Erbringung von Dienstleistungen; **provision of s.s** Bereitstellung von Dienstleistungen; **range of s.s** Dienstleistungsangebot; **advisory s. for politicians** Politikberatung; **after-sales s.** Kundendienst; **area-wide s.** flächendeckendes Dienstleistungsangebot; **back-up s.** Unterstützungsleistung; **business s.s** unternehmerische Dienstleistungen, Dienstleistungen für die Wirtschaft; **professional s.s** freiberufliche Tätigkeit/Dienstleistungen; **support s.** Nebenleistung; **to deliver s.s** (Dienst-)Leistungen erbringen; **to provide s.s** Dienstleistungen anbieten; **s.-based economy** dienstleistungsorientierte Wirtschaft; **s. connection**

service

(Wasser, Gas etc.) Anschluß; **s. delivery** Erbringung von Dienstleistungen, *(Wasser, Strom, Gas)* Versorgung, Lieferung; **s. delivery costs** Versorgungskosten, Kosten für die Bereitstellung von Dienstleistungen; **middle income s. employment** Beschäftigung/Arbeitsplätze im Dienstleistungsbereich mit mittleren Einkommen; **s. establishment** Dienstleistungsunternehmen/-betrieb; **s. industry** Dienstleistungsgewerbe; **s. industry sector** Dienstleistungsbereich/-sektor; **s. level** Leistungsumfang, Umfang/Ebene der Dienstleistungen; **s. mark** Handelsname; **s.s offered** Dienstleistungs-/Nutzungsangebot; **s. oriented** dienstleistungsorientiert; **s. package** Leistungsverbund; **s. programme** Dienstleistungsprogramm; **s. quality** Qualität der Dienstleistung; **to transfer s. responsibility to other jurisdictions** die Zuständigkeit für (öffentliche) Dienstleistungen auf andere Körperschaften übertragen; **s. sector** Dienstleistungsbereich, tertiärer Sektor; **s. transfer** Leistungsübertragung
setting the course Weichenstellung
general setting Rahmenbedingungen; **political s.** politischer Rahmen; **to create a positive s.** (günstige) Rahmenbedingungen schaffen
set-up Ansiedlung
to set up *(Unternehmen)* sich ansiedeln/etablieren; **to set up a company** eine Gesellschaft gründen; **to set up a (new) business** ein (neues) Unternehmen gründen/starten; **to set up on one's own** sich selbständig machen
setting-up Gründung, Errichtung; **s. up on one's own** Schritt in die Selbständigkeit; **setting up of an operation** Betriebserrichtung; **setting up of branches** Gründung von Filialen
to settle (sich) niederlassen, *(Rechnung)* begleichen
form/type of settlement (An-)Siedlungsform; **new s.** Neuansiedlung; **rural s.** ländliche Ansiedlung; **s. fragmentation** Zersiedlung, ungesteuerte Ansiedlung; **s. structure** Raum- und Siedlungsstruktur, Siedlungsgefüge
(foul) sewage (→ *sewerage*) Abwasser; **s. cleansing** Abwasserreinigung; **s. disposal** (Ab-)Wasserbeseitigung/-entsorgung; **s. levy** Abwasserabgabe; **s. system** Abwasseranlagen, Kanalisation; **s. works** Klärwerk, Abwasserreinigungsanlage
foul sewer Abwasserkanal; **surface water s.** Oberflächenwasserkanal
sewerage (→ *sewage*) Kanalisation; **foul s.** Abwasserkanäle; **s. system** Abwasseranlagen
shaft Schacht

share| of (total) sales/turnover Umsatzanteil; **s. of the world market** Weltmarktanteil; **original s.** Stammeinlage; **to issue s.s** Aktien ausgeben; **s. capital** Aktien-/Stammkapital; **s. tax** *[US] (Unternehmen)* Vermögenssteuer
sharing of knowledge Wissensaustausch
shedding unprofitable operations *(Unternehmen)* Gesundschrumpfen
sheltering Abkopplung vom Markt
shift Schicht, Wechsel, Verlagerung; **cancelled/idle s.** Feierschicht; **s.ing** Verlagerung, Verschiebung, Abwanderung
shipbuilding Schiffbau
shipment Versand, Transportgüter
mobile shop Verkaufswagen; **s. floor representative** Betriebsobmann/-vertrauensmann; **s. steward** *[GB]* Betriebsobmann/-vertrauensmann
shopping| centre Einkaufs-/Geschäftszentrum; **local s. facilities** Einkaufsmöglichkeiten vor Ort; **s. mall/street** Ladenstraße; **s. town** Einkaufsstadt
short-term kurzfristig; **in the s. t.** kurzfristig; **s.-t. effect** kurzfristiger Effekt
short-time work Kurzarbeit; **s.-t. w. assistance** Kurzarbeitergeld
to show ausweisen
shrinkage Schrumpfung, Schwund, Einbuße
shutdown *(Betrieb)* Schließung, Stillegung
to shut down *(Betrieb)* stillegen
shuttle service Zubringerdienst, Pendelverkehr
sick pay (scheme) Krankengeld, Lohnfortzahlung im Krankheitsfall
negative side effect negative Begleiterscheinung
side street Nebenstraße
siding Gleis-/Bahnanschluß
signpost *(Straße)* Wegweiser; **s.ing** Beschilderung, Ausschilderung
simultaneous betriebsbegleitend
site (→ *land, location, premises*) Standort, Baugrundstück, Ansiedlungsgelände, Terrain; **s. at a favourable price** preisgünstiges Grundstück; **s. for commercial/industrial use** Gewerbegrundstück; **s. for industrial development** Ansiedlungsfläche; **s.s on offer** Standort-/Grundstücksangebot; **available s.** verfügbares Grundstück; **developed s.** bebautes Grundstück; **fully developed s.** voll erschlossenes Grundstück; **empty s.** Baulücke; **green-field s.** Standort auf der grünen Wiese; **preferred s.** Standortwunsch; **prime s.** Spitzenlage; **serviced s.** erschlossenes Grundstück; **unbuilt/undeveloped s.** unbebautes Grundstück; **to acquire a s.** ein Grundstück/Gelände erwerben; **s. advantage** Standortvorteil; **s. clearing** Grundstückssanie-

rung; s. **development** Standortentwicklung, Grundstückserschließung; s. **disadvantage** Standortnachteil; s. **improvement** Grundstückserschließung; s. **location assistance** Standorthilfe; s. **location consulting** Standortberatung; s. **location publicity** Standortwerbung; s. **preparation** Standorterschließung; s. **selection** Standortwahl; s.**-specific** flächenbezogen, standorttypisch
situation Sachlage; s. **report** Lagebericht
skewed einseitig
skill Fertigkeit, Fähigkeit; **to upgrade s.s** (sich) beruflich fortbilden; s. **level** Qualifikationsniveau; s. **range** Ausbildungsstand, Qualifikationsspektrum
slag Bergematerial; s.**heap** (Abraum-)Halde
slaughterhouse Schlacht- und Viehhof
slot *(Container)* Stellplatz
sludge Klärschlamm
sluice Schleuse
slum clearance Slumsanierung, Sanierung von Elendsvierteln
slump (wirtschaftliche) Rezession
small| and medium-sized businesses/companies mittelständische Wirtschaft, Klein- und Mittelbetriebe, kleine und mittlere Unternehmen; **loan scheme for s. and medium-sized businesses** Mittelstandskreditprogramm (MKP); s. **business assistance** Mittelstandsförderung; s. **business loan** Mittelstandskredit; s. **business revitalization programme** Programm zur Förderung von Klein- und Mittelbetrieben; s.**er business assistance programme** Mittelstandsförderungsprogramm; s. **firms' counseling service** Mittelstandsberatung; s. **firms policy** Mittelstandspolitik; s. **series production** Kleinserienfertigung
smelting Verhüttung
smog ordinance Smogverordnung
smoke| gas Rauchgas; s.**stack industry** Schornsteinindustrie, klassische Industrie
smooth reibungslos; s.**ing** Spitzenausgleich
social| benefits Sozialhilfeleistungen; s. **compatibility** Sozialverträglichkeit; s. **conscience** soziales Gewissen; s. **hardship** soziale Not, soziales Elend; s. **repercussions** soziale Auswirkungen; s. **security** soziale Sicherheit, Sozialversicherung; s. **security contribution/tax** *[US]* Rentenversicherungsbeitrag; s. **services** Sozialleistungen/-einrichtungen, soziale Dienstleistungen, Fürsorgeeinrichtungen; s. **structure** Sozialstruktur
software development *(EDV)* Programmerstellung

soil| analysis Bodenanalyse; s. **composition/ condition** Bodenbeschaffenheit, Baugrundverhältnisse; **(level of) soil pollution** Bodenbelastung; s. **protection policy** Bodenschutzpolitik
sole| proprietorship Einzelfirma/-unternehmen; s. **trader** Alleinunternehmer, Einzelfirma/-unternehmen
solicitor *[GB]* Rechtsanwalt
solution of a problem Problemlösung
soot Ruß
sophisticated verfeinert, ausgebaut
sound Schall; s. **insulation/protection** Schallschutz
source Quellgebiet; s. **of energy** Energieträger; **indigenous s.s of energy** heimische Energiequellen; **pipe- and line-based s.s of energy** leitungsgebundene Energiequellen; **primary s. of energy** Primärenergie(-träger); s. **of income** Erwerbs-/Einkommensquelle, Erwerbsgrundlage; **additional s. of income** zusätzliche Einkommensquelle; **possible s. of income** Einnahmemöglichkeit
green space Grünfläche; **industrial s.** Industriegelände, gewerblich genutzte Fläche; **open s.** Frei-/Grünfläche, unbebautes Gelände, *(Bau)* Freiraum, Abstandsfläche; **preserving open s.s** Freiraumsicherung; **open s. planning** Grünflächenplanung; **usable s.** Nutzfläche
spacing| category Abstandsklasse; s. **ordinance** Abstandserlaß; s. **register** Abstandsliste
spacious großräumig, geräumig
spatial räumlich; s. **confinement** räumliche Beengtheit; s. **distribution** räumliche Verteilung; s. **distribution of economic activity** räumliche Verteilung wirtschaftlicher Tätigkeit
to spawn| an industry einen Industriezweig hervorbringen; **to s. new firms** neue Unternehmen hervorbringen
to spearhead *(fig.)* anführen
special| assessment district Meliorationsgebiet; s. **ERP-assets** ERP-Sondervermögen; s. **permit** Sondererlaubnis/-genehmigung
specialist Spezialist, Experte, fachlich zuständiger Beamter; s. **knowledge** Spezialwissen; s. **niche** Marktnische für Spezialanbieter
specific| economy spezifische Einsparung; s. **grant** Finanzzuweisung, zweckgebundener Zuschuß
specification Norm; **technical s.s** technische Vorgabe(n), Industrienormen
specimen contract Mustervertrag
speed of reaction Reaktionszeit
to spend ausgeben, aufwenden

trend of spending *(Haushalt)* Ausgabenentwicklung; **s. ceilings** Ausgabenbegrenzung; **to increase s. power** die Kaufkraft stärken; **s. priority** Ausgabenpriorität; **s. programme** Ausgabenplan

spill ausgelaufene Flüssigkeit; **s.over (effect)** Nebenwirkung, Auswirkung in anderen Bereichen

spin-off (company) verselbständigtes Unternehmen, Ableger eines bestehenden Unternehmens

spin-out| company Spin-out-Unternehmen; **s.-o. flo(a)tation** Spin-out-Gründung

spirit of new departures *(fig.)* Aufbruchstimmung

split Spaltung

sponsor Förderer, Geldgeber, Förderungsträger; **publicly s.ed** mit öffentlichen Mitteln gefördert

sponsoring| of research Forschungsförderung; **s. company** Trägergesellschaft; **s. group** Förderkreis

sponsorship Trägerschaft

on the spot vor Ort

spread Streuung

to spur *(fig.)* vorantreiben, anspornen

staff (→ *personnel, workforce*) Belegschaft, Personal, *(Pl.)* Mitarbeiter; **highly-geared s.** hoch motiviertes Personal; **skilled s.** Fachpersonal; **trained s.** geschultes Personal; **s. capabilities** Potential der Belegschaft; **s. cuts** Personalabbau; **s. representative** Betriebsobmann; **s. resources** Personal; **s.ing** Stellenbesetzung

stage| of development Entwicklungsstand; **s.s of appeal** *(jur.)* Instanzenweg

staggered stufenweise

standard Vorgabe, Norm; **to be up to s.** den Anforderungen entsprechen/gerecht werden; **s. deduction** *(Steuer)* Pauschbetrag; **s.s office** Ordnungsamt

standing Rang

starting position Ausgangssituation

start-up *(Unternehmen)* Existenzgründung; **s.-up bonus** Gründungsprämie; **s.-up company** Neugründung, junges Unternehmen; **s.-up costs** Anlaufkosten; **s.-up counselling** (Existenz-)Gründungs-/Aufbauberatung; **s.-up expense** Gründungskosten; **s.up funding** Finanzierung von Unternehmensgründungen; **s.-up period** Anfangsphase, Anlaufzeit, Gründungsstadium; **s.-up problems** Startschwierigkeiten; **s.-up project** (Existenz-)Gründungsvorhaben; **s.-up saving scheme** (Existenz-)Gründungssparen; **s.-up support** (Existenz-)Gründungshilfe;

s.up training Erstausbildung; **s.-up years** Anfangs-/Anlaufjahre

state öffentliche Hand, *(Adj.)* staatlich; **s. of affairs** Sachlage; **s.-of-the-art** *(Adj.)* hochmodern, auf dem neuesten Stand (der Technik): **s. aid** Landeshilfe/-förderung; **s. assistance programme** staatliches Hilfsprogramm; **s. budget** Landesetat; **s. commissioner for data protection** Landesbeauftragte(r) für den Datenschutz; **s. constitution** Landesverfassung; **s. demand** Staatsnachfrage; **s. development plan** staatlicher Entwicklungs-/Förderungsplan; **s. government** Landesregierung; **s. government president** Regierungspräsident; **s. indebtedness** Staatsverschuldung; **s. office for data processing and statistics** Landesamt für Datenverarbeitung und Statistik; **s. office for ecology, landscape and forestry development** Landesanstalt für Ökologie, Landschaftsentwicklung und Forstplanung; **s.-owned company** staatliches Unternehmen; **s. parliament** Landesparlament; **s. promotion scheme** Landesförderung; **s. road** Bundesstraße; **s. supervision** staatliche Aufsicht; **s. surveyor's office** Landesvermessungsamt

statement Stellungnahme

stationery Büromaterial

statistics on turnover tax Umsatzsteuerstatistik

status Rang, Stellenwert

statutory| levies gesetzliche Abgaben; **s. provision** gesetzliche Bedingung

alloy steel legierter Stahl; **basic s.** Massenstahl, einfacher Stahl; **crude s.** Rohstahl; **crude s. capacity** Rohstahlkapazität; **crude s. production** Rohstahlerzeugung; **fine/high-grade s.** Edelstahl; **quality s.** Qualitätsstahl; **specialty s.** Spezialstahl; **s. construction** Stahlbau; **s. crisis** Stahlkrise; **s. forming** Stahlverformung; **s. foundry** Stahlhütte; **s. location** Stahlstandort; **programme for s. locations** Stahlstandorteprogramm; **s.making** Stahlproduktion; **s. mill** Stahlwalzwerk; **aid-for-steel negotiations** Stahlhilfe-Verhandlungen; **s. output/production** Stahlerzeugung; **s. processing** Stahlverarbeitung; **s. product** Stahlerzeugnis; **s.-related industries** vom Stahl abhängige Industriezweige

to step up one's efforts seine Anstrengungen verstärken, (etwas) verstärkt weiterführen

stipulation *(Vertrag etc.)* Klausel

stock Lager-/Warenbestand, Schuldverschreibung; **s.s** Vorräte; **s. in/on hand** Lagerbestand; **s.-in-trade** Warenbestand; **start-up s.** erstes Warenlager; **s. corporation** *[US]* Aktiengesellschaft; **s.pile** Lagerbestand; **to s.pile** auf Vorrat

kaufen, horten; **s. reduction** Lagerabbau;
s.-taking Inventur, Bestandsaufanhme
stoppage Stillstandszeit
storage| capacity Lagerkapazität, *(EDV)* Speicherkapazität; **intermediate s. place** Zwischenlager; **s. space** *(EDV)* Speicherplatz
store| facilities Lagerplatz; **s.house** Lagergebäude/-halle; **s.s** Materiallager
strategic plan Rahmenplan; **s. p.ning** strategische Planung
strategy for growth Wachstumsstrategie
to streamline rationalisieren
streetcar *[US]* Straßenbahn
street| level Straßenniveau; **s. trading** Straßenverkauf
strengthening Ausbau, Stärkung
stress (Schwer-)Gewicht, Akzent, Betonung
with many strings attached *(coll.)* mit hohen Auflagen verbunden
structural| analysis Strukturanalyse; **s. break** Strukturbruch; **s. change** Strukturveränderung/-wandel; **s. change and adaptation policies** Politik des strukturellen Wandels und der strukturellen Anpassung; **to stem the tide of s. change by granting subsidies** dem Strukturwandel durch Subventionen entgegenwirken; **s. characteristic** Strukturmerkmal; **s. disadvantage** Strukturnachteil; **s. improvement** Strukturverbesserung; **s. improvement measure** Strukturverbesserungsmaßnahme; **s. issue/problem** Strukturproblem; **s.ly weak** strukturschwach
structure| of buildings Baustruktur; **s. of a region** Regionalstruktur; **impacts on the s.** strukturpolitische Effekte
to subcontract einen Unterauftrag vergeben; **s.or** Subunternehmer, Zulieferer
subdivision Parzellierung, Gebietskörperschaft
subject Fach, Thema; **s. of discussion** Gegenstand (einer Unterredung), Beratungsinhalt
subleasing/subletting Untervermietung
sub-region Teilregion
commercial subscriber *(Btx)* gewerblicher Nutzer; **s.'s computer terminal** *(Btx)* Teilnehmerrechner; **s. identification** Teilnehmerkennung/-identifikation
subsidence Bergsenkung/-schaden
subsidizing Subventionierung
subsidy (→ *aid, allowance, benefit, grant, support*) Subvention, Zuschuß, Beihilfe, (finanzielle) Förderung; **s. on loan interest** Zinszuschuß/-vergünstigung; **ceiling for subsidies** Höchstfördergrenze; **criteria for granting subsidies** Förderungskriterien; **discontinuation/expiry of subsidies** Auslaufen/Einstellung der Förderung; **employment of subsidies** Fördermitteleinsatz; **granting of subsidies** Subventionierung; **level of s.** Förderungssumme; **mentality of expecting subsidies** Subventionsmentalität; **operating s.** laufender Zuschuß; **s. differential** Fördergefälle; **front-end s. grant** Startbeihilfe; **s.-oriented policy** Subventionspolitik; **s. race** Subventionswettlauf
suburb Stadtteil, Vorort; **s.an centre** Stadtrandzentrum; **s.anization** Eingemeindung; **s.ia** Ballungsrand/-zone, die Vororte
subway *[GB]* Fußgängerunterführung, *[US]* U-Bahn
liable to succeed erfolgsträchtig
success| on the market Durchbruch am Markt; **chance(s) of s.** Erfolgschance(n)/-aussicht(en)
sugar industry Zuckerindustrie
suitability Eignung
suitable for human beings menschengerecht
sulfur dioxide Schwefeldioxid
superstore Einkaufsmarkt
supervision of prices Preisaufsicht
supplier Lieferant, Zulieferer, Zulieferbetrieb; **component s.** Zulieferer, Zulieferbetrieb
supply Angebot, Versorgung, Belieferung, Auslieferung; **s. and waste disposal** Ver- und Entsorgung; **s. of labour** Arbeitskräfte-/Beschäftigtenpotential; **s. of sites** Grundstücksvorrat; **securing the s. of energy and raw materials** Energie- und Rohstoffsicherung; **insufficient s.** Unterversorgung; **s. area** Versorgungsfläche; **s. contract** Liefervertrag; **s. function** Versorgungsfunktion; **relating to the s. function** versorgungspolitisch; **s. network** Versorgungsleitungen, Leitungsnetz; **s. price** Versorgungspreis; **s. side** Angebotsseite; **s.-side conditions** Angebotsbedingungen; **s.-side economics** angebotsorientierte Politik; **s. surplus** Angebotsüberhang; **s.ing** Belieferung, Versorgung
support (→ *aid, allowance, benefit, grant, subsidy*) (Unter-)Stützung, (Stütze) Auflage; **s. grant** staatliche Förderungsmittel; **s. measures** flankierende Maßnahmen; **s. programme** Förderungs-/Unterstützungsprogramm; **company-related state s.** unternehmensbezogene Förderungsmaßnahme; **technical s. programme** Technologiehilfeprogramm; **s. scheme** Unterstützungsmaßnahme
to support unterstützen, flankieren; **s.er** Befürworter, Förderkreis
supportive climate günstiges Klima
supraregional überregional
surface Grundfläche; **s. coating/covering** Oberflächenbeschichtung; **s. finishing** Oberflächenveredlung; **s. transport** Bodenverkehr

surrounding| area angrenzende Gebiete; **s.s Umgebung**
survey Untersuchung, (Markt-)Studie, Vermessung; **preliminary survey** Vorstudie, Untersuchungen im Vorfeld; **s. methods** Vermessungsmethoden; **s. result** Untersuchungs-/Meinungsumfrageergebnis; **s.ing** Vermessung; **s.ing charges** Vermessungsgebühren

survival rate Überlebensrate
switching Umschichtung, *(Telefon)* Vermittlung(-sfunktion); **s. centre** *(Telefon)* Vermittlungszentrale
synthetic| gas Synthesegas; **s. materials industry** Kunststoffindustrie
system description *(EDV)* Systembeschreibung

T

to tailor abstimmen/abstellen (auf), zuschneiden; **t.-made** kundenspezifisch; **t.-made component** kundenspezifisches Bauelement
to take advantage of eine Chance nutzen
takeover Firmenübernahme
talent Begabung, Talent
in tandem (with) zusammen (mit)
doing away with/cutting the red tape Entbürokratisierung
target Vorgabe; **economic t.** wirtschaftspolitische Zielsetzung; **to set out for new t.s** im Aufbruch sein; **t. audience/group** Zielgruppe, anvisierter Kundenkreis; **t.-group oriented** zielgruppenorientiert
low tariffs Gebührenvergünstigungen
task Aufgabe(-nzuschnitt), Arbeit; **joint t.** Gemeinschaftsaufgabe; **t. force** Sonder-/Spezialeinheit
tax (→ *duty, levy*) Steuer(n), Abgabe(n); **t. on profit(s)** Ertragsteuer; **t. on real property** Grundsteuer; **exempt from t.** steuerfrei; **to be exempt from t.** Steuerfreiheit genießen; **t.ed at a lower rate** *(Ware)* steuerbegünstigt; **ad valorem t.** Wertsteuer; **direct t.** direkte Steuern; **indirect t.** indirekte Steuern; **real t.** Realsteuern; **use t.** *[US]* Verbrauchssteuer; **power to levy t.** Finanzhoheit; **t. accountant** Steuerberater; **t. advantage** Steuervorteil; **t. adviser** Steuerberater; **t. assessment** Steuerbescheid; **t. assessor** *[US]* Steuerbehörde, Finanzamt; **t. authorities** Steuerbehörde; **t. base** Steuerkraft, (Steuer-)Bemessungsgrundlage; **real t. base** Realsteuerkraft; **shrinking t. base** nachlassende Steuerkraft; **t. benefit** Steuervorteil; **t. bracket** Steuerklasse; **t. break** Steuervergünstigung; **t. burden** steuerliche Belastung; **t. code** Abgabenordnung, Steuerklasse/-kennziffer; **t. concession** Steuerbegünstigung/-vergünstigung; **t. consultant** Steuerberater; **t. court** Finanzgericht; **t. cut** Steuersenkung; **t.-deductible** *(Investition)* steuerbegünstigt, steuerlich absetzbar/abzugsfähig; **t. deferment** Steuerstundung; **t. depreciation** steuerlich anerkannte Abschreibung; **t.-exempt** abgaben-/steuerfrei; **t. exemption** Steuerfreiheit; **t.-free** steuer-/abgabenfrei, frei von Abgaben; **t. group** Steuerklasse; **t. holiday** Steuerfreijahre, steuerfreie Jahre; **t. implication** steuerliche Auswirkung; **t. incentive** Steueranreiz; **t. increase/increment** Steuererhöhung; **t. increment financing** Finanzierung mittels Steuererhöhungen; **t. inspector** Steuerbeamter; **t. jurisdiction** Steuerhoheit(-sgebiet); **t. law** Steuerrecht; **relating to t. law** steuerrechtlich; **t. liability** Abgabenpflicht, Steuerschuld; **(government) t. measures** steuerpolititsche Maßnahmen; **t. moratorium** Steuerstundung; **t. office** Finanzamt; **t. officer/official** Steuerbeamter; **t.(es) owing** Steuerschuld; **t.-payer** Steuerpflichtiger/-zahler; **t. period** Veranlagungszeitraum; **t. policy** Steuerpolitik; **relating to t. policy** steuerpolitisch; **t. policy conducive to performance** leistungsfreundliche Steuerpolitik; **t. prepayment** Vorsteuer; **t. privilege** Steuerbegünstigung; **t.-privileged** steuerbegünstigt, steuerlich absetzbar/abzugsfähig; **t. procedure** Besteuerungsverfahren; **t. purposes** Steuerzwecke; **for t. purposes** aus steuerlichen Gründen; **t. rate** *(Gemeinden)* Steuer-/Hebesatz; **for t. reasons** aus steuerlichen Überlegungen; **t. rebate/refund** Steuererstattung; **t. receipts** Steuereinkommen/-einnahmen/-kraft; **t. relief** Steuererleichterung/-vergünstigung; **consolidated t. return** konsolidierte Steuererklärung; **t. revenue** Steuereinkommen/-einnahmen/-kraft/-aufkommen; **increased t. revenue** Steuerzuwachs; **t. system** Steuersystem; **t. sys-

tem encouraging new investments investitionsförderndes Steuer- und Abgabensystem; t. take Steueraufkommen; t. treatment steuerrechtliche Behandlung; favourable t. treatment Steuerbegünstigung; t. writeoffs steuerlich anerkannte Abschreibungen; t. year Steuerjahr; t. yield Steuereinnahmen/-einkommen/-aufkommen/-kraft
taxable capacity Steuerkraft
taxation Besteuerung; **corporate t.** Unternehmensbesteuerung; **deferred t.** Steuerstundung; **direct t.** direkte Steuern/Besteuerung; **indirect t.** indirekte Steuern/Besteuerung; **progressive t.** Steuerprogression; **relating to t. law** steuerrechtlich
taxing authority Steuerbehörde
technical| assistance technische Hilfeleistung; **t. college** *[GB]* Berufsschule; **t. requirements** technische Anforderungen
technician Techniker
technological technologisch (orientiert); **t. backwardness** technologischer Rückstand; **control of t. developments** Beherrschbarkeit der Technologie; **t. education** technische Ausbildung; **t. field** Technologiebereich; **t. findings/knowledge** technologische Erkenntnisse; **t. impulse** Technologieschub; **t. lead** Entwicklungsvorsprung; **t. level** technologischer Stand; **t. requirements** technologische Erfordernisse; **t. standard** technologischer Standard
technology| for business programme Technologieprogramm Wirtschaft; **technologies designed to protect the environment** Umwelttechnik; **technologies with a promising future** Zukunftstechnologien; **to detect technologies** Technologien aufspüren; **to develop technologies** Technologien entwickeln; **advanced t.** Hoch-/Spitzen-/Zukunftstechnologie, fortschrittliche Technologie; **advanced t. company** Hochtechnologieunternehmen, Unternehmen der Spitzentechnologie; **environmental t.** Umwelttechnik/-technologie; **high t.** Hoch-/Zukunftstechnologie; **high-t. goods** technisch hochwertige Güter; **leading-edge t.** führende Technologie; **off-the-shelf t.** vorhandene Technologie; **founding of a new t.-based firm** technologieorientierte Existenzgründung; **t.-based project** technologieorientiertes Projekt; **t. centre** Innovationszentrum, Innovations- und Transferzentrum; **(high) t. consulting/advice on the scope of new technologies** Technologieberatung; **t. content** Technologieanteil; **t. development** technologische Entwicklung; **t.-oriented** technologie-orientiert; **t.-oriented industry** technologische Industrie; **t. pact** Abkommen über technologische Zusammenarbeit; **t. policies** Technologiepolitik; **t. transfer** Technologietransfer; **t. transfer agency** Agentur für Technologietransfer
telecommunications Fernmeldewesen/-technik, Nachrichtentechnik/-übertragung, Telekommunikation; **optical t.** optische Nachrichtentechnik; **t. infrastructure** Telekommunikationsinfrastruktur; **t. network** Fernmeldenetz; **t. satellite** Nachrichtensatellit
telecontrol Fernüberwachung
telecop|ier Fernkopierer; **t.ying** Fernkopieren
telefax (service) Telefax(-dienst)
chip-card telephone Wertkartentelefon; **t. network** Fernsprechnetz; **digital t. network** digitalisiertes Fernsprechnetz; **t. station** Fernsprechhauptanschluß
teleprinter communication Fernschreibkorrespondenz
teleprocessing Datenfernverarbeitung
teletex (service) Teletex(-dienst)
teletext Bildschirmtext (Btx); **broadcast t.** Videotext
tenancy Pacht; **form of t.** Form des Pachtverhältnisses
tenant's improvements Mieterleistungen
tendency Trend
tender Angebot, Submissionsofferte; **invitation to t.** Angebotsausschreibung; **to invite t.s** Arbeiten ausschreiben; **t. terms** Angebotsbedingungen
term Bedingung, Klausel, Laufzeit; **t. of office** Amtszeit
terminal *(EDV)* Endgerät; **main t.** Hauptanschluß; **t. computer** Verbundrechner; **t. equipment** *(EDV)* Endgeräte
termination *(Vertrag)* Kündigung
terms of trade *(Handel)* reales Austauschverhältnis, Austauschrelationen, Währungsrelation
terrain Terrain
testing of materials Werkstoffprüfung
Integrated Text and Data Network (IDN) Integriertes Text- und Datennetz (IDN)
textile industry Textilindustrie/-gewerbe, Bekleidungsgewerbe
third parties Dritte
thoroughfare Durchgangsstraße
threshold country Schwellenland
thrift(-iness) Ökonomie, Wirtschaftlichkeit
tied ortsteilgebunden; **t. to a specific purpose** zweck- und sachgebunden

timber processing *(Sägewerk)* Holzbearbeitung
time| **of availability** Zeitpunkt der Verfügbarkeit; **t. of travel (to and from work)** Wegezeit; **in the course of t.** im Zeitablauf; **idle t.** *(Maschine)* Stillstandszeit; **t. limit** Termin, Ausschlußfrist, Zeithorizont; **t. needed/required** Zeitbedarf; **t.scale** Zeitrahmen; **t. scheduling** Terminplanung
tinkerer Tüftler
tip Trinkgeld, *(Abfälle)* Deponie, Halde
title Verfügungsrecht; **t. deeds** *(Grundstück)* Kaufvertrag
tobacco processing Tabakverarbeitung
toll *(Straße, Brücke etc.)* Benutzungsgebühr; **t.-free** gebührenfrei
tool Werkzeug, Instrument, Mittel
top-down| **approach** *(Vorgehen)* regressives Verfahren; **t.-d. planning** rektrograde Planung
top| **position** Spitzenstellung; **t. seller** Marktführer
topic (of discussion) Gegenstand (der Diskussion), Beratungsinhalt
tourism Fremdenverkehr
tourist industry investment(s) Investitionen für den Fremdenverkehr, Fremdenverkehrsinvestitionen
town| **in the Ruhr area** Revier-/Ruhrgebietsstadt, Stadt im Ruhrgebiet; **autonomous t.** kreisfreie Stadt; **core t.** Kernstadt; **new t.** Satelliten-/Trabantenstadt; **twin t.** Partnerstadt; **t. centre** Stadtkern; **t. clerk** Oberstadtdirektor; **t. council** Stadt-/Gemeinderat, Stadtverordnetenversammlung; **t. councillor** Stadtverordnete(r); **t. map** Flächennutzungsplan; **t. management** *[US]* Stadtverwaltung; **t. planning** Stadtplanung; **law concerning t. planning** Planungsrecht; **relating to legal provisions concerning t. planning** planungsrechtlich; **t. and country planning** Bauleitplanung, Regionalplanung, landschaftsplanerische Gestaltung; **t. and country planning procedure** Bauleitplanverfahren; **t.scape** Stadtbildung; **t. treasurer** Stadtkämmerer
track *(Bahn)* Gleisanlagen
trade (→ *branch, economy, industry, sector*) Handel(-saustausch), Branche, Gewerbe, Handwerkszweig, Beruf, Geschäftswelt; **t. and industry** gewerbliche Wirtschaft; **t. and services sector** Handels- und Dienstleistungsbereich; **freedom of t.** Gewerbefreiheit; **well versed in a t.** branchenkundig; **apprenticeable t.** Ausbildungsberuf; **recognized apprenticeable t.** anerkannter Ausbildungsberuf; **domestic/national t.** Binnenhandel; **foreign t.** Außenhandel;

foreign/free t. zone Freihandelszone; **to follow a t.** beruflich tätig sein; **to generate t.** die Gewerbeaktivität anregen, Impulse für Handel und Gewerbe geben; **t. agreement** Handelsabkommen; **t. association** Industrie-/Wirtschafts-/Unternehmer-/Fachverband, Berufsgenossenschaft; **t. barrier** Handelshemmnis; **t. centre** Gewerbezentrum; **t. craft** Gewerbe, Handwerk; **t. credit** Waren-/Lieferantenkredit; **t. earnings tax** Gewerbeertragsteuer; **t. establishment** Handelsbetrieb; **t. exchange** Handelsaustausch; **t. experience** Branchenerfahrung; **t. fair** Ausstellung, Musterschau/-messe, Fachmesse; **t. investor** Anleger in Industriebeteiligungen; **t. laws** Gewerbeordnung; **t. name** Handelsname; **t. newsletter** Branchenbrief; **t. pattern** Handelsstruktur; **t. promotion** Gewerbe-/Handelsförderung; **t. recession** Geschäftsrückgang, Rückgang beim Handel; **t. refuse/waste** gewerblicher Abfall; **t. relations** Handelsbeziehungen; **t. tax** Gewerbesteuer; **t. union** Gewerkschaft, Arbeitnehmerorganisation; **to consult/involve the t. unions** den Betriebsrat beteiligen
tradesman Händler, Gewerbetreibender, Geschäftsmann
trading| **capital tax** Gewerbekapitalsteuer; **t. centre** Handelszentrum; **t. estate** Handels- und Gewerbehof, Industrie- und Gewerbegebiet; **t. licence** Gewerbeschein; **t. regulations** Gewerbeordnung; **T. Standards Department** Gewerbe-/Ordnungsamt; **t. structure** Gewerbestruktur; **foreign t. zone** Freihandelszone
traffic| **in ideas** Ideenaustausch; **t. in information** Informationsaustausch; **local t.** Binnenverkehr; **inner-city t. links** innerörtliche Verkehrsanbindungen; **t. area** Verkehrsfläche; **derelict t. area** Verkehrsbrache; **restricted t. area** verkehrsberuhigte Zone; **t. movement** Verkehrsfluß
trainee Auszubildender; **t. manager** *(Unternehmen)* Nachwuchskraft
trainer Ausbilder
training (→ *education*) (berufliche) Ausbildung, Schulung; **t. and retraining** Aus- und Weiterbildung; **contract of t.** Ausbildungsvertrag; **advanced t.** Fortbildung; **customized t.** maßgeschneiderte Ausbildung; **first-time/original t.** Erstausbildung; **off-the-job t.** außerbetriebliche Aus-/Weiterbildung; **skill development t.** gezielte Weiterbildung; **t. centre** Ausbildungsstätte; **t. costs** Schulungskosten; **t. delivery system** Berufsbildungssystem; **t. facilities** Ausbildungsstätten, Schulungseinrichtungen;

t. **institution** Ausbildungsstätte; t. **instructor** Ausbilder; t. **needs** Ausbildungsbedarf; t. **occupation** Berufsfeld; t.**-on-the-job** Berufsausbildung am Arbeitsplatz; t. **position** Ausbildungsplatz; t. **scheme** Schulungsmaßnahme/-programm; **two-tier (industrial) training system** duales Ausbildungssystem; t. **techniques** Ausbildungsverfahren
tram(-way) *[GB]* Straßenbahn
transfer Umsetzung; t. **and revenue system** Zuweisungs- und Steuersystematik; t. **of technology** Technologietransfer; t. **costs** Verlagerungskosten; t. **payment** *(soziale Sicherung)* Transfer-/Unterstützungszahlung; t. **tax** Grunderwerbssteuer
transformation Umwandlung
trans-global weltweit (tätig)
mass transit */US/* öffentlicher Personenverkehr; **public t.** öffentliches Verkehrswesen; t. **service** Schnellverkehrsverbindung
transmission| charge Übertragungsgebühr; t. **path** Übertragungsweg; t. **speed** Übertragungsgeschwindigkeit; t. **system** *(Strom etc.)* Leitungsnetz; t. **systems** Übertragungstechnik; t. **time** Übermittlungszeit
ban on transport Transportverbot; **means of t.** Verkehrs-/Transportmittel; **inland t.** Binnenverkehr; **integrated t.** Transportkette; **local t.** Nahverkehr(-sverbindungen); **public t.** öffentlicher Personenverkehr; **joint t. association** Verkehrsverbund; t. **chain** Transportkette; t. **charges** Transportkosten; t. **committee** Verkehrsausschuß; t. **connections** Verkehrsanbindung; **regional and national t. connections** überörtliche Verkehrsanbindungen; t. **concept** Verkehrskonzept; t. **costs** Transportkosten; **advantage with regard to t. costs** Transportkostenvorteile; **involving high t. costs** transportkostenintensiv; t. **facilities** Verkehrsanlagen/-einrichtungen; t. **industry** Verkehrsgewerbe/-wirtschaft; t. **infrastructure** Verkehrswegenetz, Transportinfrastruktur; t. **network** Verkehrs-/Transportnetz; **local t. network/system** Nahverkehrsnetz; t. **policy** Verkehrskonzept; t. **services** Verkehrsbetriebe; **public t. structure** öffentliches Verkehrsnetz; t. **subsidies** Verkehrsförderung
transportation Verkehrswesen; t. **advantage** Transportvorteil; t. **committee** *[US]* Verkehrsausschuß; t. **connections** Verkehrsverbindungen; t. **equipment** Transport-/Verkehrsmittel; t. **industry** Verkehrsgewerbe; t. **system** Verkehrssystem; t. **technology** Transporttechnik
trans(s)hipment *(Güter)* Umschlag; **large-scale t. facilities** Großumschlagsanlage; t. **station** Umschlagstelle
equal treatment Gleichbehandlung
trend Trend, Entwicklung; **t.s in the national economy** binnenwirtschaftliche Entwicklungen; **t.setting** richtungsweisend
triggering impulse auslösender Impuls
in triplicate in 3-facher Ausfertigung
trouble Schwierigkeit, Mühe, Arbeit
trunk road Fernstraße; **link between t. r.s** Fernstraßenverknüpfung; **t. r. connection** Fernstraßenverbindung; **t. r. network (maintained by the Federal Government)** (Bundes-)Fernstraßennetz
mutual trust Vertrauensverhältnis
trustee Konkursverwalter
tube *(coll.) [GB]* U-Bahn
turnkey schlüsselfertig
turnover (→ *sales*) Umsatz, Umschlag; **taxable t.** zu versteuernder Umsatz; **t. abroad** Auslandsumsatz; **t. rate** Fluktuationsquote; **t. ratio** Umsatzkennziffer/-rate; **t. statistics** Umsatzstatistik; **t. tax statistics** Umsatzsteuerstatistik
two-stage/-step zweistufig
two-tier zweigliedrig

U

umbrella programme Rahmenprogramm
unbureaucratic unbürokratisch
to uncouple abkoppeln
to uncover aufdecken; **u.ing** Freilegung
undercapacity Kapazitätsmangel; **u. production** *(Betrieb)* Unterbeschäftigung

underemploy|ed unterbeschäftigt; **u.ment** Unterbeschäftigung
underlying| factor Grundelement; **u. trend** Grundtendenz, Durchschnittsentwicklung
statutory undertaker/undertaking öffentlich-rechtliches Unternehmen

leading underwriter *(Bank)* Führungsgesellschaft, Konsortialführerin
underwriting syndicate Beteiligungsgemeinschaft, *(Banken)* Konsortium
undeveloped *(Land)* unerschlossen
unemployed (→ *jobless*) *(Adj.)* arbeitslos, erwerbslos, *(Subst.)* Arbeitslose(r), Erwerbslose(r); **to be u.** ohne Arbeit sein; **long-term u.** Dauerarbeitslose(r)
unemployment Arbeits-/Erwerbslosigkeit; **period of u.** Dauer der Erwerbslosigkeit, Arbeitslosigkeitsdauer; **u. among young people** Jugendarbeitslosigkeit; **chronic/hard-core u.** Dauerarbeitslosigkeit; **cyclical u.** zyklische Arbeitslosigkeit; **underlying level of long-term u.** Arbeitslosensockel; **to curb u.** die Arbeitslosigkeit abbauen; **u. aid/assistance** Arbeitslosenhilfe; **u. benefit** Arbeitslosengeld; **u. compensation** *[US]* Arbeitslosengeld/-versicherung; **u. compensation tax** *[US]* Arbeitslosenversicherungsbeitrag; **u. insurance** Arbeitslosenversicherung; **u. rate** Arbeitslosenquote
union (→ *association, federation*) Verband; **u. of local authorities in the Ruhr area** Kommunalverband Ruhrgebiet; **u. of services** Leistungsverbund; **u. negotiator** Betriebsvertrauensmann; **u. participation** *(Gewerkschaften)* Organisationsgrad
unit| of government Gebietskörperschaft; **u. of production** Produkteinheit; **structural u.** Bauelement; **u. costs** Stückkosten
the universities and polytechnics Hochschullandschaft
comprehensive university Gesamthochschule; **u. campus** Universitätsgelände; **u. facilities** universitäre Einrichtungen; **u. research institute** universitäre Forschungseinrichtung; **non-u. research institute** außeruniversitäre Forschungseinrichtung
unresponsive unempfänglich
unspecific *(Zuschuß, Subvention etc.)* nicht zweckgebunden
untapped ungenutzt, *(Markt)* unerschlossen
to update modernisieren, auf den neuesten Stand bringen; **to u. the product range** das Produktprogramm erneuern
updating Modernisierung
up-front costs Investitionskosten
upgrading Verbesserung, Aufwertung, Höherstufung; **u. one's skills** Höherqualifizierung
upkeep expenses Instandhaltungskosten
upstream *(Wirtschaftszweig)* vorgelagert
(economic) upswing/upturn *(Konjunktur)* Aufschwung
up-to-dateness *(Produkt)* Modernität

upward| mobility soziale Aufstiegsmöglichkeiten; **u. pressure** Druck nach oben
urban| area Stadtgebiet/-bereich; **u. boosterism** Stadtwerbung, massive Förderung der Stadtentwicklung; **u. centre** Stadtkern; **u. clearway** Stadtautobahn; **u. development** Stadtentwicklung, Städtebau; **u. development funds** Städtebaumittel; **u. development planning** Stadtentwicklungsplanung; **u. development policy** Städtebaupolitik; **u. district** Stadtbereich; **u. district council** Stadtrat, Stadtverordnetenversammlung; **u. expansion/growth** Stadtweiterung; **u. improvement** städtebauliche Verbesserung; **u. planning** Stadtplanung; **strategy for u. planning** städteplanerische Strategie; **from the point of view of u. planning** aus städteplanerischer Sicht; **u. and landscape planning** Stadt- und Landschaftsplanung; **u. renewal** Stadterneuerung/-sanierung; **u. renewal and restructuring of transportation** Städte- und Verkehrssanierung; **u. renewal and town development** Städtebauförderung; **U. Renewal and Town Development Act** Städtebauförderungsgesetz; **u. service** städtische Dienstleistung; **growing density of u. settlements** Verdichtung der städtischen Siedlung; **u. sprawl** Siedlungsbrei, Zersiedlung
urbaniz|ation Verstädterung, Urbanisierung; **u.ed** verstädtert
urgency Nachdruck
use (→ *application, employment*) Gebrauch, Anwendung, Nutzen, Inanspruchnahme, Verwendungszweck; **commercial/industrial u.** *(Land)* gewerbliche/industrielle Nutzung, Gewerbezweck; **possible u.** Nutzungsmöglichkeit; **residential u.** Nutzung für Wohnzwecke; **to make u. of a chance/an opportunity** eine Chance/Gelegenheit nutzen; **to make full u. of** voll ausschöpfen
to use einer Nutzung zuführen; **u.fulness** Nutzen, Nützlichkeit
user| fee Abruf-/Benutzergebühr; **closed u. group** geschlossene Benutzergruppe; **u. instructions** *(EDV)* Benutzerführung; **u. mix** Benutzerstruktur; **u. programme** *(EDV)* Anwendungsprogramm; **u. terminal** *(Btx)* Benutzerterminal, Bildschirmtextteilnehmer
using large shares of capital kapitalintensiv
(public) utility Energieversorgungsunternehmen (EVU); **public utilities** Stadtwerke, öffentliche Versorgungsbetriebe; **u. on site** Versorgungsanschluß
utilization Verwendung, Einsatz, Inanspruchnahme; **u. of industrial waste lands** Nutzbarmachung brachliegender Industrieflächen; **degree/rate of u.** Auslastung(-sgrad)

V

vacancy (freier) Arbeits-/Ausbildungsplatz, freie Stelle; **(unfilled) vacancies** offene Stellen, Stellenangebot; **unfilled v. figures** Zahl der offenen Stellen
vacant leer(-stehend)
to vacate räumen, leer-/freiziehen
vacation of land Freiziehen von Land
to be valid in Kraft/gültig sein
period of validity *(Vertrag)* Laufzeit
value added Mehrwert, Wertschöpfung; **high-v.-a. product** Produkt mit hoher Wertschöpfung; **v. a. tax** Mehrwertsteuer; **to register for v. a. tax** sich zur Mehrwertsteuer voranmelden
varied *(Wohnviertel)* aufgelockert
vehicle| maintenance Fahrzeugwartung; **track v. manufacture** Schienenfahrzeugbau
venture| into independence Schritt in die Selbständigkeit; **to embark on a new v.** ein neues Unternehmen starten/gründen, etwas Neues anfangen
venture capital Wagnis-/Risikokapital; **v. c. company** Risikokapital-/Wagnisfinanzierungs-/Beteiligungsgesellschaft, Venture-Capital-Gesellschaft; **v. c. financing** Wagnis(kapital)finanzierung, Finanzierung mit Risikokapital; **v. c. financing scheme** Wagnisfinanzierungsform; **v. c. fund** Risiko-/Chancenkapitalfonds; **v. c. investment** Risikoinvestition; **v. c. involvement** Risikokapitalengagement; **v. c.ist** Risikokapitalgeber

joint venture finance Finanzierung von Gemeinschaftsunternehmen; **v. opportunity** Möglichkeit der Risikokapitalbeteiligung
version Ausführung
viability Lebens-/Tragfähigkeit
viable tragfähig
video| conferencing Videokonferenz; **v.disk** Bildplatte; **v. display terminal** Datensichtgerät; **v.telephony** Bildfernsprechen; **interactive v.tex** Bildschirmtext; **v.tex page** *(Btx)* Mitteilungsseite; **v.tex subscriber** Bildschirmtextteilnehmer; **broadcast v.text** Teletext, Videotext
distorted view Zerrbild; **long v.** Langzeitperspektive
violation Zuwiderhandlung
vista *(fig.)* Nutzungsmöglichkeit
vocational beruflich; **v. guidance** Berufsberatung; **v. school** Berufs(fach)schule; **system of v. schools** berufsbildendes Schulwesen; **advanced level v. school** Berufsaufbauschule; **first level v. school** Berufsgrundschule; **v. training** berufliche Bildung, Berufsausbildung; **advance v. training** berufliche Fortbildung
volume Umfang; **v. of building** Bauvolumen; **v. of investments** Investitionsvolumen; **v. of traffic** Verkehrsaufkommen; **v. of transport** Transportaufkommen/-menge; **adaptation in terms of v.** Mengenanpassung
vote Stimme, Abstimmung; **to v.** abstimmen

W

wage|s and salaries Löhne und Gehälter, Lohn- und Gehaltssumme; **total w.s and salaries** Bruttolohn- und Gehaltssumme; **w. and salary scale** Tarifstruktur; **standard w.** Tariflohn; **w. differential** Lohnvorsprung/-gefälle; **w.-intensive** lohn(kosten)intensiv; **agreed w. rate** Tariflohn; **w. tax** Lohnsteuer
waiting time *(EDV)* Wartezeit
walkway Fuß-/Gehweg
warehouse Lagergebäude/-halle, Warenlager
warranty *(→ guarantee)* Bürgschaft, Garantie, Gewährleistung; **w. deed** Grundstücksübertragungsurkunde

waste *(→ garbage, refuse)* Müll, Abfall, Abraum, *(Produktion)* Ausschuß, Verlust; **duty to dispose of w.** Beseitigungspflicht; **utilization of w.** Abfallverwertung; **industrial w.** gewerblicher Müll; **pollutive w.** Sondermüll/-abfälle; **radioactive w.** radioaktiver Abfall; **to deposit w.** Abfälle (ab)lagern/deponieren; **to leave w.** Abfälle ablagern; **to treat w.** Abfälle behandeln; **w. collection** Müllabfuhr; **solid w. collection** Sammlung von festen Abfallstoffen; **w. disposal** Abfallbeseitigung, Entsorgung; **costs of w. disposal** Entsorgungspreis, Kosten der Müllabfuhr; **W. Disposal Act** Abfallbeseitigungsgesetz; **w. disposal area** Entsorgungsfläche; **w. disposal facilities** Entsorgungsanlagen; **area for w. disposal facilities** Deponiefläche; **w. disposal plant** Abfallbeseitigungsanlage; **w. disposal site** Entsorgungspark; **w. heat** Abwärme; **use of w. heat** Abwärmenutzung; **w. incineration plant** Müllverbrennungsanlage; **w. land** Brachfläche; **w. management** Entsorgung, Abfallbeseitigung/-wirtschaft; **w. material** Abfallmaterial; **w. materials exchange** Abfallbörse; **w. product** Abfallprodukt

water| for industrial use Brauchwasser; **cooling w.** Kühlwasser; **drinking w.** Trinkwasser; **fresh w.** Frischwasser; **process w.** Brauchwasser; **recreational w.** Wasserfläche für Sport und Erholung; **waste w.** Abwasser; **waste w. disposal** Abwasserbeseitigung; **waste w. treatment technology** Abwassertechnik; **w. authority** Wasseramt/-wirtschaftsverband; **w. front facilities** Kaianlagen; **protected w. grounds** Wasserschutzgebiet; **maintenance of w. quality** Gewässerreinigung; **w. recreation** Wassersport; **w. supply** Wasserversorgung

waterway|s (network) Wasserstraßen(-netz); **inland w.** Binnenwasserstraße; **inland w.s system** Binnenwasserstraßennetz; **navigable w.** Schiffahrtsweg; **w.s board** Wasser- und Schiffahrtsamt

weighing up of different interests Interessenabwägung

weight-bearing capacity Tragfähigkeit

(social) welfare tribunal Sozialgericht

well-proven bewährt

wharf location Kaianlage

a unified whole *(fig.)* aus einem Guß

wholesale| market Großmarkt; **w. outlet** Großhandlung; **w. trade** Großhandel; **w. trade centre** Großhandelszentrum; **w.r** Großhändler

winding-up *(Unternehmen)* Auflösung

window on technology Technologiefenster, Schaufenster der Technologie

wiring Verkabelung

withdrawal Rückzug, Entzug; **w. from the contract** Rücktritt vom Vertrag

woodworking Holzbearbeitung

work *(→ employment, job, labour)* Arbeit; **w. on piece rates** Akkordarbeit; **w.-to-rule** Arbeit/Dienst nach Vorschrift; **flow of w.** Arbeitsablauf; **place of w.** Arbeitsplatz; **manual w.** ungelernte Arbeit; **to do manual w.** ungelernte Arbeit ausüben; **own w.** Eigenleistung; **prelimi-** nary **w.** Vorleistung; **scheduled w.** Terminarbeit; **underground w.** Arbeit unter Tage; **to be out of w.** erwerbslos/ ohne Arbeit sein; **to start w. ins** Erwerbsleben eintreten; **w. organization** Arbeitsorganisation; **w. stoppage** Arbeitsunterbrechung/ -niederlegung; **to w. free-lance** freiberuflich arbeiten; **to w. out** sich rechnen

worker (Mit-)Arbeiter; **w. in industry** Industriearbeiter; **semi-skilled w.(s)** angelernte(r) Arbeiter/Arbeitskräfte; **skilled w.** gelernter Arbeiter, Facharbeiter; **skilled w. shortage** Facharbeitermangel; **unskilled w.(s)** ungelernte(r) Arbeiter/Arbeitskräfte, Hilfsarbeiter; **to be a manual w.** ungelernte Arbeit ausüben; **w. director** Arbeitsdirektor; **w.s' housing estate** Arbeitersiedlung

workfare programme Arbeitsbeschaffungsmaßnahme

workforce *(→ personnel, staff)* Arbeitskräfte(-potential), *(Pl.)* Mitarbeiter, Belegschaft, Personal; **female w. participation** Anteil der weiblichen Beschäftigten an der Gesamtbeschäftigtenzahl

working| age erwerbsfähiges Alter; **to come of w. age** das erwerbsfähige Alter erreichen; **w. age population** arbeitsfähige Bevölkerung; **w. experience** Berufserfahrung; **w. hours** Arbeitszeit; **w. life** Erwerbsleben; **w. people** Arbeiterschaft; **w. population** arbeitende/berufstätige/erwerbstätige Bevölkerung, Erwerbsbevölkerung; **w. world** Arbeitswelt

workman Arbeiter; **w.'s compensation insurance** Betriebsunfallversicherung

workpiece integration Werkstückintegration

workplace Arbeitsstätte/-platz; **w. layout** Arbeitsplatzgestaltung

works *(→ factory, plant)* Fabrik, Werk, Anlagen; **w. to prepare land** Landerschließung; **large-scale w.** Großbetriebe; **w. council/committee** Betriebsrat; **opinion of the w. council** Stellungnahme des Betriebsrates; **participation of the w. council** Mirtwirkung des Betriebsrates

workshop unit Werkstatt, Fabrikeinheit

world trade centre Welthandelszentrum

worth following up entwicklungsfähig

write-down *(→ amortization, depreciation)* Abschreibung; **to write down assets** Anlagen abschreiben

writing-down| allowances laufende Abschreibungen; **w.-d. period** Abschreibungszeitraum

Y

yard Lagerplatz; **y.stick** Richtschnur
year under review Berichts-/Untersuchungsjahr

youth| employment protection Jugendarbeitsschutz; **y. unemployment** Jugendarbeitslosigkeit; **fight against y. unemployment** Bekämpfung der Jugendarbeitslosigkeit

Z

zone Abschnitt, Gebiet
to zone Gelände ausweisen
zoning Gebietsausweisung, Flächenzuschnitt, Aufstellung eines Flächennutzungsplans, Planfeststellungsverfahren; **bulk z.** Baubeschränkungen; **z. approval** Planfeststellungsbeschluß; **z. balance factor** Raumausgleichsfunktion; **z. ordinance** *[US]* Flächennutzungsplan; **z. plan** *[US]* Flächennutzungs-/Gebietsentwicklungsplan; **z. restrictions** Baubeschränkungen

TEIL 2
Deutsch–Englisch

A

Abbau *(Verringerung)* reduction, cutback, *(Förderung) (über Tage)* open-cast mining, quarrying, *(unter Tage)* mining, *(Gebäude)* dismantling
abbauen to reduce, *(Kohle, Erz)* to mine
Abbruch *(Gebäude)* demolition, pulling down, *(Anlage)* dismantlement, *(Verhandlungen)* break-off
Abfall (→ *Müll*) waste, *[US]* garbage, *[GB]* refuse; **gewerblicher A.** trade refuse/waste; **radioaktiver A.** radioactive waste, fallout; **Abfälle ablagern** to deposit/leave waste; **Abfälle behandeln** to treat waste; **Abfälle deponieren/lagern** to deposit waste; **Abfälle verwerten** to recycle refuse; **A.beseitigung** *[GB]* refuse disposal, *[US]* garbage disposal, waste disposal (management); **A.beseitigungsanlage** waste disposal plant; **A.beseitigungsgesetz** Waste Disposal Act; **A.börse** waste materials exchange; **A.halde** mound, heap; **A.material** waste material; **A.produkt** waste product, *(Nebenprodukt)* by/spin-off product; **A.verwertung** recycling, utilisation of waste; **A.wirtschaft** waste management
abfedern to cushion
Abflachung dropping/levelling off
Abgabe (→ *Erhebung*) *(Gebühr)* fee, *(Steuer)* tax, duty, quasi-tax revenue, *(Kommunalsteuer) [GB]* rate, *(Umlage)* levy, contribution, charge, *(Verkauf)* sale; **A. einer Erklärung** issue of a statement; **A. einer Offerte** bidding, submitting an offer, (making an) offer; **frei von A.n** tax/duty-free; **gesetzliche A.n** statutory levies; **kommunale A.n** local/municipal rates; **öffentliche A.n** public charges, rates and taxes; **eine A. erheben** to impose a duty; **A.nbefreiung** immunity/exemption from taxes/dues; **a.nfrei** tax-exempt/free; **A.nordnung** tax system/code, *[US]* Internal Revenue Code; **A.npflicht** tax liability, rateability
Abgas exhaust (gas); **A.gasprüfung** exhaust emission test/inspection
Abgeordnete(r) (elected) representative, member of parliament
Abholzung felling of trees
Abkommen über technologische Zusammenarbeit technology pact
abkoppeln to uncouple, to go one's own way
Abkopplung vom Markt sheltering, market disengagement

Ablösung *(einmalige Bezahlung)* lump sum (payment), *(von Geldschuld)* redemption, *(Entlastung)* relief
abmildern to cushion
Abnahme decline, decrease, drop, *(Bau, Fahrzeug etc.)* inspection; **A.bescheinigung** *(Bau)* certificate of occupancy
Abnehmer buyer, purchaser, customer, consumer
Abordnung delegation, *(Personal)* secondment
Abraum waste, *(Bergbau)* overburden, overlay shelf; **A.halde** slagheap
abräumen to clear (up, away)
Abrufgebühr user fee
Absatz sales, distribution; **A.bedingungen** market/sales conditions; **A.bereich** market (segment); **A.beziehungen** distribution pattern; **A.chancen** sales prospects; **steigende A.entwicklung** increase in sales; **A.erwartungen** sales prospects; **A.forschung** marketing research; **A.gebiet** market, sales area; **A.hilfe** marketing aid, sales promotion grant; **A.möglichkeit** outlet; **A.perspektive** sales prospects; **A.weg** channel of distribution
vor dem Abschluß stehen to be nearing completion
Abschnitt sector, zone, section
Abschottungstendenz sealing-off tendency
Abschreibung depreciation, write-down, amortization; **A. auf Betriebsanlagen** depreciation of industrial equipment; **A. auf die Betriebs- und Geschäftsausstattung** depreciation on office furniture and equipment; **A. auf Fabrikgebäude** mills and factory allowance; **A.en auf Grundstücke** real-estate depreciation, depreciation of premises; **A.en auf Sachanlagen** depreciation on tangible assets; **A. auf Anlagegüter** annual allowance; **A.en für Gebäude** depreciation of buildings; **A.en für Investitionen** investment allowance; **A. für Wertminderung** allowance for wear and tear; **steuerlich anerkannte A.** tax depreciation/write-offs; **degressive A.** declining-balance depreciation; **erhöhte A.** accelerated allowance; **kalkulatorische A.** calculated depreciation, imputed depreciation allowance; **laufende A.en** writing-down allowances; **lineare A.** straight-line depreciation; **progressive A.** sinking-fund method of depreciation; **(steuerliche) A.en vornehmen** to depreciate, to write off/down; **A.sbedingungen** depreciation terms/conditions; **A.s-**

Abschreibung

bedingungen verbessern to improve depreciation allowances; **A.sbetrag** depreciation allowance; **jährlicher A.sbetrag** annual allowance/rate of depreciation; **A.serleichterungen** (accelerated) depreciation facilities; **a.sfähig** depreciable; **A.skosten** depreciation charges; **A.smöglichkeit** depreciation allowance; **ungeminderte A.smöglichkeit** unrestricted depreciation; **steuerliche A.spolitik** depreciation tax policy; **A.sverfahren** depreciation procedure; **A.svergünstigung** depreciation allowance; **A.svorteile** depreciation benefits; **A.szeitraum** depreciation/writing-down period
absolut (betrachtet) in absolute terms
absoluter Höchststand all-time high
Abstands|erlaß spacing ordinance; **A.fläche** open space; **A.klasse** spacing category; **A.liste** spacing register
abstellen (auf) to tailor, to gear to
Abstell|fläche *(Parken)* parking (area), car park; **A.platz** parking lot
abstimmen to vote, to tailor, *(harmonisieren)* to coordinate; **aufeinander a.** to harmonise
Abstimmung vote, reconciliation, harmonisation, coordination; **A. der Politik** coordination of policies/political measures; **A.sverhältnis** proportion of votes
Abteilung department, section, division
Abtragung *(Boden)* excavation
Abtretung *(Forderung)* cession, assignment
Abwanderung out-migration, migration from an area, shifting; **A.srate** rate of out-migration
Abwärme waste heat; **A.nutzung** use of waste heat
Abwasser waste water, (foul) sewage; **A.abgabe** sewage levy; **A.anlagen** sewage/sewerage system; **A.beseitigung/-entsorgung** waste water/sewage disposal; **A.kanal** foul sewer/sewerage; **A.reinigung** sewage cleansing; **A.reinigungsanlage** sewage works; **A.technik** waste water treatment technology
Abwertung devaluation
Abzugseffekt out-migration/relocation effect
Ackerland arable land
Agentur agency
Agglomeration agglomeration; **A.svorteile** agglomeration economies
Akkordarbeit piece-work, work on piece rates
Akquisition| von außen outside canvassing; **A. von Unternehmen** canvassing of companies; **A.stext** sales text
Aktien ausgeben to issue shares
Aktien|gesellschaft joint stock company, *[GB]* public limited company, *[US]* stock corporation; **A.kapital** share capital

Aktions|programm action programme, plan/programme for action; **A.schwerpunkt** main emphasis (of action); **A.spielraum** scope (of action)
Aktiva assets
Aktivierung von brachliegendem Land reclamation of derelict land
Aktivität activity; **Struktur der A.en** activity mix
Aktivposten asset
Akzent emphasis, stress
Alleinunternehmer sole trader/proprietor
Altanlage existing plant
Altersaufbau/-struktur age structure
industrielle Altlast contaminated (industrial) land, cost of rehabilitating contaminated soil, water etc.
Altmetall scrap metal
Amortisation amortization; **A.szeit** amortization period
Amt agency, board, department, office; **A. für Liegenschaften** real estate department; **A. für Stadtentwicklung** department/board for urban development; **A. für Wirtschaftsförderung** department/board for trade promotion, office for the promotion of industry, board of economic development, board for industrial development
amtlich official, *(sicher)* certain; **a.e Mitteilung** official announcement, *(Erklärung)* official statement
Amtsgericht *[GB]* county court, *[US]* district court
Amtszeit term of office
Analyse analysis; **A. der Kostenvorteile** cost-benefit analysis
privater Anbieter private-sector supplier
Anbindung *(Verkehr)* link
Anfangs|finanzierung front-end finance **A.investition** initial/start-up investments; **A.jahre** initial/opening/start-up years; **A.kapital** initial/seed/start-up capital; **A.phase** start-up period
anfordern to request, to ask for
betriebliche Anforderungen operational requirements, requirements of a business; **wirtschaftspolitische A.** economic requirements; **den A. gerecht werden** to meet the requirements, to be up to standard
Anfrage inquiry
anführen *(fig.)* to spearhead
Angebot offer, bid, tender, *(Markt)* supply; **A.sabgabe** bidding, submitting an offer; **A.sausschreibung** invitation to tender; **A.sbedin-**

gungen supply-side conditions, tender terms; **A.sfeld** range of offers; **a.sorientierte Politik** supply-side economics; **A.spaket** bid package; **A.sseite** supply side; **A.süberhang** supply surplus
angestellt employed, on the payroll
Angestellte(r) employee; **höhere(r) A.** executive, white-collar employee; **leitende(r) A.** senior executive, managerial employee
angleichen to harmonise, to bring into line
Angleichung adjustment, harmonisation, equalisation
konkreter **Anhaltspunkt** clear indicator/pointer
Anhang *(Buch)* appendix, *(Gefolgschaft)* following
Anhäufung agglomeration, concentration
Ankauf purchase, purchasing
Ankurbelung der Konjunktur pump-priming
Anlage *(Betrieb)* plant, factory, works, *(Geld)* investment, *(Anordnung)* plan, arrangement, disposition, layout, *(Beilage)* enclosure, appendix, annex; **A.n** *(Bauten)* works, *(Einrichtungen)* facilities, installations, *(Bilanz)* assets; **A.n im Ausland** foreign investment; **ertragreiche A.n** profitable investment(s); **feste A.n** fixed assets; **genehmigungsbedürftige A.n** installations subject to approval; **großtechnische A.** industrial/commercial plant; **maschinelle A.n** machinery, equipment; **veraltete A.n** aging facilities; **A.n abschreiben** to write down assets; **A.berater** investment adviser, portfolio manager; **A.güter** assets, capital goods/equipment; **A.investition** capital investment, investment in plant and equipment, capital/equipment outlays; **A.kapital** investment capital/funds, invested capital, capital assets; **A.konto** fixed-asset account; **A.nbau** engineering and construction, plant construction; **A.rechnung** asset accounting; **A.strategie** investment strategy; **A.wertminderung** capital depreciation
Anlauf|jahre initial/start-up years; **A.kosten** startup/launching costs; **zentrale A.stelle** (central) coordinating body; **A.zeit** start-up period
Anleger investor; **A. in Industriebeteiligungen** trade investor
Anlegestation/-stelle für Container- und Lastschiffe container and freighter terminal
Anleihen begeben/emittieren to issue/float bonds, to issue debt
Anleihefinanzierung loan finance
Anlieferung delivery
gemeinsames Anliegen common concern
Anliegerbeitrag front-foot charge

Anmelder applicant
Anmeldung application, registration
Anmietungsmöglichkeit hire/leasing/renting facilities
Annäherung approach, *(von Standpunkten)* convergence
Annuität annuity
Anordnung arrangement, layout, formation
anpachten to rent
Anpassung adjustment, adaptation; **strukturelle A.** structural adjustment/adaptation; **A.sbedarf** need to adjust; **A.sbeihilfe** adaptation grant; **A.sbereitschaft** willingness to adjust/adapt; **A.sdruck** pressure to adjust/adapt; **A.serfordernis** adaptation requirement; **A.sfähigkeit** adaptability, flexibility; **A.sflexibilität** flexibility to adjust; **A.sstrategie** adjustment strategy; **A.sverhalten** adaptibility
Anrainer neighbour, (local) resident
Anreiz incentive; **finanzielle A.e** financial incentives; **negativer A.** disincentive; **steuerliche A.e** tax/fiscal incentives; **steuerliche A.e für Investitionen** investment tax incentives; **A.e schaffen** to provide/create incentives; **A.system** incentives, incentive scheme/programme
ansässig local, resident, based, domiciled; **am Ort a.** local, resident, domiciled
Ansatz approach, *(Haushalt)* appropriation
Anschaffungskosten purchase cost, cost of purchase
Anschließungsbedingungen *(EDV)* interface conditions
Anschluß *(Versorgungsleitungen)* service connection, connection to the mains, *[US]* hook-up; **den A. versäumen** to fail to keep abreast of developments; **A.beitrag** connection charges contribution; **A.bergwerk** connecting mine; **A.kosten** connection charges; **A.stelle** *(Straße)* junction
(sich) ansiedeln to locate, to set up
Ansiedlung location, establishment, set-up; **A. von Gewerbebetrieben/Unternehmen** location of commercial facilities; **ländliche A.** rural settlement; **ungesteuerte A.** settlement fragmentation; **A.serfolg** successful location; **A.sfall** newly established company; **A.sfläche** site for industrial development; **A.sform** form/type of settlement; **A.sgelände** site, land available for the location of industry; **A.sinteressent** prospect, prospective; **a.sinteressiert** considering an establishment; **A.skonzept** policy of industrial location; **A.smarkt** market for companies seeking new locations; **mobiles A.spotential** relocation potential/prospects;

A.sstrategie industrial settlement policy; **A.svolumen** number of newly established companies; **A.svorhaben** (re-)location project; **a.swillig** intending an establishment
Anspar|programm saving scheme; **A.zuschuß** saving scheme bonus
anspornen to give/offer incentives, to spur
Ansprache *(Leser etc.)* approach
Ansprechpartner contact
Anspruch claim, entitlement; **a.sberechtigt** eligible; **A.sberechtigung** eligibility
Anstalt des öffentlichen Rechts public agency/body/entity
Anstellung employment; **A.sbedingungen** terms of employment
Anstrengung effort; **gemeinsame A.** joint/collaborative effort; **zusätzliche A.** incremental effort; **A.en unternehmen** to make efforts; **seine A.en verstärken** to step up one's efforts
anteilig proportional, prorated, pro-rata
anteilmäßig proportional
Anteilsfinanzierung proportional financing
Anti-Inflationspolitik anti-inflation policy
Antrag application, request, *(Parlament)* motion, *(Vorschlag)* proposal; **Eingang des A.es** receipt of the application; **schriftlicher A.** application in writing; **einen A. ablehnen** to reject an application, to dismiss a claim, *(Parlament)* to defeat a motion; **einen A. bearbeiten** to proceed with an application; **einen A. bewilligen** to grant an application; **einen A. stellen** to make an application (for sth.), to file a claim (for sth.); **a.sberechtigt** eligible (to apply), entitled to apply; **A.sberechtigter** eligible party/person, party/person eligible to apply; **A.sformular** application form, *(Versicherung)* proposal form; **A.sfrist** period of application; **A.steller** applicant, claimant, proposer, *(bei Gericht)* petitioner; **A.sverfahren** application procedure; **A.svordruck** application form; **A.swege** application channels
Anwender|beratung end-user consulting; **A.programm** *(EDV)* user/application programme
Anwendung application, use, employment; **kommerzielle A.** commercial application/use; **A.sberatung** advice on (potential) areas of application; **A.sbereich** field of application; **a.sorientiert** application-oriented
gezielte Anzeige direct/selective advertisement
anzeigen to announce, to publish, to notify
Anzeigen|motiv advertising motive; **A.serie** advertising campaign, serial advertisement

Arbeit work, labour, *(Beschäftigung)* employment, job, occupation, *(Tätigkeit)* activity, *(Dienst)* service, *(Leistung)* performance, *(Aufgabe)* task, assignment, *(Mühe)* effort, trouble; **A. nach Vorschrift** work-to-rule; **A. unter Tage** underground work; **ungelernte A.** manual work; **ungelernte A. ausüben** to do manual work, to be a manual worker; **A.en ausschreiben** to invite tenders; **ohne A. sein** to be unemployed/jobless/without employment/out of work
freiberuflich arbeiten to work free-lance
Arbeiter(in) worker, employee, labourer, workman; **angelernter A.** semi-skilled worker; **gelernter A.** skilled worker; **ungelernter A.** unskilled worker; **A.haushalt** blue-collar household; **A.schaft** workers, working people; **A.siedlung** workers' housing estate; **geleistete A.stunden** manhours, hours worked
Arbeitgeber employer; **A.anteil** *(Sozialversicherung)* [GB] employer's national insurance contribution; **A.nummer** employer identification number; **A.verband** employers' federation/association
Arbeitnehmer(in) employee; **A. im öffentlichen Dienst** public sector/government employees; **Beziehungen zwischen A.n und Arbeitgebern** industrial relations, labour-management relations; **sozialversicherungspflichtig beschäftigter A.** employee liable to make social security contributions; **A.anteil** *(Sozialversicherung)* [GB] personal contribution to national insurance; **A.organisation** trade union, organization of workers, employee organization; **Klima in der A.schaft** labour climate; **A.vergütung** employee compensation package; **A.-Arbeitgeberverhältnis** industrial relations
Arbeitsablauf flow of work, sequence of operations
Arbeitsamt labour/employment exchange, employment office, job centre; **A.maßnahme** labour office (re-)training scheme; **A.sbezirk** labour exchange district
Arbeitsangebot manpower/labour supply, available jobs
fehlender Arbeitsanreiz disincentive to work
Arbeitsanteil labour content
Arbeitsbeschaffungs|maßnahme job creation scheme, workfare programme, job creating initiative; **A.programm** job creation programme
Arbeitsdirektor labour relations director, worker director

arbeitsfähige Bevölkerung working-age population
Arbeitsgemeinschaft joint venture
Arbeitsgericht labour court, industrial tribunal
Arbeitsklima labour climate
Arbeitskräfte workforce; **Freisetzung von A.n** displacement of workers; **angelernte A.** semi-skilled labour/workers; **ortsansässige A.** indigenous labour; **ungelernte A.** unskilled labour/workers; **Unterstützung bei der Deckung des A.bedarfs** human resource assistance; **A.einsatz** employment of labour, manpower/human resources planning; **Planung des A.einsatzes** employment planning; **A.potential** manpower/labour supply, human resources, labour pool, supply of labour, workforce, labour force; **A.reserve** manpower reserve, labour pool; **A.überschuß** excess labour supply
arbeitslos unemployed, jobless, redundant, inactive
Arbeitslose(r) unemployed, jobless
Arbeitslosen|geld (earnings-related) unemployment benefit, [US] unemployment compensation; **A.hilfe** unemployment aid/assistance; **A.quote** unemployment/jobless rate; **A.sockel** underlying level of (long-term) unemployment; **A.versicherung** unemployment insurance, [GB] National Insurance, [US] social insurance; **A.versicherungsbeitrag** [GB] national insurance contribution, [US] unemployment compensation tax
Arbeitslosigkeit unemployment; **Abbau von A.** reduction of unemployment; **zyklische A.** cyclical unemployment; **die A. abbauen** to reduce/curb unemployment; **A.sdauer** period of unemployment
Arbeitsmarkt labour/job/employment market; **Neuling auf dem A.** new entrant into the employment market; **A.entwicklung** employment/labour market trend; **a.politische Bedeutung** relevance for the job/employment market; **a.politische Effekte** effects on the labour/job market; **a.politische Maßnahme** measure affecting the labour market; **A.problem** employment/labour market problem; **A.prognose** labour market forecast, occupational forecasting; **A.programm** employment programme; **A.region** regional labour market; **A.situation** labour market situation; **A.statistik** employment figures/statistics; **A.zahlen** employment figures/statistics/data
Arbeitsminister Secretary of State for Employment, [GB] Employment Secretary, [US] Labor Secretary
Arbeitsministerium [GB] Department of Employment, [US] Department of Labor
Arbeitsniederlegung work stoppage
Arbeitsorganisation work organization, organization of the work
Arbeitsphysiologie labour/industrial physiology
Arbeitsplatz job, place of work; **A. in der Industrie** manufacturing job; **Auswahl an Arbeitsplätzen** choice of jobs; **Entwicklung von Arbeitsplätzen** job development; **Mangel an Arbeitsplätzen** job shortage, lack of jobs; **Schaffung von Arbeitsplätzen** job creation, employment generation; **Zuwachs an Arbeitsplätzen** employment gain/advance, gain in jobs; **freier A.** vacancy; **gewerblicher A.** job in industry; **krisensicherer A.** safe job; **stabiler neuer A.** sound new job; **zusätzliche Arbeitsplätze** additional job opportunities; **Arbeitsplätze abbauen** to shed/cut jobs; **die Zahl der Arbeitsplätze reduzieren** to cut back on jobs; **Arbeitsplätze (neu) schaffen** to create/provide (new) jobs, to generate employment; **Arbeitsplätze sichern** to safeguard jobs; **Arbeitsplätze vernichten** to destroy jobs; **A.abbau** shedding of jobs; **A.bedingungen** conditions at the place of work; **A.beschaffung** creation of jobs, employment generation; **a.bezogen** job-related; **A.bindung** job tie; **A.defizit** job shortage, lack of jobs; **A.erhaltung** job protection, preservation of jobs; **A.gefährdung** threat to jobs; **A.gegebenheiten** conditions at the place of work, conditions relating to a job; **A.gestaltung** job engineering, workplace layout; **A.risiko** job risk, occupational hazard; **A.sicherheit** employment/job security; **A.sicherung** job protection, safeguarding of jobs; **A.verlust(e)** loss of a job/jobs, job decline; **A.zuwachs** job growth, gain in jobs
Arbeitspreis (Strom) customer price
Arbeitsproduktivität labour productivity, productivity of labour
Arbeitsrecht labour laws
Arbeitsschutz job protection, industrial health and safety; **A.gesetzgebung** protective labour legislation; **A.recht** law concerning job protection/industrial health and safety
Arbeitsstätte workplace, place of work; **A.nverordnung** ordinance relating to conditions at the place of work
Arbeitssuchende(r) person seeking/looking for employment
Arbeitsteilung division of labour, job sharing
Arbeitsunterbrechung work stoppage

Arbeitsverfahren operational procedure
befristeter Arbeitsvertrag temporary employment contract
Arbeitsverwaltung labour administration
Arbeitswahlmöglichkeit choice of jobs
Arbeitswelt working world
Arbeitswert value of labour
Arbeitszeit working hours; **A.verkürzung** reduction of working hours/the working week
Aufbauberatung start-up counselling
Aufbereitung *(Abfall)* recycling
im Aufbruch sein to set out for new targets
Aufbruchstimmung spirit of new departures
aufdecken to reveal, to uncover, to expose
Auferlegung imposition
Aufforstung reafforestation, retimbering; **A.sfläche** reafforestation/retimbering area
Auffüllung landfill
Aufgabe task, job, assignment; **A.ngliederungsplan** structured plan of objectives; **A.nkatalog** catalogue/list of objectives; **A.nstellung** job definition, assignment of duties, formulation of the type of problem; **A.nzuschnitt** task, assignment; **A.nzuweisung** assignment of duties
aufgeben *(Anlagen)* to become disused
aufgelockert *(Wohnviertel)* varied, *(Bebauung)* low-density
Aufgeschlossenheit open-mindedness, receptiveness
Aufkauf acquisition, buying-up, buyout
Aufklärungs|arbeit information work; **A.-kampagne** information campaign
Auflage *(Bedingung)* condition, *(Pflicht)* duty, *(Stütze)* support, rest, *(Verlag)* number of copies; **mit hohen A.n verbunden** *(coll.)* with many strings attached; **A.nhöhe** number of copies
Auflassungsvormerkung entry of conveyance, priority notice of conveyance
Auflockerung deconcentration
Auflösung dissolution, *(Streichung)* cancellation, *(Unternehmen)* winding up, liquidation
Aufmachung layout, mode of presentation
Aufnahmefähigkeit receptiveness
Aufschwung (economic) recovery/upswing/upturn
Aufsichtsbehörde regulatory authority
aufspüren to seek out
Aufstellungsverfahren *(Bebauungsplan)* planning procedure
Aufstieg advancement, career
Aufstockung add-on
Auftrag order; **unerledigte Aufträge** order backlog

(verwaltungsmäßige) **Auftrags|abwicklung** back-room operation; **A.arbeit** contract work; **A.bestand** order backlog, unfilled orders, orders on hand; **A.erteilung** bid award; **A.forschung** contract/outside research, research to order; **A.lage** order situation; **A.rückgang** order reduction, decline in orders; **A.rückstand** order backlog
Aufwand input, *(finanziell)* expenditure
Aufwendungen (revenue) expenditure; **A. für Investitionen** capital spending
Aufwertung upgrading, *(Währung)* revaluation
Aufzeichnung account, record
Ausbau extension, expansion, strengthening, building up; **a.fähig** extendable; **A.schritt** stage of extension
Ausbilder trainer, (training) instructor
Ausbildung job/vocational training; **Aus- und Weiterbildung** training and retraining; **außerbetriebliche A.** off-the-job training; **berufliche A.** job/vocational/occupational training, formation, education, training; **maßgeschneiderte A.** customized training; **technische A.** engineering training, technological education; **A.sbedarf** training needs; **A.sberuf** apprenticeable trade; **anerkannter A.sberuf** recognized apprenticeable trade; **A.splatz** training position/ vacancy; **A.sstand** skill range; **A.sstätte(n)** training centre/facilities/institution; **duales A.ssystem** two-tier (industrial) training system; **A.sverfahren** training techniques; **A.vertrag** *(Lehrling)* indenture, apprenticeship contract, contract of training
Ausbringung *(Produktion)* output
Ausdehnungsmöglichkeit scope for expansion
Ausfall outage; **A.bürgschaft** indemnity bond; **A.zeit** *(Maschine)* outage, down time
Ausfertigung *(Dokument)* copy; **in dreifacher A.** in triplicate; **in vierfacher A.** in quadruplicate
Ausfuhrgeschäft exports, exporting
Ausführung execution, implementation, version
Ausgaben expenditure, expenses, costs; **A. für Investitionszwecke** investment spending/expenditure, capital/equipment outlays; **abzugsfähige A.** deductible expenses; **betriebliche A.** operating expenditure; **erstattungsfähige A.** refundable expenditure; **laufende A.** current expenses; **öffentliche A.** public/government expenditure; **die A. in Grenzen halten** to impose cash limits; **A.ansätze** budget appropriations; **A.begrenzung** cash/spending ceilings; **A.beschränkungen** expenditure constraints; **A.entwicklung** trend of spending; **A.kürzung** cut in

expenditure; **A.plan** spending programme; **A.priorität** spending priority; **A.programm der Regierung** government's spending programme; **A.schätzung** budget estimate; **A.wachstum** expenditure growth
Ausgangssituation initial/starting position
ausgebaut improved, sophisticated
ausgeben to spend, to expend
ausgereift mature(d), seasoned
Ausgewogenheit balance
Ausgleich *(finanziell)* compensation, equalization, *(Konto)* balancing; **A.sfaktor** balancing factor
Ausgründung hiving-off
Aushub *(Boden)* excavation
sich auskennen to be knowledgeable
Auskunftei credit enquiry agency
Auslagerung relocation; **A. von Produktionsstätten** relocation of production facilities
im Ausland hergestellt foreign-produced
ausländisch foreign, *(Waren)* foreign-produced
Auslandsnachfrage foreign/international demand
Auslandsumsatz foreign sales, sales/turnover abroad
Auslastung rate/degree of utilization
Auslaufen der Förderung expiry/discontinuation of subsidies
Auslieferung delivery, supply; **A.slager** distribution centre
Ausnahme exception; **A.fall** exception, exceptional case; **in Ausnahmefällen** in exceptional cases
ausnahmsweise by way of/as an exception
Auspendler out-commuter
Auspuff exhaust (pipe); **A.gase** exhaust (fumes)
Ausrüstung machinery, equipment; **A.sgüter** equipment (goods); **A.sinvestitionen** (capital) expenditure on equipment/machinery and equipment
Ausschilderung signposting
Ausschließlichkeitsklausel tying clause
Ausschlußfrist time limit
voll ausschöpfen to make full use of
Ausschreibungsteilnehmer bidder
Ausschreibungsverfahren competitive bid(-ding) process
Ausschuß *(Produktion)* waste
Außenakquisition outside canvassing

Außenbeitrag external contribution
Außendienstbüro field office
Außenhandel foreign trade, imports and exports; **A.sabhängigkeit** dependence on exports; **A.sberatung** import-export counselling/advisory service; **A.sförderung** export trade development; **A.sgesellschaft** export trading company
Außenkontakt outside contact(s)
Außenwirtschaftsberatung advice for importers and exporters
Aussicht prospect; **in A. stellen** to hold out the prospect
Aussiedler(in) emigrant, *(Evakuierter)* evacuee
aussöhnen to reconcile
Ausstattung equipment, fittings, *(Kapital)* provisions
Aussteller exhibitor, *(Dokument)* issuer
Ausstellung exhibition, trade fair, *(Dokument)* issue; **A.sgelände** exhibition site/area
Ausstoß *(Schadstoffe)* discharge, emission, *(Produktion)* output
(reales) Austauschverhältnis/reale Austauschrelationen *(Handel)* terms of trade
Austrittsklausel *(Mietvertrag)* break clause
Ausweichgelände substitute land
ausweisen *(Fläche)* to allocate, *(zeigen)* to indicate, to reveal, to show, *(aus dem Lande)* to expel, to deport
Ausweisung allocation, *(aus dem Lande)* expulsion
Auswirkung (in anderen Bereichen) spillover (effect)
Auswuchs outgrowth
auszahlen to pay out, to disburse
Auszahlung payout, paying out, payment, disbursement
Auszubildende(r) trainee, apprentice
Autobahn|anbindung motorway link; **A.anschluß** motorway junction; **A.kreuz** motorway intersection/interchange; **A.netz** motorway network; **A.verbindung** access highway
Autohof freight centre
Autoindustrie car/automobile/automotive industry
Automation automation
Automatisierung automation
Automobilindustrie car/automobile/automotive industry

B

Bahnanschluß rail(-way) link, siding
bahnbrechend pioneering
Bahntransport rail transport
Ballung| belastender Industrien concentration of polluting industries; **räumliche B.** geographical concentration
Ballungs|gebiet metropolitan area, conurbation, agglomeration; **B.kern** metropolitan area, conurbation; **B.rand** suburbia, surburban area; **B.raum** metropolitan area, conurbation, agglomeration; **B.zentrum** metropolitan area; **B.zone** conurbation, suburbia, suburban area
Bank bank; **B.einrichtungen** bank facilities; **B.enplatz** banking centre; **B.ensystem** banking system; **B.enzentrum** banking centre; **B.kredit** bank loan/credit; **einen B.kredit aufnehmen** to raise a bank loan, to take up money at a bank; **über einen B.kredit verfügen** to have a credit with a bank; **B.kreise** bankers, banking community
Baraufwendungen/-auslagen out-of-pocket expenses
Basis|innovation basic/fundamental innovation; **B.technologie** basic technology
gewerblicher und industrieller Bau commercial and industrial building; **landwirtschaftlicher B.** farm building; **B.antrag** planning application; **B.arbeiten** building/construction works; **B.aufsicht(-sbehörde)** building inspector; **B.beschränkungen** building/zoning restrictions, bulk zoning; **B.bestand** existing buildings; **B.element** component, structural unit; **kundenspezifisches B.element** custom-made/tailor-made component; **B.fertigstellung** completion of a building (project); **B.fläche** building land, land for building development; **B.fläche mit gemischter Nutzung** area for mixed uses; **erschlossene gewerbliche B.fläche** developed land for industrial building; **B.genehmigung** planning and building permission, building/development permit; **B.genehmigungsbehörde** authority for granting planning permissions; **B.genehmigungsgebühr** planning permission fee; **B.gesellschaft** builder, building/construction company; **B.gewerbe** building industry/trade; **B.grund** building site, land for development; **B.grundstück** site, (building) plot; **B.grundverhältnisse** *(Boden)* soil condition/composition; **B.handwerk** building trade; **B.industrie** building/construction industry; **B.interessent** would-be builder; **B.konjunktur** economic situation of the building industry, overall construction activity; **B.land** building land, land for building development; **B.land erschließen** to open up new land; **B.landbeschaffung** release of land for development; **B.leitplanung** development/town and country planning; **B.leitplanverfahren** development/town and country planning procedure; **B.lücke** empty site, gap (between existing buildings); **B.maschinen** construction-related machinery; **B.maßnahme** building project, construction work; **B.nebenkosten** additional building costs; **B.ordnung** building regulations/code; **B.ordnungsrecht** building law and regulations; **B.plan** building plan, *(Vorhaben)* project; **B.platz** (building) site, plot; **b.rechtliche Veränderungen** change in building regulations; **B.reifmachung** (land) development, land preparation; **B.schutzbereich** safety zone around building site; **B.struktur** structure of buildings; **B.träger** builder; **B.trägergesellschaft** building contractor; **B.unternehmer** developer; **B.volumen** volume of building, construction volume; **B.voranfrage** preliminary planning application; **B.vorhaben** building/development project; **B.vorschriften** building regulations, construction code; **lockere B.weise** varied forms of building; **offene B.weise** detached houses, low-density housing; **B.wesen** building industry/trade; **B.zeit** construction period
Beamtenschaft civil service
fachlich zuständiger Beamter responsible civil servant, expert, specialist
Bearbeitung processing, handling, dealing with, *(Ausgabe)* edition; **B.sgebühr** processing fee; **B.shemmnis** processing snags/holdup; **B.szeit** handling time
Bebauungsdichte density level, density of development
Bebauungsplan development/local plan; **den B. ändern** to rezone
alltäglicher/laufender Bedarf day-to-day needs; **b.sorientiert** demand-oriented; **B.splan** list of requirements
Bedingung condition, requirement, term; **gesetzliche B.** legal condition/stipulation, statutory provision; **wesentliche B.** essential (condition); **zu günstigen B.en** on favourable terms; **B.en auferlegen** to impose conditions (on); **B.en erfüllen** to comply with conditions

ein Bedürfnis befriedigen to accommodate a need; **einem B. Rechnung tragen** to accommodate a need; **B.se wecken** to create needs; **B.vielfalt** plurality of needs
Bedürftigkeitsprüfung means test
beeinträchtigen to reduce, to impair, to restrict
räumliche Beengtheit spatial/geographical confinement
Befürworter advocate, supporter
Begabung aptitude
begleichen *(Rechnung)* to pay, to settle
negative Begleiterscheinung negative side effect
Begünstigte|(r) beneficiary; **Kreis der B.n** beneficiaries
begutachten to screen, to assess
Behörde (public) authority/agency, board, (government) department; **B. für Immissionsschutz** authority for the protection against noxious substances; **nachgeordnete B.** subordinate agency; **oberste B.** supreme authority; **regionale B.** district authority; **städtische B.** local authority
Beihilfe *(finanziell)* grant, benefit, subsidy, assistance, (financial) aid/help; **allgemeine und zugewiesene B.n** general and appropriated allowances
Beitrag(-szahlung) contribution
bekanntgeben to announce
Bekanntmachung announcement, notification; **amtliche B.** official announcement
Bekleidungsgewerbe clothing/textile/apparel industry
Belastung burden, difficulty, charge; **B. durch industrielle und gewerbliche Tätigkeit** industrial loading; **B. der Umwelt** pollution, pressure on the environment; **B.sfaktor** load/capacity factor, level of pollution
Belegschaft staff, workforce, personnel, payroll; **Potential der B.** staff capabilities
Belieferung supply(-ing)
Bemessung assessment, calculation, allocation; **B.sfaktor** assessment ratio; **B.sformel** *(Steuer)* apportionment ratio; **B.sgrenze** upper limit of assessment; **B.sgrundlage** assessment basis, basis of assessment, *(Steuer)* tax base
Bemühung effort
benachrichtigen to inform, to notify
Benutzer|führung *(EDV)* user instructions, interactive computer communication; **B.gebühr** user fees; **geschlossene B.gruppe** closed user group; **B.struktur** user mix
Benutzungsgebühren charge, *(Leihgebühr)* hire charge, *(Straße, Brücke etc.)* toll

freier Berater free-lance/independent consultant; **B.firma** consulting firm; **B.tätigkeit** counselling, consulting
Beratung advice, counselling, consulting; **B.sangebot** range of advisory services; **B.sdienst** advisory service; **B.serfahrung** consultancy experience; **B.sfunktion** advisory function, counselling activity; **B.shilfe** counselling, advice given; **B.sinhalt** subject/topic of discussion; **B.sleistung** counselling effort; **öffentliche B.sleistung** publicly funded counselling service; **B.sprogramm** counselling scheme; **B.sstruktur** consulting structure; **B.stätigkeit** counselling, consultancy, advisory service; **B.steam** counselling team; **B.sunternehmen** consultancy, consulting firm; **B.swesen** counselling, consultancy; **B.szuschuß** grant towards counselling fees
Berechnung calculation
berechtigen zu to qualify for
berechtigt *(Förderung)* eligible
bereitstellen to provide, to make available, to earmark
Bereitstellung provision; **B. von Dienstleistungen** provision of services; **Kosten für die B. von Dienstleistungen** service delivery costs
Bergamt mining board
Bergarbeitersiedlung mining settlement
Bergbau mining (industry); **Maschinen und Ausrüstung für den B.** mining equipment; **Wanderung des B.s** migration of mining; **B.ausrüstung** mining equipment; **B.gebiet** coalfield(s), mining area; **B.revier** mining patch; **B.unternehmen** mining company/operation
Berge|halde dirt/pit/slagheap, bing; **B.material** slag
Berg|gesetz Mining Act; **B.schaden** mining damage, subsidence; **B.schädenverzicht** relinquishment/renunciation of subsidence claim rights; **B.senkung** subsidence; **B.werksbetrieb** mining company/operation/activity
Bericht report, account; **B.speriode** period under review; **B.sjahr** year under review
Beruf occupation, trade, profession; **ausgeübter B.** occupation held; **erlernter B.** occupation learned
beruflich vocational, professional, occupational; **b.e Bedürfnisse** job needs; **b.e Förderung** career advancement; **b.e Fortbildung** advance vocational training; **b.e Grundbildung** basic job training; **b.e Möglichkeiten** job opportunities; **b.e Qualifikation** job qualification; **Struktur der b.en Qualifikationen** job qualification structure; **b.e Position mit Spitzenverdienst**

beruflich high-bracket professional position; **b.e Sicherheit** job/employment security; **b.e Spezialisierung** job specialization; **(sich) b. fortbilden** to upgrade skills; **b. tätig sein** to follow a trade, to be gainfully employed
Berufsaufbauschule advanced level vocational school
Berufsausbildung vocational/industrial/occupational training; **B. am Arbeitsplatz** training on-the-job; **individuelle B.** customized job training; **B.sstätte** industrial training centre
Berufs|beratung careers advice, job counselling, vocational guidance; **B.bildungssystem** training delivery system; **B.erfahrung** working experience; **B.fachschule** vocational (technical) school; **B.feld** training occupation; **B.förderungsstätte** career advancement centre; **B.genossenschaft** trade/professional association; **B.grundschule** first level vocational school; **B.krankheit** occupational disease; **B.risiko** occupational hazard; **B.schule** vocational school, *[GB]* technical college; **ständische B.vertretung** professional body; **B.vorbereitung** pre-employment training
Beschaffung (→ *Einkauf*) purchase, purchasing, procurement; **gemeinsame B.** joint purchasing; **B.smarkt** procurement market; **Beziehungen auf der B.sseite** procurement links
beschäftigt employed, on the payroll
Beschäftigte|(r) employee (in employment); **Anteil der weiblichen B.n an der Gesamtbeschäftigtenzahl** female workforce participation; **B.nentwicklung** employment/labour market trend; **B.npotential** labour pool, supply of labour; **B.nzahl** number of people employed; **B.nzahlen** employment figures
Beschäftigung employment, job, occupation, activity; **B. in der Industrie** manufacturing/industrial employment; **gewerbliche B.** industrial employment; **eine B. suchen** to seek employment; **B.sabbau** shedding/cutting of jobs; **B.santeil** proportion of total employment; **B.saussichten** employment/job prospects; **B.sausweitung** increase in the number of jobs; **B.sbedingungen** terms of employment; **B.sdichte** density of employment; **B.seffekt** employment effect, effect on jobs; **B.sentwicklung** employment/labour market trend, trend in economic activity; **rückläufige B.sentwicklung** decline in employment; **steigende B.sentwicklung** rise in employment; **B.sinitiative** job-creation programme; **b.sintensiv** labour-intensive; **B.slage** employment situation, level of employment; **b.slos** jobless, unemployed;

B.smöglichkeit job/employment opportunity; **B.smöglichkeiten** job prospects; **wachsende B.smöglichkeiten** growing job opportunities; **b.sneutral** having no effect on employment; **b.spolitische Strategie** employment policy; **B.sproblem** employment problem; **B.squote** economic activity rate; **b.ssichernd** maintaining/safeguarding the level of employment; **B.ssicherung** job protection, safeguarding of jobs; **B.sstruktur** employment mix/pattern, composition of employment; **B.sverbund** employment linkage; **B.swachstum** employment growth; **B.swirkung** effect on the labour market/employment situation; **B.szuwachs** employment advance/gain
Bescheinigungsverfahren certification procedure
Beschilderung signposting
Beseitigungspflicht duty to dispose (of waste)
Besicherung provision of security/collateral; **B.svorschlag** proposal for the provision of security
Bestandsaufnahme assessment, *(Lager)* inventory/stocktaking; **räumliche B.** regional survey
Bestandsentwicklung inventory change, development of the mix of enterprises; **Sicherung der B.** maintaining the industrial base
Bestands|ergänzung increase of the number of enterprises; **B.größe** industrial and commercial base, number of existing enterprises; **B.pflege** looking after existing enterprises; **B.sicherung** maintaining the industrial base; **B.schutz** exemption for/protection of existing plant and equipment; **B.verzeichnis** inventory; **B.zahlen** number of existing enterprises
Bestandteil component
Besteuerung taxation; **direkte B.** direct taxation; **indirekte B.** indirect taxation; **B.sverfahren** tax procedure
Betätigung activity
Beteiligung der Anwohner resident participation
Beteiligungs|erwerb acquisition of participations; **B.garantiegemeinschaft** underwriting syndicate; **B.gesellschaft** joint venture, venture capital company; **B.verfahren** co-determination/participation/consultation procedure(s)
Betonung emphasis, stress
abzugsfähiger Betrag allowable deduction
Betreiber von Anlagen plant operator
Betreuung (von) looking after, care for
Betrieb plant, factory, (business) enterprise, establishment, operation, service; **mittelständischer B.** medium-sized/small company; **neuerrichteter B.** newly-established enterprise; **not-**

leidender B. ailing enterprise/business; **verlagerter B.** relocated plant; **den B. aufnehmen** to become operational; **einen B. errichten** to establish an operation; **in B. nehmen/setzen** to operate, to put into operation
betrieblich operational; **b.er Vorgang** in-plant activity
Betriebs|ablauf sequence of operations, operational procedure; **B.art** type of business/operation; **B.ausgaben** operating expenses, revenue expenditure; **B.ausweitung** plant/capacity expansion/increase; **B.bedingungen** operating conditions; **b.begleitend** parallel, simultaneous; **B.berater** company adviser; **B.beratung** management consultancy/consulting, advisory service for companies; **b.bereit** operational; **B.budget** operating budget; **B.einheit** production unit; **B.einnahmen** operating/business receipts; **B.einrichtung** production equipment; **B.eröffnung** business start-up; **B.errichtung** setting up of an operation; **B.erweiterung** capacity expansion/increase/extension, plant expansion/increase/extension, expansion of plant facilities; **B.erweiterungskosten** cost of plant expansion; **B.fläche** plant grounds/ area; **B.führungsgesellschaft** operating company; **B.funktion** operational function; **B.gebäude** industrial premises, (factory) buildings; **B.genehmigung** operating license; **B.gesellschaft** operating company; **B.größe** company/ plant size; **B.größenstruktur** spread/mix of plant sizes; **B.haftpflichtversicherung** employer's liability insurance; **B.kapital** working capital, capital stock; **B.leistung** manufacturing efficiency, operating performance; **B.leitung** management; **B.modernisierung** plant modernization; **b.notwendig** operationally necessary; **B.obmann** staff/shop floor representative, *[GB]* shop steward; **B.rat** works council, works/factory committee; **B.rente** company pension; **B.schließung** plant closure/closing/shutdown; **B.standort** plant location; **B.stätte** plant, factory; **Fortbestehen der B.stätte** continued existence of the plant; **kleine B.stätte** nursery (enterprise); **B.unfall** job-related accident; **B.unfallversicherung** *[US]* workmen's compensation insurance; **B.veräußerung** *[US]* bulk sale; **B.verlagerung** business relocation; **innerörtliche B.verlagerung** plant relocation within city boundaries; **B.vertrauensmann** union negotiator, shop-floor representative, *[GB]* shop steward; **b.wirtschaftliche Fragen** problems of business administration, economic problems; **b.wirtschaftliches Kalkül** managerial calculation; **b.wirtschaftlicher Nachteil** economic disadvantage; **B.- und Innovationszentrum** business and innovation centre
Beurteilung assessment, assessing, judgement, judging, *(Kritik)* review; **B.sverfahren** assessment procedure
Bevölkerung population; **B. im Einzugsgebiet** catchment population; **Überalterung der B.** aging of the population; **erwerbsfähige B.** persons capable of gainful employment; **erwerbstätige B.** working population; **ortsansässige B.** resident population; **B.sdichte** population density; **B.sentwicklung** population/demographic trend; **B.srückgang** population decline; **B.sstruktur** population structure; **B.szuwachs** population increase
Bevollmächtigte(r) *(jur.)* representative
bewährt seasoned, well-proven
Bewältigung von Problemen coping with problems
Bewerber(in) applicant
Bewerbung application
neu bewerten to reappraise
Bewertung assessment, appraisal
Bewilligung approval, granting; **B.sbescheid** notification of approval
Bewußtseinswandel change of attitudes
Bezahlung pay, payment
Beziehung *(wechselseitig)* interconnection
Bezirksplanungsrat regional planning council
bezugsfertig ready for occupation
Bezugsrahmen frame of reference
Bezugsraum area in question/concerned
Bilanz balance sheet, financial statement; **geprüfte B.** audited balance sheet; **eine B. erstellen** to draw up a balance sheet; **eine B. vorlegen** to submit a balance sheet
bilanzieller Gesichtspunkt balance sheet point of view
Bilanzierung balancing of accounts, preparation of the annual accounts/the balance sheet
Bilanzsumme balance sheet total
Bild|band coffee-table book; **B.fernsprechen** videotelephony; **B.funk** facsimile radio; **B.platte** videodisk; **B.schirmtext** teletext, interactive videotex; **B.schirmtext-Anbieter** information provider; **B.schirmtextteilnehmer** videotex subscriber, *(Gerät)* user terminal
Bildung (→ *Ausbildung*) education, training; **berufliche B.** vocational/occupational/job training; **B.seinrichtungen** educational services; **B.spolitik** education policy; **B.sprogramm** educational programme; **B.ssystem** educational system

Bindeglied *(fig.)* link
Binnen|hafen inland port; **B.handel** domestic/national trade; **B.markt** domestic/home market, *(EG)* national market; **B.nachfrage** domestic demand; **B.schiffahrt** inland navigation/shipping; **B.verkehr** local traffic, inland transport; **B.wasserstraße** inland waterway; **B.wasserstraßennetz** inland waterways system; **B.wirtschaft** domestic/national economy; **b.wirtschaftliche Lage** state of the domestic economy
Biotechnik/-technologie biotechnology
Blaupause blueprint
blühend *(fig.)* burgeoning, flourishing, buoyant
Boden (→ *Fläche, Grundstück, Land*) land, ground; **verfügbarer B.** available land; **verseuchter B.** contaminated land; **B.analyse** soil analysis; **B.belastung** (level of) soil pollution; **B.beschaffenheit** soil condition/composition, quality of land; **B.entwässerung** land drainage; **B.erneuerung** land renewal; **B.fonds** land fund; **B.knappheit** shortage of land; **B.preis** land price; **B.schätze** mineral resources; **B.schutzpolitik** soil protection policy; **B.verbesserung** land improvement/amelioration; **B.verkehr** ground traffic, surface transport, real-estate/property transactions; **B.verseuchung durch Industrie** industrial land contamination
Brache/Brachfläche derelict/waste land
Branche (→ *Gewerbe, Industrie*) industry, trade, line of business; **nachgelagerte B.** downstream industry; **vorgelagerte B.** upstream industry; **zukunftsträchtige B.** growth industry; **B.nbrief** trade newsletter; **B.nerfahrung** trade experience; **B.ngliederung** industry mix, *(Statistik)* breakdown according to industries; **B.nkenntnis** knowledge of the trade; **b.nkundig** well versed in a trade; **B.nstruktur** industry/industrial/activity mix
Brandschutz fire protection; **B.behörde** fire authority
Brauchwasser process water, water for industrial use
Brauerei brewery
Braunkohle lignite, brown/soft coal; **B.nförderung** lignite mining; **B.ntagebau** open-cast lignite mining
Breitband *(Kommunikation)* broadband; **B.kabel** broadband cable; **B.kabelnetz** broadband cable network; **Diensteintegrierendes Digitales B.netz (Breitband-ISDN)** Integrated Services Broadband Network (broadband ISDN)
Breitenwirkung widespread impact
Brennpunkt focus
fester Brennstoff solid fuel; **flüssiger B.** liquid fuel; **fossiler B.** fossil fuel
elektronischer Briefverkehr electronic mail
Brutstätte seed bed
Brutto|anlageinvestition gross capital investment; **B.gehaltssume** gross/total salaries; **B.inlandsprodukt (BIP)** gross domestic product (G.D.P.); **B.inlandsprodukt je Einwohner** gross domestic product per capita; **B.lohn- und Gehaltssumme** total wages and salaries; **B.produktionswert** gross production value; **B.sozialprodukt (BSP)** gross national product (G.N.P.); **B.wertschöpfung (BWS)** gross value added
die Bücher prüfen to audit the accounts
Buchhalter(in) accountant
Buchungsstelle accounting agency
Buchverlag (book) publisher, publishing firm
Bundes|amt federal agency; **B.anstalt für Arbeit** Federal Labour Office; **B.anstalt für Arbeitsschutz** Federal Institute of Industrial Health and Safety; **B.durchschnitt** national average; **auf (der) B.ebene** at federal/national level; **B.fernstraßennetz** trunk road network (maintained by the federal government); **B.immissionsschutzgesetz** Immission Protection Act; **B.straße** state road; **B.trend** federal trend; **b.weit** national, on a national scale, nationwide
Bürger|beteiligung resident/citizens' participation; **B.initiative** civic (action) group, citizens' initiative; **B.organisation** community organization
Bürgschaft guarantee, security, warranty; **staatliche B. für Firmengründer** *[GB]* Loan Guarantee Scheme
Büro|ausstattung office equipment; **erste B.ausstattung** first-time office equipment; **B.automatisierung** office automation; **B.dienst** clerical service; **B.fernschreiber** office teleprinter; **B.fläche** office space; **B.gebäude** office building; **B.kommunikation** office automation/communications; **B.landschaft** open-office area; **B.maschinen** office equipment; **B.- und Rechenmaschinen** office and computing machines; **B.material** stationery; **B.organisation** office management; **B.rationalisierung** office rationalization; **B.raum** office space; **zugehöriger B.raum** ancillary offices; **B.- und Organisationstechnik** office technology

C

eine Chance nutzen to take advantage of, to make use of a chance/an opportunity
Chancengleichheit equality of opportunities
chemieverarbeitender Betrieb chemical processing plant
Chemiewerk chemical (processing) plant
chemische Industrie chemical industry
CNC-Steuerung (von Maschinen) *(Fertigung)* computerized numerical control (CNC)
Computer-Grundwissen computer literacy, basic computer knowledge
computerunterstützte|s Entwerfen (CAD) computer-aided design (CAD); **c.s Fertigen/c. Fertigung (CAM)** computer-aided manufacturing (CAM); **c. Konstruktion (CAD)** computer-aided design (CAD)
Container|bahnhof container terminal; **C.umschlag** container handling; **C.verkehr** container service

D

Art der Darbietung mode of presentation
Darlehen *(→ Kredit)* loan; **öffentlich gefördertes D.** publicly-sponsored loan; **unverzinsliches D.** interest-free loan; **zinsgünstiges D.** low-interest/soft loan, loan at a favourable rate of interest; **zinsloses D.** interest-free loan; **ein D. gewähren** to grant/extend a loan; **D.sbank** lending bank; **D.sgeber** lender; **D.sgebühren** loan charges; **D.snehmer** borrower; **D.sprogramm** loan scheme
Darstellung description, account, portrayal, *(in Buch, Bild)* depiction, *(durch Diagramm)* representation
Datei file
Daten|bank data bank/base; **D.beschaffung** data gathering, collection of data; **D.fernverarbeitung** teleprocessing; **D.material** data (base); **D.recherche** data investigation; **D.sammlung** collection of data; **D.schutz** data protection, privacy; **D.schutzbeauftragte(r)** data protection officer, *(Staat)* commissioner for data protection; **D.sichtgerät** (video display) terminal, computer display; **D.technik** data handling/systems technology; **D.träger** data carrier; **D.übertragungsnetz** data transmission network; **D.übertragungssystem** data transmission system; **D.verarbeitung** data processing/handling; **automatisierte D.verarbeitung** electronic/automated data processing; **D.verarbeitungsgeräte** hardware; **D.vermittlungseinrichtung** switched data communications facilities
Dauerarbeits|lose(r) long-term unemployed; **D.losigkeit** chronic/hard-core unemployment; **D.platz** permanent job
Deckungsbeitrag (profit) contribution, contribution margin, marginal income
Degressionsgewinne economies of scale
Demontage dismantling
unter Denkmalschutz stehendes Gebäude listed building
Deponie *(→ Halde, Mülldeponie)* dump, tip, disposal site; **D.fläche** area for waste disposal facilities
Deregulierung deregulation, liberalization
Deutscher Industrie- und Handelstag (DIHT) Association of German Chambers of Industry and Commerce
Deutscher Städtetag Association of Municipal Corporations
Dezentralisierung decentralization, deconcentration
Dezernat department, division, section
Dienst service; **D. nach Vorschrift** work-to-rule
Dienstleistung service; **D.en der Wirtschaftsförderung** business support services; **D.en für die Wirtschaft** business services; **Erbringung von D.en** service delivery, delivery of services; **Qualität der D.** service quality; **Umfang der D.en** service level; **vom Arbeitnehmer erbrachte D.en** employee services; **freiberufliche D.en** professional services; **öffentliche D.en** public (utility) services; **Nachfrage nach öffentlichen D.en** public service demands; **soziale**

D.en social services; **staatliche D.en** government services; **städtische D.** urban service; **unternehmensorientierte D.en** business support services; **unternehmerische D.en** business services; **D.en anbieten** to provide services; **D.en erbringen** to deliver services; **die Zuständigkeit für (öffentliche) D.en auf andere Körperschaften übertragen** to transfer service responsibility to other jurisdictions; **D.sangebot** services offered, range of services; **flächendeckendes D.sangebot** area-wide services; **D.sbereich** service sector/industry; **Arbeitsplätze im D.sbereich mit mittlerem Einkommen** middle income service employment; **D.sbetrieb** service establishment; **D.sgewerbe** service industry; **d.sorientiert** service-oriented; **d.sorientierte Wirtschaft** service-based economy; **D.spalette** range of services; **D.sprogramm** service programme; **D.ssektor** service industry sector; **D.sunternehmen** service establishment; **regionales D.szentrum** regional services capital
Dienstwagen company/official car, service vehicle
Direktakquisition direct canvassing
Direktinvestition direct investment
Direktorium managing board, board of directors, directorate
Diskontsatz discount rate

Diskussionsbeitrag contribution to the discussion
Disposition disposition, management
Distributionsbetrieb distributor, marketing enterprise
Doppelförderung dual promotion
Drainage drainage
Dringlichkeit immediacy of need, urgency
Dritte third/outside parties
Drittmittel third-party funds
Druck nach oben upward pressure
Druckerei printing works, *(Firma)* printer's
Durchbruch| am Markt success/breakthrough on the market; **zum D. verhelfen** to help sb./sth. on the road to success
durchführ|bar feasible, practicable, capable of being implemented; **D.barkeitsstudie** feasibility study; **d.en** to implement, to carry out; **D.ung** implementation, execution
Durchgangsstraße thoroughfare
Durchlaufzeit handling/machining time, length of the run
Durchschnitt average; **gesamtindustrieller D.** industrial average; **d.lich** average; **D.seinnahme** average revenue; **D.sentwicklung** average development, underlying trend; **D.swert** average value/figure
Durchsetzung von Richtlinien code enforcement

E

Eckpfeiler *(fig.)* cornerstone
Edelstahl high-grade/fine steel
Effekt effect; **ohne E.** ineffective, without avail; **entlastender E.** relief, easing effect; **kurzfristiger E.** short-term effect; **einen E. ausüben** to have an effect (on), to make an impression (on); **den gewünschten E. erzielen** to have the desired effect
EG-Regelung EC regulation
Eigen|bedarf in-house needs/requirements; **E.beteiligung** own funds, equity contribution; **E.fertigung** self-production; **E.finanzierung** equity/self-financing
Eigenkapital own funds, equity capital/finance; **verfügbares E.** disposable equity; **E.anteil** equity ratio; **E.ausstattung** equity capital equipment; **E.basis** equity base; **E.bildung** equity capital formation; **E.decke** equity position; **E.hilfe** capital resources aid; **E.quote** equity ratio; **E.verzinsung** return on equity capital; **E.zuführung** injection of equity capital
Eigenleistung *(finanziell)* borrower's own funding, *(Fertigung)* self-production, own work
Eigenmittel own funds/resources, equity finance
Eigentümer(in) owner, proprietor, *(Wohnung)* home owner
Eigentumsverhältnisse ownership structure
Eignung suitability, eligibility; **fachliche E.** aptitude, (job) qualification
Einarbeitungszuschuß job familiarization allowance
Einbuße loss, shrinkage
langfristig günstige Einflüsse longer term beneficial impacts
Einflußnahme exertion of influence

Einfügung in das Landschaftsbild adaptation to the landscape
eingebunden in integrated, incorporated
Eingemeindung incorporation, suburbanization
eingliedern to integrate, to incorporate, to rehabilitate
Eingliederungsbeihilfe settling-in allowance
einheimisch domestic, indigenous
Einheitsgebühr flat fee
Einkauf (→ *Beschaffung*) buying, purchasing; **gemeinsamer E.** joint purchasing; **E.smarkt** superstore; **E.smöglichkeiten vor Ort** local shopping facilities; **E.sstadt** shopping town; **E.szentrum** (out of town) shopping centre, hypermarket
in Einklang bringen to harmonize, to reconcile, to bring into accord
privates Pro-Kopf Einkommen per capita personal income; **verfügbares E.** disposable/buying income
einkommens|abhängig income-related; **regionales E.gefälle** regional income differential; **untere E.gruppe** lower-income group; **E.quelle** source of income; **zusätzliche E.quelle** additional source of income; **E.unterschied** income differential/divergence; **E.verlust** income loss
Einkünfte erzielen to generate revenue
die Einnahmen steigern to raise revenue
Einnahme|ausfall income/revenue loss; **E.fluß** revenue flow; **E.kraft** revenue-raising power; **E.möglichkeit** possible source of income/revenue
Einpendler(in) (in-)commuter
einprägsam *(Text)* catchy, easily remembered
Einrichtungen facilities, installations; **oberzentrale E.** facilities of a regional centre; **universitäre E.** university facilities; **zusätzliche E.** supporting facilities
Einsatz input, commitment, *(Verwendung)* utilization; **voll e.fähig** fully operational; **E.möglichkeit** (form of) application; **E.planung** application planning; **E.preis** input price; **E.schwerpunkt** main application; **E.spektrum** range of application/use
Einschätzung assessment; **von der E. ausgehen** to start from the assumption
einseitig biased, skewed
Einsparung saving, economy, reduction of costs; **E. an Arbeitskräften** manpower savings, saving of labour; **E. im Staatshaushalt** budget cut; **E.en in der Verwaltung** economies in administration; **erzwungene E.en** compulsory savings; **größere E.en** major economies; **spezifische E.** specific economy

Einstandspreis cost price
Einstellung von Arbeitskräften recruiting, recruitment of labour
Eintiegschance opening
Eintragungsgebühr recording/filing fee
freier Eintritt free admission
Einwirkungspotential potential for impact
Einwohner(in) inhabitant, *(Pl.)* population; **E.meldeamt** registration office
Einzel|antrag separate/individual application; **e.fallbezogen** related to individual cases; **E.feuerungsanlage** coal-, oil- or gas-fired power plant, single furnace plant; **E.firma** sole trader/proprietorship
Einzelhandel retail trade; **E.sartikel** *(Pl.)* retail goods; **E.sfirma** retail enterprise; **E.sgeschäft** retail shop/store/outlet; **ins E.sgeschäft einsteigen** to go into retailing; **E.sgewerbe** retailing, retail trade; **E.skaufmann** retailer, retail trader; **E.skette** retail chain; **E.smarkt** retail market/outlet; **E.sunternehmen** retailer, retail enterprise
Einzel|unternehmen sole trader/proprietorship; **E.vorhaben** independent project
Einzugsbereich catchment area; **außerhalb des E.s liegen** to be outside the catchment area; **im E. liegen** to be within the catchment area
Eisenbahn|anschluß siding; **E.fernstrecke** railway trunk line
Eisen|erzeugung iron production; **E.hüttenwerk** iron works; **e.schaffende Industrie** iron and steel (producing) industry; **E.verarbeitung** metalworking/-processing (industry); **E.waren** ironware
elektrischer Schmelzofen electric furnace
Elektrizität electricity, electric power; **E.sversorgung** electricity supply; **E.swerk** power plant/station, power generating station; **E.swirtschaft** electricity industry
Elektronikunternehmen electronics company
elektronische|r Baustein chip, electronic component; **e. Geschäftsabwicklung** electronic transaction processing; **e.r Postverkehr** electronic mail; **e. Steuerung** electronic controlling
Elektrotechnik electrical engineering
Emission emission, *(Wertpapiere)* issue; **E.sgrenzwert** maximum permissible level of emissions; **E.sminderung** emission reduction; **E.sschutzrecht** emission protection law
Empfehlung recommendation; **E.en erarbeiten** to work out recommendations
Endgerät(e) *(EDV)* terminal (equipment)
Endnachfrage end/ultimate demand
endogenes Potential endogenous potential

Energie|angebot energy supply; **e.bezogen** energy-related; **E.einsparung** energy saving/conservation, saving of energy; **E.erzeuger** energy generator, power producer; **E.erzeugung** power generation/production; **E.intensität** energy intensity; **e.intensiv** energy-intensive; **E.kosten** energy costs; **E.nachfrage** energy demand, demand for energy; **e.politische Entscheidung** energy policy decision; **E.preis** energy price, price of energy; **E.preisniveau** level of energy prices; **E.produktion** energy generation/production, power production; **heimische E.quellen** indigenous sources of energy; **E.rückgewinnung** energy regeneration/recuperation; **E.- und Rohstoffsicherung** securing of the supply of energy and raw materials; **e.sparend** energy-saving; **E.sparprogramm** energy-saving scheme, energy thrift campaign; **E.technik** energy engineering; **E.träger** source of energy; **leitungsgebundene E.träger** pipe- and line-based fuels/sources of energy; **E.umwandlung** energy conversion; **E.verbrauch** energy consumption; **E.verbrauchsregion** energy consumption area; **E.verlust** loss of energy; **E.versorgung** power/electricity/energy supply; **E.versorgungsunternehmen (EVU)** (public) utility, energy supply company; **E.verteilung** energy distribution; **rationelle E.verwendung** efficient use of energy; **E.wirtschaft** energy/power supply industry/sector; **E.wirtschaftsgesetz** Energy Industry Law
Engagement commitment, involvement
engmaschig close
Engpaß bottleneck; **E.faktor** limiting/constraining factor
Entbürokratisierung cutting the/doing away with red tape, freeing from bureaucracy, debureaucratization
Entfernung (travelling) distance
Entflechtung deconcentration, disengagement
entgiften to decontaminate, to clean
enthüllen to reveal
Entindustrialisierung de-industrialization
Entkernung de-centralization
Entkoppelung disengagement, decoupling
Entlassung dismissal, lay-off, redundancy; **willkürliche E.** arbitrary dismissal
Entlastungs|straße relief road; **E.strecke** relief route
Entlohnung payment, remuneration
Entmutigung disincentive
Entscheidungsablauf decision-making process, course of decision-making

Entscheidungsfreiheit freedom of decision-making; **die E. des einzelnen** the individual's freedom of decision-making; **unternehmerische E.** entrepreneurial freedom of decision-making; **die E. stärken** to strengthen the freedom of decision-making
Entscheidungs|hilfe decision aid; **E.prozeß** decision-making procedures
entschwefeln to desulferize
Entschwefelung desulferization, desulferizing
Entsorgung waste management/disposal; **E.sanlagen** waste disposal facilities; **E.sfläche** waste disposal area; **E.spark** waste disposal site; **E.spreis** costs of waste disposal
Entstaubung dust removal
in der Entstehung sein to be in the making
Entstehungsphase formative period
Entstickung nitrogen removal
Entwässerung drainage, draining; **E.sanlage** drainage system; **E.sgebühr** drainage/dewatering fee
Entwicklung development, trend, evolution, generation; **außenwirtschaftliche E.en** foreign trade developments; **binnenwirtschaftliche E.en** trends in the national economy; **exogene E.en** exogenous developments; **E.saufwand** development effort, *(finanziell)* development expense; **E.schance** development prospect; **e.sfähig** promising, worth following up, capable of development; **E.sfinanzierung** development finance; **E.sgebiet** development/improvement area; **E.sgesellschaft** development corporation; **E.shemmnis** barrier to development; **E.skommission** development commission; **reginale E.spolitik** regional development policy; **E.spotential** development potential; **E.sschwerpunkt** growth point, *(Gebiet)* core development area; **E.sstand** stage of development; **E.svorhaben** development project; **E.svorsprung** developmental/technological lead; **E.szeit** gestation period; **E.szeitraum** formative period; **E.szentrum** development/incubator centre; **E.sziel** development objective, planning target
Entwurf draft, outline, blueprint
entzerren to relieve congestion, to spread
Entzug withdrawal, deprivation
Erbbau|recht rental right, building lease; **E.vertrag** building lease agreement; **E.zins** ground rent
Erbpacht leasehold
Erdgas natural gas

Erfolgs|aussichten chances of success; **E.chance** chance of success; **E.kontrolle** efficiency review, result testing, *(finanziell)* profit control; **e.trächtig** promising, liable to succeed
Ergänzungsfinanzierung supplementary financing
Ergebnisse results, *(Untersuchung)* findings
Erhebung (→ *Abgabe*) *(von Gebühren)* levying, imposition, *(Ermittlung)* investigation, inquiry, *(statistische Daten)* sample (survey), statistics **nominale Erhöhung** nominal increase
sich erholen to recover; **sich kräftig e.** *(Konjunktur)* to rebound from the recession
Erholung recovery, rebound, recreation; **E.seinrichtungen** recreation/leisure facilities, amenities, facilities for rest; **E.sfläche/-gebiet** recreation area; **E.sraum** recreation/leisure area, *(Zimmer)* rest room; **E.szentrum** leisure centre; **E.szone** recreation zone
Erkenntnisse findings, knowledge, information
Erkundigung inquiry
Erlaß decree, ordinance, *[GB]* statutory instrument; **E. von Abgaben** exemption from duties/tax
Erleichterung relief
Ermäßigung *(finanziell)* reduction
Ernährungs|gewerbe food (processing) industry; **E.physiologie** physiology of nutrition
Erneuerung renewal, innovation; **E.skraft** innovative force; **E.sprozeß** innovation; **E.swesen** innovation
Eröffnung opening
ERP-Sondervermögen special ERP-assets
Errichtung setting-up, establishment, *(jur.)* incorporation
Ersatz|arbeitsplatz new/substitutional job, other job in substitution; **E.investitionen** replacement investment; **E.standort** secondary location; **E.teillieferant** parts supplier
erschließen *(Land)* to develop
Erschließung *(Land)* development, pre-treatment; **innergebietliche E.** area development; **E.sabgabe** development charge/land tax; **E.sarbeiten** development works; **E.saufwand** improvement costs; **E.sbeitrag** assessment; **E.sfinanzierung** development finance; **E.sgebiet** development/improvement area; **E.sgebühr** development fee; **E.skosten** development costs; **E.sstraße/-weg** access road
Ersparnis saving
Erst|ausbildung first-time/original/start-up training; **E.ausstattung** initial/first-time equipment; **E.erwerber** first-time buyer; **E.innovation** initial innovation

Ertagsteuer profit(s) tax, tax on profit(s); **E. für Unternehmen** corporate income tax; **der E. unterwerfen** to make liable to earnings tax; **e.licher Gesichtspunkt** income tax point of view
Erwachsenenbildung adult education; **E.seinrichtungen** adult education facilities
Erwägung consideration, calculation
Erweiterungsinvestition investment for expansion, capacity-increasing investments
Erwerb acquisition, purchase; **E. einer Minderheitsbeteiligung** minority investment; **E.sbevölkerung** working population; **weiblicher Anteil an der E.sbevölkerung** female participation in the workforce; **e.sfähiges Alter** working age; **im e.sfähigen Alter** at an age when one is capable of gainful employment; **e.fähiges Alter erreichen** to come of working age; **die E.sfähigkeit mindernder Unfall** debilitating accident; **E.sgrundlage** source of income, means of livelihood; **E.sleben** working life; **ins E.sleben eintreten** to start work, to become (gainfully) employed; **e.slos sein** to be unemployed/out of work/without employment; **E.slose(r)** unemployed, jobless; **E.slosigkeit** unemployment; **Dauer der E.slosigkeit** period of unemployment; **E.sperson** (gainfully) employed person; **E.squelle** source of income; **E.squote** activity/labour force participation rate; **e.stätige Bevölkerung** working/economically active population; **E.szweig** line of business
Erzeugung production, manufacture, *(Strom)* generation
Erz|lager ore deposits; **E.vorkommen** ore deposits
(sich) etablieren *(Unternehmen)* to establish, to set up
Etat budget
Europaschiff standardized barge
Existenz|festigung strengthening of one's livelihood; **e.gefährdend** threatening the livelihood, putting the livelihood at risk; **E.gründer** founder of a business, incubator firm; **E.gründerzentrum** business and innovation centre, science park; **E.grundlage** basis of one's livelihood
Existenzgründung start-up, business start, establishment of a business, establishment of a livelihood; **E.sberatung** start-up counselling; **E.shilfe** start-up support; **E.ssparen** start-up saving scheme; **E.svorhaben** start-up project
Existenzsicherung securing one's livelihood
Expansion expansion, growth; **E.sabsicht** intention to expand; **E.shemmnis** obstacle to development; **E.smöglichkeit** scope for expansion, growth potential

Experiment experiment; **E.ieren** experimenting, experimentation
Experten learned authorities
Export|abhängigkeit dependence on exports; **E.beratung** advice for exporters; **E.entwicklung** export trend, development of exports; **E.finanzierung** export financing; **E.förderungspolitik** export promotion, policy of promoting exports; **E.konjunktur** export boom; **E.offensive** export drive; **E.quote** export ratio

F

Fabrik factory, plant, works; **kleine F.** nursery factory; **F.anlage** industrial unit; **leerstehende F.en/ungenutzte F.anlagen** idle factories/plants; **F.ationsstätte** factory, production plant; **F.einheit** workshop unit; **F.fläche** factory space; **F.gelände** factory site; **ungenutztes F.gelände** idle industrial land; **F.halle** factory building; **F.raum** factory space
Fach subject, *(Abteilung)* division; **F.amt** office, department; **F.arbeiter(in)** skilled worker(s)/labour, professional worker(s); **F.arbeitermangel** skilled worker shortage; **F.arbeiterstamm** permanent staff of skilled workers; **F.ausschuß** special committee; **F.hochschule** polytechnic (college); **F.kenntnisse** labour skills, specialized knowledge; **qualifizierte F.kraft** qualified employee; **F.leute** experts, learned authorities; **F.literatur** specialist literature; **F.mann** expert; **F.messe** trade fair; **F.personal** skilled staff, experts; **f.übergreifend** inter-disciplinary; **F.verband** trade/professional association
fähig capable
Fähigkeit skill
in Fahrt kommen to gather momentum
Fahrzeug|bau/-industrie motor (vehicle)/car/automobile/automotive industry; **F.wartung** vehicle maintenance
Faktorkosten/-preis factor cost(s)
Fall bearbeiten to deal with a case
Familienbetrieb family (-owned) business
durchschnittliches Familieneinkommen median family income
Fehl|anpassung mismatch; **F.planung** bad planning; **F.schlag** failure, flop
Feierschicht lay-off, idle/cancelled shift
Feinmechanik precision engineering
Ferngas high gas, grid/long-distance gas; **F.leitung** long-distance gas pipe; **F.lieferung** long-distance gas supply; **F.netz** long-distance gas pipes

Fernkopiere|n telecopying, facsimile (transmission service); **F.r** telecopier, facsimile system/unit/terminal
Fernmelde|netz telecommunications network; **dienstintegrierendes F.netz** integrated services digital network (ISDN); **F.technik/-wesen** telecommunications
Fernschreibkorrespondenz teleprinter communication
Fernsprech|hauptanschluß telephone station, main extension; **F.netz** telephone network; **digitalisiertes F.netz** digital telephone network
Fernstraße trunk road; **F.nnetz** trunk road network, *[US]* highway network; **F.nverbindung** trunk road connection; **F.nverknüpfung** link between trunk roads
Fern|überwachung telecontrol, remote control; **F.verlagerung** (far-off) relocation
Fernwärme district/long-distance heating; **F.schiene** long-distance heating network
Fertigkeit skill
Fertigstellung completion; **F.stermin** completion date
Fertigung (→ *Produktion*) production, manufacture, manufacturing; **hochentwickelte F.** sophisticated manufacturing; **auf den F.sbereich ausgerichtet** manufacturing-oriented; **Aktivitäten außerhalb des F.sbereichs** non-manufacturing activities; **Aktivitäten im F.sbereich** manufacturing activities; **F.sbetrieb** manufacturing establishment; **F.sgruppe** production unit; **F.skapazität** manufacturing capacity; **F.sprozeß** manufacturing process; **F.sstätte** place of manufacture, production facility; **neue F.sstätten errichten** to set up new manufacturing facilities; **F.sstraße** production line; **F.stechnik** production engineering/technology
Fettkohle bituminous coal
Feuerschutz fire protection
Feuerwehr fire authority
Filiale branch

Finanz|amt (local) tax/inland revenue office, *[GB]* Inland Revenue, *[US]* tax assessor; **zuständiges F.amt** *[GB]* local inland revenue office; **kommunaler F.ausgleich** financial equalization at local government level; **F.ausschuß** finance committee; **F.ausstattung** financial equipment/base, capital equipment; **F.bedarf** financial requirements; **F.decke** available finance/funds; **F.dienstleistungen** financial services; **F.gebaren** financial management, management of (public) finances; **F.gericht** fiscal/tax court; **F.hilfe** financial aid/assistance, financing assistance, funding support; **F.hoheit** financial autonomy, power to levy tax
finanziell financial, fiscal; **f.e Förderung** subsidy, grant, financial aid; **f.e Unterstützung** financial backing; **f. einengen** to restrict financially
Finanzierung (→ *Förder-, Förderung*) financing, funding, provision of finance; **F. durch Aktienemission** equity financing, financing issue; **F. von Entwicklungsaktivitäten** development funding; **F. von Gemeinschaftsunternehmen** joint venture finance; **F. mit Risikokapital** venture capital financing; **F. mittels Steuererhöhungen** tax increment financing; **zweckgebundene F.** dedicated/tied funding; **F.santeil** share of the funding package; **übliche F.sart** conventional financing; **F.sbeihilfe** funding grant, financial aid/support; **F.sbeispiel** model financing scheme; **F.serfahrung** financing experience/history; **F.sförderung** credit subsidy; **F.sgesellschaft** financing company; **F.shilfe** financial aid/assistance; **F.sinstitut** bank, credit institution; **F.sinstrument** financing vehicle/instrument; **F.sinstrumentarium** financial instruments; **F.slücke** funding shortfall/gap; **F.smodus** financing method; **F.smöglichkeit(en)** financing option(s), way(s) of providing finance, financing vehicle(s), source(s) of finance, capital facilities; **F.smöglichkeit für Investitionsgüter** capital financing option; **F.sprogramm** financing programme; **F.sstruktur** financing mix; **F.svereinbarung** financing agreement; **F.svermittlung** assistance in the arranging of finance; **F.svorschlag** financial/funding proposal; **F.szuschuß** funding grant, grant-in-aid
Finanz|jahr financial/fiscal/budget year; **F.kraft** financial power/strength; **F.lage** financial status/situation; **F.mittel** funds, capital, financial facilities; **F.planung** financial management; **mittelfristige F.planung** medium-term financial planning/budgetary planning/ financial budgeting; **F.politik** financial policy, *(Staat)* fiscal policy; **f.schwach** financially weak; **F.spielraum** financial margin/scope; **f.stark** financially strong; **F.wesen** financial system/management; **F.wirtschaft** financial management; **F.zusage** funding commitment; **F.zuschuß** capital grant; **F.zuweisung** financial grant, *(zweckgebunden)* specific grant, *(nicht zweckgebunden)* block grant
Firmen|nähe proximity to companies; **F.rente** company pension; **F.sanierung** company rehabilitation/reconstruction; **F.sitz** corporate headquarters, registered office, commercial domicile; **den F.sitz haben in** to be headquartered/commercially domiciled in; **f.spezifisch** company-specific; **F.treue** company loyalty; **F.übernahme** acquisition, takeover; **F.wanderung** migration of companies
Fiskalpolitik fiscal policy
Fixkosten fixed costs, overheads
bebaute Fläche built-up area; **forstwirtschaftliche F.** forestry area/land; **gewerblich genutzte F.** industrial space; **landwirtschaftliche F.** agricultural land; **verfügbare F.** available land
Flächen|angebot land supply; **F.anspruch** land requirement; **F.beanspruchung** land use; **F.bedarf** land requirements, requirements of (floor) space; **F.bevorratung** land reserves/hoarding, stocking of land; **f.bezogen** site-specific; **f.deckend** area-/region-wide; **F.engpaß** shortage of land, land bottleneck; **F.inanspruchnahme** land use; **f.intensiv** land-intensive; **f.mäßige Voraussetzungen** land requirements; **F.nutzung** land use; **F.nutzung für gewerbliche Tätigkeit** industrial land use, land use for industrial purposes; **F.nutzungsplan** (municipal) development plan, local plan, county/town map, *[US]* zoning plan/ordinance, plan for zoning; **Aufstellung eines F.nutzungsplans** zoning; **den F.nutzungsplan ändern** to rezone; **F.politik** land policy; **F.potential** available land; **F.umwidmung** rezoning; **F.vorrat** land bank; **F.zuschnitt** zoning
flankieren to support; **f.de Maßnahmen** support measures
Fließbandarbeit conveyor belt/assembly line work
Fluktuationsquote turnover rate
ausgelaufene Flüssigkeit spill
Folge outcome, result, outgrowth; **F.einrichtung** ancillary facilities; **F.investition** subsequent/follow-up investment(s); **F.last** *(finanziell)* follow-up costs; **F.problem** resultant problem
revolvierender Fonds revolving fund

Förderantrag application for a grant/subsidy; **Vorbereitung eines F.s** grant proposal preparation

Förder|einschränkung restriction on subsidies; **F.er** sponsor, developer; **F.gebiet** development/assisted area; **F.gefälle** subsidy differential; **F.kreis** (circle of) supporters, sponsoring group; **F.kulisse** range/scope/background of promotional/sponsoring activities; **f.lich** conducive (to); **F.mitteleinsatz** employment of subsidies; **F.möglichkeit** development potential/prospects; **F.politik** development policy; **F.programm** development/advancement programme; **F.satz** grant level

fordern to request

fördern to promote

Forderung demand, claim, requirement

Förderung (→ *Finanzierung, Förder-*) development, promotion, advancement, *(finanziell)* grant, subsidy; **Einstellung der F.** discontinuation of subsidies; **Ziel der F.** development objective; **zweckgebundene finanzielle F.** tied grant, dedicated funding; **indirekte F.** indirect promotion; **regionale F.** (measures of) regional development; **F.sanspruch** eligibility for assistance; **F.sbedingungen** range of incentives, development criteria; **F.sberechtigung** eligibility for assistance; **F.sdauer** period of grant; **f.sfähig** eligible for a grant/subsidy; **F.sinstrumentarium** range of incentives; **F.skriterien** development criteria, criteria for granting subsidies; **unternehmensbezogene F.smaßnahme** company-related state support/grant; **staatliche F.smittel** government grant/financial aid, support grant; **F.spaket** aid package; **F.spolitik** aid policy; **F.sprogramm** support/advancement programme; **F.srichtlinien** guidelines for economic development measures; **F.ssumme** level of subsidy, grant total; **F.sträger** sponsor, promoter; **F.svolumen** total amount available for promotion; **f.swürdig** eligible for a grant/subsidy; **volkswirtschaftlich f.swürdig** eligible for a grant/subsidy on economic grounds; **Feststellung der F.swürdigkeit** deciding whether a company is eligible for assistance

die Formalitäten einhalten to comply with formalities

Forschung und Entwicklung (F & E) research and development (R & D)

Forschungs|aktivität research activity; **F.- und Entwicklungsaktivität** research and development activity; **F.arbeit** research work; **F.auftrag** research assignment/contract; **F.- und Entwicklungsausgaben** research and development expenditure; **F.einrichtung** research facility/faculty/institute; **außeruniversitäre F.einrichtung** non-university research institute; **universitäre F.einrichtung** university research institute; **F.- und Technologieeinsatz** use/input of research and technology; **anwendungsreifes F.ergebnis** research (result) capable of immediate/direct application; **F.förderung** research promotion, sponsoring of research; **F.institut** research institute/faculty; **f.intensiv** research-intensive; **F.labor** research laboratory; **F.potential** research capacity/capabilities; **F.tätigkeit** research work/activity; **F.vorhaben** research project; **F.zuschuß** research grant

Forst|behörde forestry office; **F.en** forestry; **F.wirtschaft** forestry

Fortbildung further/advanced training, continuing education; **F.slehrgang** continuation course

fortschreiben *(Programm)* to roll forward

Fortschreibung continuation, extrapolation

Fortschritt progress, advance; **F.e erzielen** to make headway

Fortzug (out-)migration, migration from an area

Frachtenkontor freight centre

in Frage kommend eligible

Franchisegeschäft franchising

freiberufliche Tätigkeit professional services

Freibetrag allowance, relief

Freifläche open space

Freigabe liberalization; **F. von Land (zur Bebauung/Erschließung)** release of land (for development)

Freihafen free port

Freihandelszone free/foreign trade zone, enterprise zone, foreign trading zone

Freilegen/Freilegung uncovering, exposure, laying bare

freilegen *(Fläche)* to open up, to redevelop, to lay bare

Freiraum *(fig.)* freedom, scope, room for manœuvre, *(Land)* open space; **F.sicherung** preserving open spaces

Freizeit|angebot amenities for leisure time; **F.anlage** leisure park/grounds; **F.einrichtung** leisure/recreation(-al) facilities; **F.industrie** leisure time industry; **F.wert** recreational value; **F.zentrum** leisure centre; **Nutzung für F.zwecke** leisure use

freiziehen to vacate; **F. von Land** vacation of land

Fremdenverkehr tourism; **Investitionen für den F./F.sinvestitionen** tourist industry investment(s); **F.sförderung** promotion of tourism
Fremdkapital outside/borrowed/loan capital; **hoher F.anteil** high gearing
Fremdvergabe contracting out
Frischwasser fresh water
Frühwarnsystem early warning system
Fühlungsvorteil agglomeration/locational proximity advantage
Führer *(Buch)* guide
Fuhrpark lorry park, fleet
Führungs|eigenschaften/-fähigkeiten management skills; **F.gesellschaft** management company, *(Bank)* leading underwriter; **F.gremium** managing board; **F.instrument** management device/tool; **F.kraft** executive, managerial employee; **F.methoden** management practices; **F.personal** managerial employees; **F.qualitäten** management skills
Funktionalraum functional/nodal region
funktionsfähig operational; **voll f.** fully operational
Funktionsschwäche functional weakness
Fürsorgeeinrichtungen social services
Fußgänger|unterführung subway; **F.zone** pedestrian precinct
Fußweg walkway

G

in Gang kommen to gather momentum, to get under way
Garantie guarantee, warranty
Gartenstadt garden city
Gasfernleitung long-distance gas pipe
Gaststätten- und Beherbungsgewerbe hotel and catering trade
vollständig eingerichtetes Gebäude developed building; **standardisiertes gewerbliches G.** advance factory; **leerstehendes/ungenutztes G.** redundant building; **schlüsselfertiges G.** turnkey building; **G.situation** question of premises
Gebiet| außerhalb von Großstädten non-metropolitan area; **angrenzende G.e** surrounding areas; **entlegenes G.** peripheral region; **karges G.** barren area; **G.sansässiger** resident; **G.sausweisung** zoning; **G.sentwicklungsplan** zoning plan, regional planning programme; **G.skörperschaft** government unit, unit of government, regional administrative body, subdivision; **kommunale G.skörperschaft** local authority (as a body corporate)
Gebot *(Auktion)* bid
Gebrauch use, application; **G.sgüter** consumer durables
Gebühr fee, charge, levy; **ermäßigte G.en** reduced charges; **G.enbelastung** level of charges; **g.enfrei** toll-free, free of charge; **G.enordnung** fee structure, scale of charges; **G.envergünstigungen** reduced charges, low tariffs
in Gefahr geraten to become endangered
Gegenmaßnahme countermeasure
Gegenstand object, *(Thema)* subject/topic (of discussion)
gegensätzlich opposite, adversarial
Geheimhaltung secrecy
Gehweg walkway, footpath
angrenzendes Gelände (→ *Fläche, Grundstück, Land*) surrounding property; **erschlossenes G.** developed building/site; **unbebautes G.** open space; **ein G. (an-)pachten** to rent premises; **G. ausweisen** to zone, to allocate land; **ein G. erwerben** to acquire a site/premises; **G.frage** question of land availability/suitability
langfristige Gelddispositionen cash forecast
Gelder funds, capital, monies, financial facilities; **öffentliche G.** public funds/monies
Geld|geber(in) investor, sponsor, financial backer; **G.politik** monetary policy
Gemeinde community, local authority, *[US]* municipality; **G. mit hoher Arbeitslosigkeit** distressed municipality; **G.anteil an der Einkommensteuer** municipal share in income tax revenue; **G.finanzausgleich** financial equalization between local authorities; **G.finanzierung** local government finance/financing; **G.ordnung** *[GB]* local byelaws, *[US]* municipal charter; **G.- und Kreisordnung** municipal code; **G.rat** municipal/borough/town/district council, *(Mitglied)* councillor; **G.satzung** *[GB]* local byelaws, *[US]* municipal charter; **G.steuern** municipal taxes, *[GB]* (local) rates; **G.steuer(hebe)satz** municipal tax rate; **G.verwaltung** local authority, *[US]* municipal government

Gemeinkosten

Gemeinkosten overheads
gemeinnützige| Gesellschaft non-profit organization; **g.s Unternehmen** non-profit organization; **g.r Verband** non-profit organization
Gemeinschaft community (entity), partnership; **G.saufgabe** community/joint task; **G.seinrichtung(-en)** joint institution/facility, premises with common services; **G.sprojekt** community project, joint/collaborative scheme
Gemengelage activity mix
Genehmigung approval, licence, licensing, authorization; **G.sverfahren** licensing procedure; **G.svoraussetzungen** licensing requirements
Generaldirektor chief executive officer
genossenschaftlich co-operative
Gentechnik genetic engineering
geräumig spacious
Geringverdiener *(Pl.)* lower-income group
Gesamt|aufwendungen total expenditure/outlay; **G.einkommen** total income; **G.entwicklung** overall development; **G.hochschule** polytechnic, comprehensive university; **G.indikatorsystem** system of economic indicators; **G.konzept** overall concept; **G.wirtschaft** economy as a whole
Geschäftigkeit activity
Geschäfts|aufgabe retirement from business; **G.bericht** *(Unternehmen)* annual report and accounts; **die G.bücher prüfen** to audit the accounts; **G.entwicklung** business development; **G.frau** business woman; **G.führer** managing director; **G.führung** management; **G.gebäude** business premises, office building; **G.idee** business idea; **G.klima** business climate; **G.lokal** business premises; **ein G.lokal (an-)mieten** to rent premises; **G.mann** businessman, tradesman; **G.möglichkeiten** business opportunities; **G.ordnung** rules of procedure; **G.räume** business premises; **G.räume (an-)mieten** to rent premises; **G.rückgang** trade recession; **G.tätigkeit** business activity; **G.übernahme** business takeover; **G.verteilungsplan** organization chart, schedule of responsibility; **G.welt** business community, trade; **G.zentrum** shopping/downtown district; **G.zweig** line of business
Geschichte der Industrialisierung industrial history
Gesellschaft| mit beschränkter Haftung (GmbH) limited company (Ltd.); **eine G. gründen** to set up/establish/form a company; **in eine andere G. ausgründen** to hive off
gesellschaftliche Gruppe social group
Gesetze und Verordnungen legal and regulatory environment

Gesetz- und Verordnungsblatt gazette of laws and ordinances
Gesetzesvollzug law enforcement
gesetzliche Körperschaft legal entity, statutory agency
Gestaltungs|konzept planning/development concept; **G.möglichkeit** development potential; **G.spielraum** scope; **G.vorgaben** development targets
gesunden to recover
auf gesunden Füßen stehen *(fig.)* to be economically sound/well established
Gesundheits|- und Gewerbeaufsichtsamt Local Health and Safety Executive Office; **G.behörde** health/sanitary authority; **G.fürsorge** health care; **G.- und Sozialministerium** *[GB]* Department of Health and Social Security (DHSS); **G.politik** (public) health policy; **G.wesen** health care
Gesundschrumpfen slimming down, shedding unprofitable operations, reduction of a company to a viable size
gewährleisten to ensure, to guarantee
Gewährleistung warranty; **G.sversicherung** product liability insurance
Gewässerreinigung purification of water, cleaning of polluted water(s), maintenance of water quality
Gewerbe (→ *Branche, Industrie, Unternehmen*) trade, industry, trade craft; **heimisches G.** local/domestic industry, *(EG)* national industry; **öffentliches G.** public industry/sector; **privates G.** private industry/sector; **produzierendes G.** manufacturing industry, producing sector; **störendes G.** polluting industry; **verarbeitendes G.** manufacturing/processing industry/sector; **verbrauchsgüterproduzierendes G.** consumer goods industry; **warenproduzierendes G.** goods-producing activities; **G.amt** Trading Standards Department; **externe G.ansiedlung** location of companies from outside; **interne G.ansiedlung** location of companies from within; **G.aufsicht** factory safety and health inspection, factory and shop inspection; **G.aufsichtsamt** factory inspectorate; **subventionierter G.bau** subsidized construction of commercial buildings; **G.bestandssicherung** maintenance of the industrial base; **G.ertragsteuer** trade earnings tax; **G.finanzierung** business finance; **G.fläche** industrial land, land zoned for economic activities, floor space; **G.fläche herkömmlicher Art** conventional industrial space; **G.förderung** trade promotion; **G.freiheit** freedom of trade; **G.gebiet** enterprise

zone, area zoned for economic activities; **Ausweisung von G.gebieten** land zoned for commercial use; **Entwicklung eines G.gebietes** commercial development; **G.grundstück** industrial/commercial property, land/site for commercial/industrial use; **G.grundstücksmarkt** market for commercially/industrially used properties; **G.kapitalsteuer** trading capital tax; **G.müll** industrial waste; **G.objekt** commercial property; **G.ordnung** industrial code, trade laws, trading regulations; **G.park** industrial estate, industry/business park, enterprise zone; **G.- und Industriepark** industrial estate; **G.schein** trading/business licence; **G.schule** vocational-technical school; **G.standort** industrial location; **G.steuer** (local) business tax (on capital and profits), trade tax; **G.steuerausgleich** local business tax equalization; **G.steuerhebesatz** rate of the local business tax; **G.steuerumlage** federal and state participation in the municipal trade tax; **G.struktur** mix of industries, trading structure; **G.tätigkeit** industrial/commercial activity; **G.tätigkeit anregen** to generate trade; **G.treibender** tradesman, businessman; **G.zentrum** commercial/industrial/trade centre, business park; **G.- und Freizeitzentrum** commercial and leisure complex; **G.- und Innovationszentrum** business and innovation centre; **G.zweck** industrial use; **G.zweig** branch, industry
nicht gewerblich non-business/-commercial
gewerblich|er Arbeitnehmer industrial employee; **g.er Bereich** industry, industrial sector; **g.-technischer Bereich** commercial and engineering sector; **g.e Gebäude** business facilities; **g.e Investoren** business investors; **g.er Nutzer** commercial subscriber; **g.e Nutzfläche** industrial floor space; **g.e Nutzung** commercial/industrial use/application, commercialization; **g. genutztes Grundstück** industrial/commercial property
gewerbsmäßig commercial, professional
Gewerkschaft trade union, mining company; **die G.en beteiligen** to involve/consult the trade unions
Gewinne| einbehalten to retain profits; **G. thesaurieren** to accumulate profits (in a business)
Gewinnabsicht profit orientation; **in G.** for profit-, profit-oriented
Gewinn|spanne profit margin; **G.strategie** money-making strategy; **G.verrechnung** offset; **G.verwendung** appropriation of profit(s); **G.zone** net income area; **die G.zone erreichen** to break even, to reach break-even point

Gewinnung und Verarbeitung von Steinen und Erden quarrying
Gießerei foundry
Gießkannenprinzip principle of giving everyone a slice of the cake
Giftstoff contaminant
Gigant *(Unternehmen)* mega company
Glanzbroschüre glossy/gloss paper brochure
Glasfaser glass/optical fibre; **G.kabel** glass/optical fibre cable; **G.technik** fibre optics, optical fibre technology
Gleichbehandlung equal treatment
Gleis|anlage track, railway lines; **G.anschluß** junction, siding
Glied link
Gremium board
Groß|anlage large-scale plant; **G.anleger** major investor; **G.betrieb** big enterprise, large-scale operation/works; **G.feuerungsanlagenverordnung** regulations concerning coal-, gas- and oil-fired power plants; **G.forschung** large-scale research; **G.forschungseinrichtung** major research facility; **G.handel** wholesale trade; **G.handelszentrum** wholesale trade centre; **G.händler** wholesaler; **G.handlung** wholesale outlet; **G.hersteller** large-scale manufacturer; **G.investor** major investor; **G.kläranlage** large-scale clarification plant/plant for sewage treatment; **G.lager** bulk storage; **G.markt** central/ wholesale market; **G.raum** area; **g.räumig** *(Fläche)* extensive, *(Platz)* roomy, spacious; **G.rechner** *(EDV)* mainframe; **G.stadtbezirke** metropolitan units of government; **G.stadtgebiet** metropolitan area; **G.umschlagsanlage** large-scale trans(s)hipment facilities; **G.unternehmen** industrial giant, large business/firm/enterprise, large-scale operation, mega company; **G.vertrieb** bulk distribution; **G.vorhaben** major project; **G.zählung** major census
Grund|ausstattung basic facilities; **G.bedingung** basic condition; **G.besitzer** landowner, real estate owner; **G.buch** land register, *[US]* real estate register; **G.buchamt** land registry, *[US]* registry of deeds; **G.dienstbarkeit** easement, real servitude; **G.eigentümer** landowner, real estate owner; **G.element** underlying factor; **G.erwerb** land acquisition; **G.erwerbssteuer** (land) transfer tax, real estate acquisition tax; **G.erwerbssteuerbefreiung** exemption from land transfer tax; **G.fläche** floor space, acreage, surface; **G.gebühr** flat fee/rate; **G.konzept** basic concept; **G.lagenforschung** basic research; **G.last** base/normal load; **G.lohn** base

pay; **G.preis** basic/net price, *(Strom)* basic charge; **G.satzdiskussion** constitutional debate; **G.steuer** property/land/real estate tax, tax on real property; **G.steuerbemessungsbetrag** property tax base; **G.stoff** basic material, commodity product; **G.stoffgüter** commodities, primary products; **G.stoffindustrie** primary/basic (materials)/extractive industry; **G.stoff- und Fertigungsindustrie** basic and manufacturing goods sector; **G.wasserbelastung** pollution of underground water
Gründer|welle wave of business start-ups; **G.zeit** period of promotion; **G.zentrum** new business centre
Grundsätzliches zur Wirtschaft economic basics
Grundstück|e mit gemeinsamen Versorgungseinrichtungen premises with common services; **Aufbereitung von G.en** rehabilitation of land; **bebautes G.** developed site; **bebaute G.e** built-up area; **brachliegendes G.** redundant land; **erschlossenes G.** serviced site; **voll erschlossenes G.** fully developed site; **preisgünstiges G.** (industrial) site at a favourable price; **unbebautes G.** undeveloped/unbuilt property/site; **ungenutztes G.** idle/redundant land; **verfügbares G.** available site; **ein G. (an-)pachten** to take land on lease; **ein G. erwerben** to acquire premises; **G.sangebot** sites on offer; **G.sanierung** site clearing; **G.seigentümer** landowner, real estate/property owner; **G.serschließung** site development/improvement; **G.serschließungsgesellschaft** developer, development agency; **G.serwerb** acquisition of land; **G.sfonds** land/real estate fund; **G.skauf** land acquisition, acquisition of land; **G.skosten** cost of land; **G.smarkt** property market; **g.spolitisch**

with regard to land use; **G.spreis** land/property price; **G.sreserve** land bank/reserves; **G.ssituation** land availability; **G.sübergabe** land transfer, conveyance of land; **G.sübertragungsurkunde** warranty deed; **G.veräußerung/-verkauf** sale/disposal of land; **G.svorrat** land bank, supply of sites
Grundtendenz underlying trend
Gründung establishment, formation, foundation, setting up, *(jur.)* incorporation, *[US]* incorporation and organization; **G. von Filialen** setting up of branches; **G.sberatung** start-up counselling; **G.sgebühr** *[US]* charter fee; **G.sklima** conditions for starting a business; **G.skosten** launching costs, start-up expense; **G.sprämie** start-up bonus; **G.sstadium** start-up period; **G.surkunde** certificate of incorporation; **G.svorhaben** start-up project; **G.swelle** wave of business start-ups
Grün|fläche/-gürtel green/open space/area, green belt; **G.flächenplanung** open space planning; **G.- und Freizeitnutzung** greenbelt and leisure use(s); **G.zone** green zone/belt
gültig sein to be valid/in effect
Gummiverarbeitung rubber processing
aus einem Guß *(fig.)* a unified whole
Gutachte|n report, advice; **G.r(in)** expert; **g.rliche Stellungnahme** expert opinion, expert's report
technisch hochwertige Güter high-technology goods; **G.bahnhof** *[GB]* goods yard, *[US]* freight depot; **G.transport** movement of freight/goods; **G.umschlag** goods handling; **G.verkehr** goods/freight traffic; **G.verkehrseinrichtungen** freight/goods traffic facilities; **G.verkehrsstrecke** rail freight line

H

Hafen|anlagen port facilities; **H.umladestation** port transhipment facilities
Haftpflichtversicherung third party (liability) insurance
Haftung liability
in gleichen Halbjahresraten in equal half-yearly instalments
Halbleiter semiconductor; **H.branche** semiconductor industry; **H.fertigung** semiconductor manufacturing; **H.industrie** semiconductor industry

Halde (→ *Deponie*) *(Müll)* tip, dump, mound, heap, *(Abbau)* slagheap, *(Vorräte)* pile
Handel trade; **Rückgang beim H.** trade recession; **H.sabkommen** trade agreement; **H.saustausch** trade (exchange); **H.s- und Dienstleistungsbereich** trade and services sector; **H.betrieb** commercial enterprise, trade establishment; **H.beziehungen** trade relations; **H.sförderung** trade promotion; **H.shemmnis** trade barrier, barrier to trade; **nicht-tarifäre H.shemm-**

nisse non-tariff trade barriers; **H.s- und Gewerbehof** trading estate; **H.skammer** chamber of commerce, *[US]* board of trade; **H.skette** retail chain, *(Absatzkanal)* distribution channel; **H.smakler** broker, agent; **H.sname** service mark, trade name; **H.sregister** register of companies, companies registration office; **Eintragung ins H.sregister** registration; **H.sregisterführer** Registrar of Companies; **H.sschule** trade school; **H.sstruktur** trade pattern; **H.svermittlung** (commercial) agency; **H.szentrum** trading centre
Handhabungssystem operational system, handling procedure
Händler merchant, tradesman, dealer
Handlungs|ablauf course of action; **H.anweisung** instruction, order; **H.bedarf** necessity to act; **politischer H.bedarf** political necessity to act; **H.bereich** sphere of action; **H.kompetenz** ability/authority to act; **H.konzept** plan of action; **H.rahmen** brief; **H.spielraum** scope (of action)
Handwerk trade craft; **H.erhof** craftman's yard; **H.sbetrieb** craftman's establishment/workshop, handicraft business; **H.skammer** chamber of handicrafts; **H.smeister** master craftsman; **H.szweig** trade
harmonisieren to harmonize
Haupt|abnehmer main buyer, major customer; **H.anschluß** main connection, *(EDV)* main terminal, *(Telefon)* mainstation; **H.augenmerk** main emphasis, particular attention; **H.geschäftsführer(in)** chief executive officer; **H.geschäftssitz** principal office; **H.niederlassung** head office, main branch/office, headquarters; **H.rechner** *(EDV)* mainframe; **mit H.sitz** headquartered, based; **H.verwaltung** headquarters, head/main office
etwas außer Haus machen lassen to contract sth out; **H.bank** private/company's/borrower's bank; **H.bankrisiko** risk of the company's/borrower's bank; **H.halt** budget, household; **Größe eines privaten H.halts** household size; **Vier-Personen-H.halt** family of four; **H.haltsaufstellung** budgetary planning (procedure), budgeting procedure; **jährliche H.haltsaufstellung** annual budgeting (process); **H.haltserfordernisse** budget requirements; **H.haltsjahr** budget/financial/fiscal year; **H.haltskürzung** budget cut; **H.haltslage** budget situation; **H.haltsmittel** (budget) funds; **H.haltsplanung** budgetary planning; **H.haltsvariable** fiscal variable; **H.haltszwänge** budget pressures; **H.haltungsgröße** household size; **H.müll** household waste, domestic refuse

Hebesatz (tax) rate, assessment rate
hegen *(fig.)* to nurture
Heimarbeitsplatz *(EDV)* home workstation
Heizkraftwerk heating power station
bürokratische Hemmnisse bureaucratic impediments, red tape
Hersteller| von Massengütern high-volume industry; **H. von Schwermaschinen** heavy equipment manufacturer
Herstellung| von Eisen-, Blech- und Metallwaren manufacture of ferrous metal goods; **H.sbetrieb** manufacturing establishment; **H.skosten** manufacturing/production costs, cost(s) of production; **H.spreis** manufacturing/out-turn price; **H.sverfahren** production technique(s)
Hilfe aid, relief, *(finanziell)* grant, assistance; **H. zur Selbsthilfe** encouragement of self-help; **gezielte H.** specific aid; **projektgebundene H.** tied aid; **sachgerechte H.** proper aid/help; **staatliche H.** government aid
Hilfs|arbeiter(in) unskilled worker; **H.einrichtungen** supporting facilities
Hintergrundwissen background knowledge
Hochbau structural engineering; **H.amt** building surveyor's office
hochdotierte Stellung high-bracket professional position
hochmodern state-of-the-art
Hochofen blast furnace
Hochschul|bereich academic community; **Technische H.e** polytechnic; **H.landschaft** institutions of further education, the universities and polytechnics
Höchstfördergrenze ceiling for subsidies
Hochtechnologie high/advanced technology; **H.einrichtung** high-tech accommodation; **H.industrie** sunrise industry; **H.unternehmen** advanced technology company
Hochtemperaturreaktor high-temperature reactor
Höher|qualifizierung upgrading one's skills; **H.stufung** upgrading
Holz|bearbeitung woodworking, *(Sägewerk)* timber processing; **H.ung** lumbering, felling of trees
horten to stockpile
Hotel- und Gaststättengewerbe hotel and catering trade
Humanisierung| der Arbeit humanization of working conditions; **H.stechnologie** technology for humanizing work
Humankapital human resources/capital
Hüttenvertrag iron and steel industry agreement
Hypothekenbestellungsurkunde security deed

I

Ideenaustausch traffic in/exchange of ideas
Image-Kampagne image campaign, prestige advertising
ein Imageproblem haben to have an image problem
Immissions|richtwert pollution control standard; **I.schutz** pollution protection; **I.schutzauflage** pollution control/abatement requirement
Immobilien|anlagen investment property; **I.gesellschaft** real estate company; **I.handel** real estate/property transactions; **I.markt** property market
implementieren to carry out, to implement
Import|druck pressure of imports; **I.-Export-Handelsbetrieb** import export trading company
Impuls| für die gewerbliche Wirtschaft industrial impulse; **auslösender I.** triggering impulse; **I.e auslösen** to give sth. (new) impetus/momentum; **I.e für Gewerbe/Handel geben** to generate trade; **I.programm** incentive programme
Inanspruchnahme use, employment, *(Auslastung)* utilization, demands, claims (on)
Inbetriebnahme opening, coming on stream, going into operation
Index blackball list
Indikatorsystem indicator system
Individualverkehr private transport
Industrie (→ *Branche, Gewerbe, Unternehmen, Wirtschaft*) industry; **Gesamtleistung der I.** industry's performance; **aufstrebende I.** new/sunrise industry; **chemische I.** chemical industry; **einheimische I.** domestic/local/indigenous industry; **eisenschaffende I.** iron and steel producing industry; **klassische I.** sunset/smokestack industry; **metallverarbeitende I.** metal-processing industry; **ortsansässige I.** local industry; **pharmazeutische I.** pharmaceutical industry; **niedergehende I.** sunset industry; **verarbeitende I.** manufacturing/processing industry; **Schrumpfung der verarbeitenden I.** manufacturing loss; **I.abfall** industrial waste; **I.abgase** dirty industrial waste; **I.anlage** industrial unit; **I.anlagen** industrial equipment/machinery; **I.ansiedlung** industrial/business development, establishment of industries; **I.arbeiter** industrial/factory worker, worker in industry; **I.arbeitsplatz** manufacturing job, job in industry; **I.areal** industrial estate/land; **I.basis** industrialized base; **I.beratungsunternehmen** industrial consulting firm; **I.besatz** established industries, industrial density; **I.beschäftigter** industrial worker, person employed in industry; **I.beschäftigte** people employed in industry; **I.betrieb** industrial unit/enterprise; **I.brache** derelict (industrial) land, industrial waste land, barren industrial area; **I.dichte** industrial density; **I.elektronik** industrial electronics; **I.entwicklung** industrial development; **I.-und Gewerbeentwicklung** industrial and commercial development; **I.fläche** industrial land, land used for industrial purposes; **brachliegende I.fläche** derelict industrial land, industrial waste land; **I.gebäude** industrial building; **I.- und Gewerbegebiet** industrial/trading estate, area zoned for industrial and commercial purposes; **I.gelände** industrial premises/land/space/sites and buildings; **I.gesellschaft** industrial society; **I.gift** industrial pollutant; **I.gleisanschluß** siding for industrial enterprise; **I.- und Handelskammer** chamber of industry and commerce; **I.konzern** industrial concern/group; **I.müll** industrial waste; **I.normen** technical specifications; **I.ödland** derelict industrial land; **I.park** industrial estate; **I.- und Gewerbepark** business park, industrial estate, enterprise zone; **I.politik** industrial policy; **I.produktion** industrial output, output of industry; **voll entwickelte I.region** mature industrial area; **I.sabotage** industrial sabotage; **i.schwach** less industrialized; **I.sektor** industry; **I.sponsor** industry sponsor; **I.standortpolitik** industrial location policy, distribution of industry policy; **I.struktur** industrial structure; **I.umsatz** industrial turnover; **I.unternehmen** industrial enterprise; **I.verband** trade association; **I.werkstoff** industrial material; **I.zweig** industry, branch; **Beziehungen zwischen I.zweigen** interindustry relations; **Verbindung zwischen I.zweigen** interindustry linkage; **angeschlossener I.zweig** related industry; **im Strukturwandel befindlicher I.zweig** adjusting industry; **traditioneller I.zweig** established industry; **verbundener I.zweig** associated industry; **verwandte I.zweige** related industries; **einen I.zweig hervorbringen** to spawn an industry
industriell industrial; **i.er Absatz** industrial sales; **gefährdete i.e Basis** troubled industrial base; **i.er Durchschnitt** industrial average; **i.e Erschließung** industrial development; **i.e Fertigung** industrial production; **i.e Nutzung** industrial use; **i.e Verstädterung** industrial urbanization

Ineinandergreifen von Faktoren crosscurrent of forces
Informatik computer science
Informations|abfrage/-abruf *(EDV)* information retrieval; **I.anbieter** information provider; **I.angebot** range of (available) information; **I.austausch** traffic in information, exchange of ideas; **I.basis** basis of information; **I.beschaffung** information gathering, obtaining/procuring of information; **I.besuch** information/informative visit; **I.defizit** lack of information; **I.dienst** information service; **I.fluß** flow of information, communication; **I.gesellschaft** information society; **I.grundlage** information base; **I.material** information, literature; **I.nachfrage** demand for information; **I.speicherung** information storage; **I.stelle** information centre/office; **I.system** information system; **flächenbezogenes I.system** area-wide information system; **I.technologie** information technology; **I.verarbeitung** information processing; **I.zentrale** data base, *(Ort)* central information office; **I.zugriff** information access
Infrastruktur infrastructure; **Verbesserung der I.** infrastructure improvement; **Verbesserung der regionalen I.** improvement of the regional infrastructure; **gut ausgebaute I.** well developed/established infrastructure; **bauliche I.** physical infrastructure; **nicht verkehrsgebundene I.** non-transport infrastructure; **wirtschaftsnahe I.** industrial and commercial infrastructure, industry-oriented infrastructure; **I.ausstattung** existing/available infrastructure, provision of infrastructure facilities; **I.bedarf** deficiency in infrastructure; **I.einrichtung** infrastructure facility; **i.elle Voraussetzungen** infrastructural requirements, necessary infrastructure; **I.maßnahme** infrastructure works, measure to improve the infrastructure; **I.politik** infrastructure policy; **I.voraussetzung** infrastructural requirement(s), necessary infrastructure
Ingenieur|wesen engineering; **I.wissenschaften** engineering subjects
Inhaber(in) holder, proprietor, occupier
Initiativprogramm incentive programme
Inkongruenz mismatch
inländisch domestic, national
Inlandsnachfrage domestic demand
innerörtlich inner-city
Innovation innovation; **I.en im Bereich der Unternehmensführung** management innovations; **Umsetzung von I.en (in marktfähige Produkte)** commercialization of innovations; **technische I.** technical innovation; **I.saufwendungen** innovation expenditure; **I.sdruck** pressure to innovate; **I.sförderung** promotion of innovation
innovationsfreudig innovative; **i.es Unternehmen** innovative business
Innovations|geschwindigkeit speed of innovation; **I.shemmnis** barrier to innovation; **I.sklima** climate for innovations; **I.skraft** innovative strength/power; **I.sschwäche** innovative weakness; **I.swettbewerb** race for innovations; **I.swiderstand** resistance to innovations; **I.zentrum** innovative/technology centre, science park; **I.s- und Transferzentrum** technology centre, science park
innovativ innovative, innovatory; **i.es Projekt** innovative project
Insolvenz insolvency, bankruptcy
Instand|haltungskosten upkeep expenses, maintenance charges; **I.setzungsprogramm** repair programme
Instanz authority, instance; **I.enweg** official channels, *(jur.)* stages of appeal
tragende Institution sponsoring/supporting agency/authority; **vollziehende I.** implementing agency/authority
Instrument tool, instrument; **I.e der Wirtschaftsförderung** tools for promoting economic development; **I.eneinsatz** deployment of tools/instruments
Integration integration
integrierte| Schaltung integrated circuit; **i.r Schaltkreis** integrated circuit
Interessen|abwägung weighing up of different interests; **I.verband** community of interests, interest grouping, lobby
intraregional intra-regional
Inventar inventory, furnishings and equipment
Inventur inventory-/stock-taking
Investition investment, input; **Gegenstand der I.** object of investment; **getätigte I.en** investment commitment; **leistungssteigernde I.** output-increasing investment; **I.en erleichtern** to ease/facilitate investments; **i.sähnliche Aufwendungen** investment-like expenses; **I.saufwand** capital investment, investment outlay; **I.saufwendungen** investment expenditure/spending/costs, expenditure for investment; **I.sausgaben** capital expenditure/investment/spending; **I.sbeginn** time of initial investment; **I.sbereitschaft** propensity/readiness to invest; **I.sdurchführung** investing; **I.sentscheidung** investment decision; **I.sförderung** investment promotion;

Investition

i.sfreundlich investor-oriented, incentive to investment; **I.sgüter** capital/equipment/industrial goods; **Auftragsbestand bei I.sgütern** backlog of demand for investment; **I.sgüterindustrie** capital goods industry; **I.sgüternachfrage** demand for capital goods; **i.sgüterproduzierendes Gewerbe** capital goods industry; **I.shaushalt** investment/capital budget; **i.shemmend** disincentive to investment; **I.shemmnisse** impediments to investments, disincentives to investment; **I.shilfe** investment aid; **I.shöhe** level of investments; **I.skalkül** investment analysis; **I.skalkulation** investment costing; **I.skapital** investment capital; **I.sklima** investment climate; **I.skosten** investment cost, up-front costs; **I.skraft** investment power; **I.skredit** investment loan; **I.smittel** investment funds/capital; **I.sneigung** propensity to invest; **I.spaket** investment package; **I.splan** investment plan, capital budget; **Aufstellung von I.splänen** capital budgeting procedure; **I.splanung** capital budgeting procedure, investment planning/budgeting; **I.sprogramm** investment/capital expenditure programme; **I.sprojekt** investment/capital project; **I.ssteuergutschrift** investment tax credit; **I.sstruktur** investment pattern; **I.ssumme** investment total; **I.stätigkeit** investment activities; **kommunale I.stätigkeit** municipal investments; **I.sverhalten** investment behaviour; **I.svolumen** volume of investments; **I.svorhaben** investment/capital (expenditure) project; **I.szusage/-versprechen** investment commitment; **I.szuschuß** investment grant
Investor investor

J

Jahres|abschluß annual report and accounts, annual financial statement; **J.belastung** annual charge/burden; **J.bezüge** annual compensation
geburtenstarker Jahrgang bulge age-group
Jugendarbeitslosigkeit youth unemployment, unemployment among young people; **Bekämpfung der J.** fight against youth unemployment
Jugendarbeitsschutz youth employment protection
Jungunternehmer(in) budding entrepreneur
juristische Person body corporate, legal person; **als j. P. eingetragen** incorporated

K

Kabel|fernsehen cable television; **K.rundfunkanlage** cable tv system; **K.text** cabletext
Kaianlage wharf location, waterfront facilities
Kalkulation calculation, estimating, costing, cost accounting
Kaltwalzwerk cold rolling mill
Kammer|bezirk chamber of commerce district; **K.zuschuß** grant by the local chamber of industry and commerce
Kanal|bau canalization; **K.hafen** canal port; **K.isation** drainage, canalization, sewerage, sewage system; **K.isierung** canalization, channeling
überschüssige Kapazität excess capacity; **K.sausbau** capacity expansion/increase; **K.sauslastung** capacity utilization; **k.serweiternd** extending the capacity; **K.serweiterung** capacity expansion/increase, extension of capacity; **K.smangel** undercapacity; **K.süberhang** capacity surplus
betriebsnotwendiges Kapital permanent working capital; **menschliches K.** human resources/capital; **mit K. ausstatten** to capitalise; **K.anlage** capital investment; **Kosten für die K.aufnahme** capital borrowing costs; **Kosten für die K.aufstellung** capital installation costs; **K.aufwand** revenue expenditure; **K.aufwand**

für technische Verbesserungen capital improvement; **K.aufwandsvergütung** capital cost recovery; **K.ausstattung** capital equipment/base/resources; **K.bedarf** capital needs; **K.beschaffung** financing, procurement of capital; **K.beteiligung** equity sharing/participation interest; **K.bildung** capital formation; dünne **K.decke** inadequate capital coverage; **K.ertrag** return on capital (employed); **K.ertragssteuer** capital gains tax; gewinnorientierter **K.fonds für Neugründungen** for-profit seed capital fund; **K.hilfe** capital aid; **K.intensität** high gearing; **k.intensiv** capital-intensive, heavily capitalized; **K.sicherung** securing the capital base; **K.stock** capital stock; **K.zuführung** injection of capital
Kartell|amt cartel office, *[GB]* monopolies commission, *[US]* anti-trust commission; **K.bildung** cartelization; **K.recht** cartel laws
Kassen- und Bankvoranschlag cash forecast
Käuferkontakt exposure to buyers
Kauf|formalitäten purchase formalities; **K.kraft** buying income; **K.kraft abziehen** to draw custom away; **K.kraft stärken** to increase spending power; **K.kraftverlust** decline in purchasing power, *(Währung)* depreciation; **K.vertrag** purchase contract, bill of emption, *(Grundstück)* title deeds
Keimzelle germ-cell
Kennzahl code, identification number
Keramik ceramics
keramische Werkstoffe ceramics, ceramic materials
Kern|brennstoff nuclear fuel; **K.energie** nuclear energy; **K.forschungsanlage** nuclear research plant; **K.frage** central issue/question; **K.fusion** nuclear fusion; **K.gebiet** core area; **K.gedanke** central idea; **K.land/-raum** core area; **K.städte** core towns; **K.stück** *(fig.)* main item, crucial/central part, centrepiece
Kindertagesstätte nursery, crèche
Kirchturmspolitik parochial policy
Klär|anlage/-werk sewage works, clarification plant; **K.schlamm** sludge
Klausel clause, provision, stipulation
Klein|betrieb small business/enterprise; **K.-und Mittelbetriebe** small businesses, small and medium-sized businesses/companies; **Programm zur Förderung von K.- und Mittelbetrieben** small business revitalization programme; **K.gewerbe** small businesses; **K.gewerbetreibender** small businessman; **K.serienfertigung** small series production, job-lot production; **K.unternehmen** small business/enterprise

günstiges Klima supportive climate
Kluft cleavage
Knotenpunkt junction, intersection
Kohle|förderung coal mining/output; **K.kraftwerk** coal-fired power plant, coal-power station; **K.lagerstätten** coal deposits; **K.nmonoxid** carbon monoxide; **K.nwasserstoff** hydrocarbon; **K.ölanlage** coal and oil fired plant; **K.politik** coal policy; **K.revier** mining area; **K.umwandlung in Öl** conversion of coal to hydrocarbons, coal liquefaction; **K.veredelung** coal transformation/conversion/processing; **Projekt zur K.veredelung** coal processing project; **K.veredelungsanlage** coal transformation plant; **K.veredelungstechnik** coal transformation technology; **K.verflüssigung** coal liquefying/liquefaction, hydrogenation of coal; **K.vergasung** coal gasification, gasification of coal; **K.verstromung** coal-based power generation, turning coal into electricity; **K.vorkommen** coal deposits; **K.vorrangpolitik** coal priority policy, policy for coal
Kokerei coking plant; **K.gas** coking gas
Kokskohle coking coal; **K.nbeihilfe** coking coal subsidy
Kommissionslager commission stocks
kommunal local, municipal; **K.abgaben** local rates and taxes; **K.behörde** local authority/governmental unit, local unit of government; **k.e Bedienstete** municipal labour force; **k.e Beratergruppe** local advisory group; **k.e Dienstleistungen** municipal services; **k.e Ebene** municipal/local level; **k.e Einheit** community entity; **k.e Einrichtungen** community facilities; **k.er Entwicklungsplan** community development programme; **k.e Erfordernisse** community needs; **k.e Investitionstätigkeit** municipal investment activity; **k.e Planung** municipal planning; **k.er Spitzenverband** local authority association; **k.e Steuern** municipal taxes, *[GB]* local rates; **k.er Steuersatz** municipal tax rate; **k.e Unternehmensberatungsstelle** *[GB]* Local Enterprise Agency (LEA); **K.entwicklung** community development; **K.politik** local government politics; **K.recht** local government law; **K.steuern** local taxes, *[GB]* rates; **K.verband** local authority association, federation of local governments; **K.verband Ruhrgebiet** Municipal Association of the Ruhr Area, union of local authorities in the Ruhr area; **K.verwaltung** local government, municipal governance; **K.wahlen** local (government) elections
Kommune mit hoher Arbeitslosigkeit distressed municipality

Kommunikations|dienst communication service; **K.einrichtung(en)** communication equipment, communication/information facilities; **K.fähigkeiten** communication skills; **K.technologie** communications, communication technology; **K.wesen** communications; **Revolution im K.wesen** communication revolution
Komplett|angebot bid package; **k. ausgestattet** fully serviced
Kompostierungsanlage/Kompostwerk compostation plant, compost works
Konferenzteilnehmer(in) conferee
Konglomerat agglomeration
Konjunktur economy, economic situation, business activity, *(steigend)* boom; **Umschwung der K.** cyclical turn; **K.bedingungen** economic environment; **K.entwicklung** trend in economic activity; **K.erwartung** economic/business outlook; **K.forscher** economic forecaster, prognosticator; **K.indikator** economic indicator; **K.klima** business climate; **K.lage** business outlook; **K.lokomotive** economic generator, engine for economic growth; **K.motor** engine for economic growth/recovery; **K.prognose** economic forecast; **K.prognostiker** forecaster; **k.reagibel** sensitive to cyclical fluctuations; **K.rückschlag** economic setback; **k.stützende Maßnahme** support for the economy; **K.wechsel** cyclical change; **K.zyklus** economic/business cycle
konjunkturelle|s Klima business climate; **k. Veränderung** cyclical change; **k. Wende** cyclical turn
Konkurrenz competition, competitors; **K.angebot** competing offer; **K.druck** competitive pressure; **k.fähig** competitive; **internationale K.fähigkeit** international competitiveness; **sich im K.verhältnis befinden mit** to compete with
konkurrieren (mit) to compete with
Konkurs bankruptcy, failure; **K.masse** bankrupt's estate; **K.verwalter** receiver, trustee, liquidator of an estate
Konsolidierung consolidation, funding; **K.smaßnahmen** consolidation measures; **K.spolitik** consolidation policy
Konsortialführerin leading underwriter
Konsortium underwriting syndicate
privater Konsum private consumption; **staatlicher K.** public-sector/state consumption; **K.ent** consumer; **langlebige K.güter** consumer durables; **k.nah** consumer-/market-oriented
Kontakte zwischen Firmen interfirm contact
Kontakt|anbahnung establishing initial contact(s); **K.aufnahme** contacting

Kontrollfunktion regulatory role
Konvergenz convergence
konzertierte Aktion concerted action
Konzessionierung/Konzessions|erteilung licensing, franchising; **K.gebühr** franchise tax; **K.steuer** license/franchise tax
Kooperation zwischen Hochschule und Wirtschaft co-operation between universities and industry; **K.sabkommen** co-operation agreement; **K.svorhaben** co-operative project, joint venture
Koordinierungsstelle coordinating office/authority
Koppelung linkage
Körperschaft corporation, body corporate; **K. des öffentlichen Rechts** public corporation/body; **K.ssteuer** corporation tax
Kosten costs, expenses, outlay; **K. vor Einstellung** pre-employment costs; **K. der Müllabfuhr** costs of waste disposal; **Absenkung von K.** cost reduction/cutting; **relative K.** comparative costs; **K.abbau** cost reduction/cutting; **k.aufwendig** costly; **K.deckung** cost recovery; **K.degression** economies of scale; **K.einsparung** cost reduction/cutting; **K.einsparungseffekt** cost-saving effect; **k.günstig** low-cost, at favourable costs; **k.intensiv** cost-intensive/-effective; **k.los** free (of charge); **K.minderung** cost reduction; **K.nachweis** documentation of cost; **k.neutral** not affecting costs, having no effect on costs; **K.-Nutzenanalyse** cost-benefit analysis; **K.rechnungssystem** costing system; **K.reduzierung** cost reduction/cutting; **K.- Nutzen Relation** cost-effectiveness; **höchste K.rentabilität** cost-effectiveness; **K.seite** cost side/aspect; **K.senkung** cost reduction/cutting, decrease in costs, reduction of costs; **K.senkung durch hohe Stückzahlen** economies of scale; **Strategie der K.senkung** cost-reducing strategy; **K.steigerungen weitergeben** to pass on rising costs/cost increases; **K.überlegung** cost consideration; **K.verursacher** cost factor; **K.voranschlag** estimate (of costs); **K.vorteil** cost advantage; **k.wirksam** cost-effective; **K.zuschuß** grant towards costs
in Kraft sein to be in effect/in force/valid
Kraft-Wärme-Kopplung power-heat link-up
Kraftwerks|bau power plant construction; **K.sanierungsprogramm** power plant rehabilitation scheme
Kranken|geld sick pay; **K.versicherung/-versicherungsträger** health/medical insurance;
Kreativität creativity
Kredit|e an junge Unternehmen (→ *Darlehen*) nursery finance; **durchgeleiteter K.** transmitted

credit; **revolvierender K.** revolving/recirculating credit; **zinsgünstiger K.** soft loan, loan at a favourable rate of interest; **einen K. erhalten** to obtain a credit; **K.anstalt für Wiederaufbau** Reconstruction Loan Corporation; **K.antrag** credit application; **K.aufnahme** borrowing; **K.finanzierung** loan finance; **K.garantiegemeinschaft** credit union; **K.(höchst)grenze** credit ceiling/limit, line of credit; **K.institut** bank, credit institution; **K.kosten** loan charges, capital borrowing costs; **K.möglichkeiten** credit facilities; **K.nachweis** credit reporting; **K.rückzahlung** repayment of a loan; **K.zinsen** loan interest
Kreis *(Gebiet) [GB]* borough, *[US]* county, district; **k.frei** autonomous; **K.handwerkerschaft** district guilds
Kreuzung *(Autobahn)* intersection, junction
tiefgreifende Krise deep crisis; **K.nregion** blighted area
Kühlwasser cooling water
kulturelle Einrichtungen cultural amenities
Kulturlandschaft cultural landscape
Kumulierungsverbot *(Zuschuß)* multi-funding ban
Kunden abwerben to draw custom away
Kunden|bedürfnisse customer requirements/needs; **K.daten** customers' data; **K.dienst** after-sales service; **K.erfordernisse** customers' requirements; **anvisierter K.kreis** target audience; **K.nähe** proximity to the customer
Kündigung notice, dismissal, cancellation, *(Vertrag)* termination; **K. einer Hypothek** mortgage foreclosure; **K.sfrist** (period of) notice
künstliche Intelligenz *(Computer)* artificial intelligence
Kunststoffindustrie synthetic materials industry
Kursangebot offerings of courses
Kurz|arbeit short-time work; **K.arbeitergeld** short-time work assistance; **K.beratung** brief counselling; **k.fristig** in the short term, short-term

L

Ladenstraße shopping street/mall
Ladestraße delivery roadway
Lage *(Ort)* location; **L.bericht** (situation) report; **L.bewertung** locational evaluation; **L.plan** ground plan
Lager|abbau destocking, inventory/stock reduction/cutting; **L.bestand** stock (in/on hand), stockpile, inventory holdings; **L.gebäude/-halle** warehouse, storehouse; **L.kapazität** storage capacity; **L.platz** yard, depot, store facilities; **L.stätte** deposit
Land| im Besitz der öffentlichen Hand/im Kommunalbesitz *(→ Boden, Fläche, Grundstück)* publicly-owned land; **Verfügbarkeit von L.** land availability; **baureifes L.** developable land; **erschließbares L.** developable land; **freigezogenes L.** land made redundant; **L.erschließung** (land) development, works to prepare land; **L.gewinnung** reclamation work; **L.reaktivierung** land recycling; **L.verödung** land dereliction; **L.- und Forstwirtschaft** agriculture and forestry; **l.- und forstwirtschaftlich** agricultural and silvicultural
landwirtschaftliche| Maschinen agricultural machinery; **l. Nutzfläche** arable land, area under cultivation
Landes|amt für Datenverarbeitung und Statistik state office for data processing and statistics; **L.anstalt für Ökologie, Landschaftsentwicklung und Forstplanung** state office for ecology, landscape and forestry development; **L.beauftragter für den Datenschutz** state commissioner for data protection **L.behörde(n)** regional authority, agencies for county development; **L.durchschnitt** national average, average for the federal state; **L.entwicklungsplan** regional plan/planning programme; **L.etat** state budget; **L.förderung** state aid/promotion scheme; **L.gewerbeamt** Regional Office for Trade; **L.hilfe** state aid; **L.kunde** geography; **L.parlament** state parliament; **L.planung** regional planning/development; **L.planungsamt/behörde** regional planning authority; **L.regierung** state government; **Stellen der L.regierung** agencies of state government; **L.verfassung** state constitution; **L.vermessungsamt** state surveyor's office; **l.weit** nationwide, region-wide;

ländlich

L.wirtschaftspolitik regional economic policy, economic policy of the federal state
ländlicher Raum rural area
Landschafts|entwicklung landscaping, landscape development; **L.gestaltung** landscaping; **L.pflege** landscape conservation; **L.plan** landscape plan; **l.planerische Gestaltung** town and country planning; **L.planung** landscape planning; **L.verband** local government regional authority
langfristig in the long term, long-term
Langzeitperspektive long view
Lärm noise; **L.belästigung** noise pollution; **L.minderung** noise abatement
Last burden, load; **L.bereich** load period; **L.enausgleichsbank** Equalization of Burdens Bank
Laufzeit life, term, *(Vertrag)* period of validity, *(Maschine)* operational life
Leasing|geber lessor; **L.nehmer** lessee
Lebens|fähigkeit viability; **L.grundlage(n)** livelihood, necessities of life; **L.haltungs(kosten)index** consumer price index; **L.haltungskosten** living costs, cost of living; **L.mittelbranche/-industrie** food industry; **L.qualität** quality of life
Leder|erzeugung leather manufacturing; **L.verarbeitung** leather processing
leer empty, vacant; **l.stehend** empty, vacant; **l.ziehen** to vacate
Legierung alloy(-ing)
Lehrvertrag indenture, apprenticeship contract
leicht erreichbar within easy reach
Leichtmetallbau light metal construction
Leihgebühr rental, hire charge
Leistung achievement, performance, *(Anstrengung)* effort, *(wirtschaftlich)* efficiency, output, performance; **l.sfähig** efficient, productive, *(Person)* efficient, capable, *(technisch)* powerful; **finanzielle L.sfähigkeit** financial strength/capacity; **l.sgerecht** fair, adequate; **L.smotivation** achievement motivation; **L.snachweis** proof of performance; **L.sprofil** performance, *(Subvention)* range of available grants; **L.sskala** range of performance; **betriebliche L.ssteigerung** improved plant productivity, plant productivity increase, increase in output; **L.sübertragung** service transfer, *(Strom)* power transmission; **L.sumfang** service level, *(Subvention)* level of grants, benefits paid; **L.sverbund** service package, union of services, *(Strom)* integrated grid; **L.szuwachs** efficiency gain
Leit|faden central idea, guide, guiding principle, manual, handbook; **L.gedanke** central idea
Leitung| nach Art eines Wirtschaftsunternehmens corporate-style leadership; **L.snetz** *(Strom etc.)* transmission system, power grid, supply network, *(Gas, Wasser)* mains system; **L.srecht** right to instal(l) services; **L.sverbund** *(Strom)* grid, *(Gas, Wasser)* mains system
Liberalisierung liberalization, deregulation
grünes Licht geben *(coll.)* to give the green light/the go-ahead; **L.wellenleiter** optical fibre cable
Lieferant supplier; **L.enkredit** trade credit
Liefer|bedingungen delivery terms, sales conditions; **verlängerte L.fristen** extended delivery terms; **L.vertrag** supply/delivery contract
Lieferung *(Strom, Gas, Wasser)* service delivery
Liegenschaftsamt real estate office
mangelnde Liquidität illiquidity, lack of liquidity, liquidity bottleneck; **L.sengpaß** cash-flow problem, cash shortage, liquidity bottleneck
Lizenz licence, franchise; **in L. herstellen** to manufacture under licence; **L.geber** licenser, franchising company; **L.gebühren** licence fees, royalties; **L.nehmer** licensee, franchisee; **L.verfahren** licence proceedings; **L.vergabe** licence award, franchising
Löhne und Gehälter wages and salaries
Lohn- und Gehaltssumme payroll; **L.anteil** wage content; **L.fortzahlung im Krankheitsfall** sick pay (scheme); **L.gefälle** wage differential; **l.intensiv** labour-/wage-intensive; **L.kosten** labour costs; **L.kostenanteil** labour content; **l.kostenintensiv** wage-intensive, involving high labour costs; **L.kostenvorteil** labour cost advantage; **L.steuer** wage tax; **L.summensteuer** payroll tax; **L.vorsprung** wage differential
Loseblattsammlung loose-leaf edition
Losgröße lot/batch size
schnelle, kurzfristige Lösung *(coll.)* quick fix
Luft|bildauswertung analysis of aerial photos; **L.- und Raumfahrzeugbau** aerospace industry; **L.reinhalteplan** clean air plan; **L.reinhaltung** maintenance of clean air; **Anlage zur L.reinhaltung** air pollution abatement system; **L.verkehrslandeplatz** airfield; **L.verschmutzung/verunreinigung** air pollution, pollution of the air

M

Machbarkeitsstudie feasibility study
Makler für Vermietungen letting agent
Management|beratung management consulting; **M.bildung** management training; **M.defizit** lack of leadership, insufficient management knowledge; **M.hilfe** management assistance; **M.-Informations-System (MIS)** Management Information System (MIS); **M.konzept** management/managerial concept
Mandatsträger(in) elected representative
Mangel lack, *(Fehler)* deficiency, defect, *(Not)* deprivation
Mannstunde manhour
Marketing|idee marketing idea; **M.konzeption** marketing concept
Markt market, outlet; **Antriebskräfte des M.es** market forces; **Rückgang der Aufnahmebereitschaft des M.es** softening market; **Zutritt zum M.** access to the market; **dem M. angepaßt** market conformed; **ausgereifter M.** mature market; **kaufkraftstarker M.** market with a high purchasing power; **schwieriger/hart umkämpfter M.** competitive market; **unerschlossener M.** untapped market; **auf den M. bringen** to market, to launch; **neue Märkte erschließen** to open up new markets; **M.analyse** market survey; **M.aufsicht** market supervision/control; **M.ausweitung** market growth/expansion; **veränderte M.bedingungen** changed market conditions; **M.beobachtung** market survey/investigation; **m.bewußt** market conscious; **M.chance** market opportunity; **M.durchdringung** market penetration; **M.einführung** introduction to the market; **den M.erfordernissen entsprechen** to match the needs of a market; **M.führer** market leader, top seller; **m.gängige Erzeugnisse** marketable products/goods; **m.gerecht** market conformed, conforming to the market; **M.lage** market situation/conditions, state of the market; **veränderte M.lage** changed state of the market; **M.lücke/-nische** market niche; **M.nähe** market proximity, proximity to a distribution centre; **M.nische für Spezialanbieter** specialist niche; **M.potential** sales/market potential; **üblicher M.preis** ordinary market price; **M.reife** market maturity; **M.sättigung** market saturation; **M.segmentierung** market segmentation; **M.studie** (market) survey; **M.wert** market value; **M.zins** going/ market interest rate; **M.zugang** market access

Maschinen machinery; **M. und Anlagen** plant and machinery; **Kosten für die M.aufstellung** capital installation costs; **M.bau** (mechanical) engineering, machinery manufacturing/fabrication; **M.- und Anlagenbau** machine and plant construction
starre Massen|fertigung inflexible mass production; **M.güter** bulk articles/goods; **M.kaufkraft** mass purchasing power; **M.produktion** mass production; **M.stahl** basic steel
maßgeschneiderte Gesamtlösung customized package
Maßnahme|n zur Fortbildung und Umschulung further education and retraining schemes; **Fächer von M.n** activity mix; **dirigistische M.** dirigistic measure; **flankierende M.** supporting measure; **vorbeugende M.** preventive measure; **M.nbündel** set/mix of measures
Material|flußsystem materials flow system; **M.kosten** cost of supplies; **M.lager** stores; **M.prüfstelle/-prüf(ungs)amt** materials testing office; **M.substitution** substitution of materials
Mechanik mechanics
Medien|kommunikation media communications; **M.zentrum** media centre
medizinische Einrichtung medical centre
mehr|jährig multi-annual, multi-year; **M.kosten** additional/extra costs; **M.wert** value added; **M.wertsteuer** value-added tax; **sich zur M.wertsteuer voranmelden** to register for value added tax; **M.wertsteueramt** *[GB]* Customs and Excise VAT Office; **M.wertsteuerrückerstattung beantragen** to reclaim value added tax; **M.zweckprogramm** flexible-purpose programme
Meinungs|bild image, pattern of opinions; **M.umfrage** opinion poll; **M.umfrageergebnis** survey result
melden to report, to notify, to announce
Meldevorschriften registration/notification requirements
Meliorationsgebiet special assessment district
Mengenanpassung quantity adjustment, adaptation in terms of volume
menschengerecht suitable for human beings
Merkmal feature, characteristic
Meß|bericht measuring report; **M.- und Regelungsgeräte** measuring and controlling devices; **M.station** measuring station; **M.- und Regeltechnik** measuring and control engineering; **M.vorschrift** measuring instruction

Metall|bearbeitung metal working; **Anlagen zur M.bearbeitung** metal working machinery; **M.erzeugung** metal production; **m.verarbeitende Industrie** fabricated metals industry; **Produkt der M.verarbeitung** fabricated metal; **M.waren** hardware
Miet|anpassung rent review; **M.ausfall** rent loss; **M.ausfallrisiko** risk of rent loss; **M.e rent(-al)**; **M.erleistungen** tenant's improvements; **m.freie Zeit** rent-free period; **M.geld** *[GB]* rent rebate; **M.kauf** leasing, hire-purchase; **M.kaufmodell** lease-purchase plan; **M.kostenzuschuß** grant towards rent; **M.objekt** rented property, property to let; **M.vertrag** lease; **M.vertrag mit Instandhaltungs- und Versicherungsklausel** repairing and insuring lease; **Gestaltung des M.vertrages** lease arrangements; **kurzfristiger M.vertrag** short-term lease; **M.vorauszahlung** advance rent payment; **M.zuschuß** rent rebate/allowance
Mikroelektronik microelectronics
Minderheitsbeteiligung minority interest
Mindest|lohn minimum wage; **M.voraussetzung** minimum requirement
Mineralölverarbeitung mineral oil-processing; **Anlage zur M.** mineral oil processing plant
Ministerium ministry, (government) department
Minoritätsbeteiligung minority interest
Minuswachstum negative growth
Misch|bauweise mixed-style construction; **M.gebiet** mixed area
Mißstand grievance, nuisance
Mitarbeiter(in) *(Sg.)* worker, employee; **M.** *(Pl.)* staff, payroll, workforce; **behinderte(r) M.(in)** disabled/disadvantaged employee; **M.abwerbung** labour pirating
Mitbestimmung co-determination, participation in the decision-making process
Mitfinanzierung co-financing
Mitglied member; **assoziierte/außerordentliche M.schaft** associate membership; **M.sgemeinde/-kommune** constituent authority
mithalten to keep up, to keep abreast of
Mitsprache co-determination; **M.recht** right of participation/to a say in a matter
Mitteilung news, information; **M.sblatt** newsletter; **M.sdienst** information service; **M.sseite** *(Btx)* videotex page
Mittel instrument(s), *(finanziell)* funds; **eigene M.** own funds/resources; **M.bereich** medium range; **M.bereitstellung** provision of funds; **M.betrieb** medium-sized enterprise; **M.einsatz** deployment of instruments/tools; **m.fristig** in the medium term, medium-term; **M.konzentration** concentration of funds; **M.smann** agent, go-between, intermediary; **M.stand** middle class, small and medium-sized businesses; **M.ständler** small businessman; **M.standsberatung** counselling of small and medium-sized businesses, small firms' counselling service; **M.standsförderung** small business assistance, promotion of (small and) medium-sized companies, measures to promote small businesses; **M.standsförderungsprogramm** smaller business assistance programme; **M.standskredit** small business loan; **M.standskreditprogramm (MKP)** loan scheme for small and medium-sized businesses; **M.standspolitik** small firms policy; **M.verfügbarkeit** resource availability; **M.verteilung** resource allocation; **M.wert** average; **M.zentrum** intermediate centre; **M.zuweisung** (resource) allocation
Mitwirkung cooperation, collaboration, participation; **M. des Betriebsrats** participation of the works council
berufliche Mobilität job mobility, mobility of labour; **räumliche M.** geographical mobility; **M.shilfe** mobility allowance; **M.sprozeß** mobility process
modell|haft model; **M.rechnung** pilot/model calculation; **M.versuch** experiment, model test
modernisieren to modernize, to update, *(Haus etc.)* to refurbish, to rehabilitate
Modernisierung modernization, rehabilitation, updating; **durchgreifende M.** sweeping modernization; **nachhaltige M.** lasting modernization; **M.sstrategie** modernization strategy
Modernität *(Produkt)* up-to-dateness, modernity
Modul module
Molkerei dairy
Monatsbelastung monthly charge/burden
Mono|struktur monostructure; **m.strukturiert** solely based on one industry
Montage assemblage; **M.werk** assembly plant/operation
Montan|industrie coal, iron and steel industries; **M.monostruktur** (industrial) structure solely based on coal, iron and steel; **M.sektor** coal, iron and steel sector
Moratorium moratorium
Müll (→ *Abfall*) waste, refuse, garbage; **gewerblicher M.** industrial waste; **M.abfuhr** waste/garbage collection; **M.deponie** refuse disposal site, rubbish dump; **M.halde** refuse disposal site, rubbish/garbage dump; **M.verbrennungs-**

anlage waste incineration plant, incinerating plant
Multiplikator|funktion acting as a multiplier; **M.wirkung** multiplier effect

Museumsführer museum guide
Muster|messe/-schau trade fair; **M.vertrag** specimen/standard contract
Muttergesellschaft parent company

N

Nachbarschaftsaktivitäten community activities
Nachdruck *(Eile)* urgency, *(Betonung)* emphasis, *(Schrift)* reprint
Nachfinanzierung further financing, supplementary financial assistance
inländische Nachfrage domestic demand; **mengenmäßige N.** volume of demand; **private N.** private demand; **staatliche N.** state demand; **N.entwicklung** trend of demand; **N.gruppe** group of (prospective) customers; **n.orientiert** demand-oriented; **N.orientierung** gearing to demand; **N.programm** measure to influence/increase demand; **N.seite** demand side; **N.situation** demand situation; **N.struktur** demand structure, structure of demand; **N.verschiebung** shift in demand
nachgelagert downstream
nachhaltig lasting
Nachholbedarf suppressed/accumulated demand
Nachlaß reduction, *(Preis)* discount, *(Steuer)* relief
Nachrichten|satellit telecommunications satellite; **N.technik** telecommunications; **optische N.technik** optical telecommunications; **N.übermittlung** communications; **N.übertragung** communication, telecommunications
wissenschaftlicher Nachwuchs young academics, the new generation of academics, the up-and-coming academics; **N.kraft** junior executive, trainee manager
Nah|bereich local zone; **N.erholungseinrichtungen** local recreational facilities; **N.erholungsgebiet** local recreational area; **N.tarif** local tariff
Nahverkehr local transport; **öffentlicher N.** local public transport; **Einrichtungen des öffentlichen N.s** local public transport facilities; **N.snetz** local transport system/network; **N.sverbindungen** local transport
Nah|verlagerung intra-area relocation; **N.ziel** immediate/short-term objective

Nähe proximity
Nährboden seed-bed
Nahrungs- und Genußmittelgewerbe food, drink and tobacco industries
auf nationaler Ebene on a national level
Natur|haushalt ecosystem; **N.landschaft** natural landscape
Neben|anschluß *(Telefon)* extension; **N.effekt/-wirkung** spin-off effect; **N.leistung** support service, *(Lohn)* perquisite, fringe benefit, perk; **N.stellenanlage** *(EDV)* private branch exchange (PABX); **N.straße** side street, spur road; **N.strecke** relief route, *(Bahn)* branch line; **N.wirkung** spillover (effect), side effect; **N.zentrum** district/neighbourhood centre
Negativwachstum negative growth
NE-Metallerzeugung non-ferrous metal production
Netto|belastung *(Zins, Steuer)* net burden/charge; **N.-Neuverschuldung** net new borrowing
diensteintegrierendes digitales Netz (ISDN) integrated services digital network (ISDN)
Netzaufbau network structure
Neu|ansiedlung new settlement/location; **N.ansiedlungspotential** potential for new locations; **N.ausrichtung** reorientation, new orientation; **N.bau** new building/development; **N.baugebiet** new district/housing estate/development; **N.einstellung** new appointment, recruit(ment); **N.entwicklung** new development; **N.errichtung** new establishment; **N.erung** innovation; **etwas N.es anfangen** to embark on a new venture; **N.gestaltung der Produktionsstruktur** restructuring of production; **N.gründung** new business, start-up company, formation of a new company; **N.gründung einer AG** new incorporation; **Entwicklung von N.gründungen** new company development; **Zuwachs an N.gründungen** new company growth; **N.investition** additional/new invest-

ment; **N.landgewinnung** reclamation of land; **N.ordnung** reorganization, restructuring, reshaping; **N.veranlagung** reassessment; **N.verschuldung** new debt, fresh borrowings; **geplante N.verschuldung** borrowing target
Nicht|übereinstimmung mismatch; **n.verarbeitender Bereich** non-manufacturing sector; **N.wohngebäude** non-residential building
sich niederlassen *(Betrieb)* to establish
Niederlassung branch (office/plant), establishment; **N.sbeschränkung** restriction on freedom of establishment; **N.sfreiheit** freedom/right of establishment
Nießbrauch beneficial use
Norm norm, standard, specification
Notar|(in) notary public; **N.iatsgebühren** notarial fees
Notstandsgebiet *(wirtschaftlich)* depressed area, *(bei Katastrophen)* disaster area

Null|serie pilot production; **zum N.tarif** free of charge, *(Verkehrsmittel)* free travel, *(Eintritt)* free admission
Nutzbarmachung brachliegender Industrieflächen utilization of industrial waste lands
Nutzen use, *(Nützlichkeit)* usefulness, *(Vorteil)* advantage, benefit (to be gained), *(Gewinn)* profit; **gesamtwirtschaftlicher N.** economic usefulness/benefit
Nutz|fläche usable (floor) space; **N.nießer** beneficiary
Nutzung| für Wohnzwecke residential use; **gewerbliche/industrielle N.** commercial/industrial use; **einer N. zuführen** to use; **einer neuen N. zuführen** to find a new application; **N.sangebot** services offered; **betriebsgewöhnliche N.sdauer** average (useful) life; **N.seinschränkung** restriction of use; **N.smöglichkeit** possible use, application, vista; **N.sstruktur** application pattern, pattern of use

O

Oberbürgermeister(in) mayor(ess), *(britische Großstadt)* Lord Mayor/Lady Mayoress
Oberflächen|beschichtung surface covering/coating; **O.veredlung** surface finishing; **O.wasserkanal** surface water sewer
Oberstadtdirektor town clerk, city manager
Oberzentrum regional/higher order centre
Offene Handelsgesellschaft (OHG) (general) partnership
öffentlich| finanziert publicly-funded; **ö.er Dienst** civil service; **ö.e Hand** public sector, state, government; **ö.-rechtliche Körperschaft** public agency/entity/body; **mit ö.en Mitteln gefördert** publicly-sponsored; **ö.er Personenverkehr** public (passenger) transport, *[US]* mass transit; **ö.er Sektor** public sector/industry; **ö.e Unterstützung** public aid/assistance; **ö.-private Zusammenarbeit** public-private partnership
Öffentlichkeit general public; **Ö.sarbeit** public relations (work), publicity
Ökologie ecology

ökologisch ecological, environmental; **ö.e Erfordernisse** ecological/environmental requirements
Ökonomie economy, thrift(-iness)
Öl|krise oil crisis; **Ö.preisschub** jump in oil prices
Opportunitätskosten opportunity costs
Optik optics
Optoelektronik optoelectronics
Ordnungs|amt Trading Standards Department, standards/municipal office; **O.funktion** regulatory role; **O.politik** regulative policy; **O.recht** regulative law; **O.strafe** fine
Organisationsgrad union participation
Orientierung| geben to provide information, to give a lead; **O.shilfe** information, guideline
vor Ort locally, on the spot
örtlich local; **ö. begrenzt** localized
orts|ansässig local, resident; **O.ansässiger** resident; **O.kabel** local lines; **O.kern** centre; **O.rand** city limits, outskirts; **O.satzung** by(e)-laws; **O.tarif** local tariff; **o.teilgebunden** tied (to a district)

P

Pacht lease(-hold), rent, tenancy; **pachten** to lease, to rent, to take on lease; **P.preis** rent; **Form des P.verhältnisses** form of tenancy; **P.vertrag** lease (contract)
Paketvermittlung *(EDV)* packet switching
Papier- und Pappeerzeugung manufacture of paper and cardboard
Paradebeispiel perfect example
Parkfläche parking facilities/area
Partner|schaft partnership; **P.stadt** twin town
Parzellierung subdivision, parcelling out
Patent patent; **zum P. anmelden** to file an application for a patent; **P.amt** patent office; **P.anwalt** patent lawyer; **P.lösung** quick fix; **P.schutz** patent protection; **P.vorschriften** patent regulations
Pauschalzuweisung block grant
Pauschbetrag lump sum, *(Steuer)* standard deduction
Pendelverkehr shuttle service
Pendler(in) commuter; **P.aufkommen** commuter volume
periphäre| Geräte peripheral equipment; **p. Räume** peripheral areas
Peripherie periphery, *(Stadt)* outskirts
Personal staff (resources), personnel, workforce; **geschultes P.** skilled/qualified personnel, trained staff; **hochmotiviertes P.** highly-geared staff; **P.abbau** personnel cutdown/reduction, staff cuts; **P.auswahl** pre-employment screening; **P.einsparung** personnel cutdown/reduction; **P.intensität** labour-intensity; **P.kostenzuschuß** employment subsidy, *(Steuer)* jobs credit; **P.planung** manpower planning
Personen|beförderung passenger transport/movement; **P.gesellschaft** partnership; **P.kreis** group of people; **P.nahverkehr** local passenger transport; **P.schaden** casualties, personal injury
petrochemische Erzeugnisse petro-chemicals
Pfandbriefinstitut land (mortgage) bank, bond bank
Pflichtversicherung *(Rente)* compulsory pension scheme
Pilot|anlage pilot plant; **P.versuch** pilot project
Pioniergeist pioneering/innovative spirit
Plan plan, scheme, ground plan; **P.feststellungsantrag** planning application; **P.feststellungsbeschluß** zoning approval, official approval of a plan; **P.feststellungsverfahren** plan approval procedure, zoning

Erfahrung in der Planung planning knowledge; **rektrograde P.** top-down planning; **sektorale P.** sector planning; **(städtisches) P.samt** (local authority) planning department; **P.sansatz** approach to planning; **P.sausschuß** planning committee; **P.sbehörde** planning agency, strategic authority; **P.s- und Entwicklungsbehörde** development planning authority; **P.sgebiet** development area; **P.shoheit** planning jurisdiction; **P.sinstrument** planning instrument; **P.sklarheit** clarity of planning; **P.srahmen** framework of the plan; **P.srecht** law concerning town planning; **p.srechtlich** relating to legal provisions concerning town planning; **p.srechtliche Veränderung** change in planning jurisdiction; **P.srechtsprechung** planning jurisdiction; **P.ssicherheit** planning stability/reliability, certainty of planning; **P.sverfahren** planning procedure; **P.svorlauf** planning period, provisional planning
Planziel planning target
Plenarversammlung plenary meeting
Politik| des strukturellen Wandels und der Anpassung structural change and adaptation policies; **vorausschauende P.** farsighted policy; **P.beratung** advisory service for politicians
politischer Rahmen political setting, scope
mobiles industrielles Potential floating industrial capacity
potentiell potential, prospective
freiberufliche Praxis freelance practice; **P.erfahrung** practical experience
Preis|aufsicht price control, supervision of prices; **P.risiko** price risk; **P.setzungsspielraum** price-fixing scope, scope for pricing; **P.wettbewerb** price competition
Presseamt/-stelle public relations office
Primär|effekt primary effect; **P.energie** primary (source of) energy; **P.metallindustrie** primary metals industry
Privat|initiative private initiative; **P.wirtschaft** private industry/sector (economy); **p.wirtschaftlich** private sector; **p.wirtschaftliche Grundsätze** principles of private enterprise
Privileg privilege
Probebohrung trial boring
Problem problem, difficulty; **ein P. angehen** to address a problem; **P.branche** problem sector/industry; **P.lösung** solution of a problem; **individuelle P.lösung** customized solution; **P.region** problem/troubled region

Produkt| mit hoher Wertschöpfung high-value-added product; **marktfähiges P.** marketable/saleable product; **umweltverträgliches P.** ecologically harmless product; **P.angebot** range of products; **P.einheit** production unit, unit of production; **P.gruppe** product line; **P.innovation** product innovation
Aktivitäten in der Produktion manufacturing activities; **P.sanlagen** (→ *Fertigung*) production facilities; **P.sausstattung** production equipment; **P.sbasis** manufacturing base; **P.sbeginn** production start-up, going into production; **P.sbetrieb** manufacturing plant/business/establishment; **P.sdrosselung** production cutback, cutback in output; **P.seinrichtungen** production facilities; **P.sergebnis je Beschäftigtenstunde** output per manhour; **P.sfaktor** production factor; **P.sgütergewerbe** producer goods industry; **P.skapazität** production facilities/capacity, manufacturing capacity; **P.skapazitäten verlagern** to relocate production facilities; **P.smenge** output (volume); **P.smethode** production method, method of production; **Programm zur Erneuerung von P.smitteln** capital replacement programme; **P.sort** place of production/manufacture; **P.splan** production plan; **P.splanung** production planning; **P.spotential** production potential, productive capacity; **P.spreis** out-turn price, cost of production; **P.sprogramm** production/manufacturing programme, production schedule; **Einengung des P.sprogramms** product specialization; **Erstellung des P.sprogramms** production programming; **P.sprozeß** production/manufacturing process; **P.ssektor** manufacturing sector; **P.sstandort** production centre; **P.sstätte** (manufacturing) plant, manufacturing operation, production facilities, place of manufacture/production; **P.sstätte für junge Unternehmen** nursery factory; **P.sstruktur** manufacturing characteristics, pattern of production; **P.sstufe** production stage; **P.stechnologie** production technology; **P.sumstellung** change in/reorganization of production; **P.sverfahren** production technique(s), method of manufacture; **P.svolumen** output volume; **P.svorsprung** edge in manufacturing; **P.swachstum** production increase, growth of production; **P.szahlen** production runs; **freie P.szone** special economic zone; **P.szweig** product line
Produktivität productivity, production efficiency; **die P. steigern** to improve productivity; **P.sfortschritt/-szuwachs** productivity gain, growth of productivity
Produkt|linie/-reihe product line; **P.palette** product range; **P.programm** product range, production programme; **das P.programm erneuern** to update the product range; **P.spezifika** product technicalities; **p.spezifisch** product-specific; **P.struktur** product mix; **P.substitution** product substitution
Profil profile, outline
Prognose|daten forecast data; **P.modell** forecasting model; **P.verfahren** forecasting technique
Programm programme, scheme; **vielfältiges P.** flexible-purpose programme; **ein P. auflegen** to launch/administer a programme; **ein P. verwalten** to administer a programme; **P.erstellung** producing of a programme, *(EDV)* software development; **P.umfang** programme length
progressives Verfahren bottom-up approach
Projekt|anzeige project notification; **P.bewertung** project appraisal; **P.finanzierung** project financing; **P.fördermittel** project promotion funds; **P.förderung** project promotion/aid
protektionistisch protectionist
Prototyp prototype
Provision fee, commission, percentage
Prozeß| der Selbstauslese self-selection process; **P.innovation** industrial innovation; **P.wärme** process heat
prüfen to screen, to test, to analyse
Prüfung| der Möglichkeiten review of options; **eingehende P.** detailed appraisal
Pufferfunktion buffer function

Q

Qualifikation| der Arbeitskräfte qualification of labour; **Q.serfordernis** required qualification; **Q.sniveau** skill level; **Q.spotential** qualification capacity; **Q.sspektrum** skill range; **Q.sstruktur** job qualification structure
Qualifizierungs|angebot range of qualifications; **Q.offensive** drive to improve qualifications

Qualitäts|merkmal mark of quality; **Q.stahl** quality steel; **Q.zirkel** quality circle
Quellgebiet source, headwaters
gesamtindustrieller Querschnitt industrial average

R

Rahmen *(fig.)* scope; **finanzieller R.** financial scope/framework
Rahmenbedingungen regulatory framework, general setting; **gesamtwirtschaftliche R.** macro-economic environment; **unternehmerische R.** entrepreneurial environment, environment for entrepreneurial activity; **R. schaffen** to create a positive setting
Rahmen|plan strategic/overall plan; **R.programm** umbrella/outline/framework programme
Rand|gebiet peripheral region/area; **R.lage** peripheral/fringe location; **R.zone** peripheral region
Rang status, standing, rank; **R.ordnung** hierarchy
rationalisieren to rationalize, to streamline, to improve productivity; **r.der Effekt** rationalization effect
Rationalisierung rationalization, improvement of productivity; **R.sdruck** pressure to rationalize/improve productivity; **R.sgewinn(e)** efficiency/productivity gain(s), economies of scale; **R.smaßnahme** rationalization measure; **R.spotential** efficiency-improving capacity, potential for rationalization
rationell efficient
Rauchgas power-plant/smoke/flue gas; **R.entschwefelung** desulfurization of power-plant/smoke/flue gas
Raum *(Gebiet)* region; **R.ausgleichsfunktion** zoning balance factor; **R.förderungsprogramm** regional development programme; **R.ordnung(-spolitik)** regional policy; **R.ordnungsrecht** (development) planning law, law relating to regional policy; **R.- und Siedlungsstruktur** settlement structure
räumen to vacate
räumlich regional, spatial; **r.er Geltungsbereich** area of applicability; **r.e Nähe** geographical proximity; **r.e Verteilung** spatial/regional distribution; **r.e Verteilung wirtschaftlicher Tätigkeit** spatial distribution of economic activity; **r.e Zusammenfassung** (geographical) concentration
Reaktionszeit speed of reaction
Reaktivierung von Industrieflächen industrial land recycling
Reaktorsicherheit safety of nuclear reactors
Real|steuerkraft real/property tax base; **R.steuern** real/property tax
Rechenschaftspflicht reporting requirements, accountability
sich rechnen to work out
Rechner|kapazität computer capacity; **R.verbund** computer network system, communications computer system
einer Entwicklung Rechnung tragen to take a development into account
Rechnungs|legungspflicht reporting requirements; **R.prüfer** accountant; **R.prüfung** auditing, internal audit
Rechtfertigungszwang need for justification/to justify one's actions
Rechts|anspruch legal right/entitlement/claim; **R.anwalt** lawyer, *[GB]* solicitor; **R.form (eines Unternehmens)** legal form, structure of a business; **R.nachfolger** legal successor; **R.sicherheit** legal certainty; **R.verordnung** decree, statutory instrument; **R.vorschriften** legal requirements; **R.weg** legal action/proceedings; **R.wirksamkeit** legal validity

Refinanzierungs|antrag application for refinancing; **R.mittel** refinancing capital/funds
Regel|förderung normal aid; **R.system** control system
gesetzliche Regelung legal/statutory regulation
saurer Regen acid rain
Regierung government, administration; **R.sabkommen** intergovernmental agreement; **R.sbehörden** government bodies; **R.sbezirk** government district; **R.sebene** governmental level; **höhere R.sebene** higher level of government; **R.spräsident** state government president, chairman of the regional council
Spannungen innerhalb einer Region intraregional tensions; **benachteiligte R.** handicapped region; **eine R. wiederbeleben** to renovate a region
regional| ausgewogen regionally balanced; **r.e Differenziertheit** regional distinctions; **r.e Förderpolitik** regional development policy; **r.e Gliederung** regional structure; **r.e Planung** regional planning; **r.e Planungsbehörde** regional planning authority; **r.e Strukturveränderung** regional structural change; **r.es Ungleichgewicht** regional disparity; **r.e Unterschiede** regional distinctions; **r.e Wirtschaft** regional economy; **r.spezifisch** area-specific
Regional|analyse regional analysis; **R.bank** regional/provincial bank; **R.flughafen** regional airport; **R.förderung** regional development; **R.planung** (sub)regional/town and country planning; **R.politik** regional (development) policy; **R.struktur** regional structure, structure of a region
regressives Verfahren top-down approach
rehabilitieren to rehabilitate
Reibungsverlust friction loss
Reifezeit gestation period
Rekultivierung recultivation
Rentabilität profitability, return on investment; **R.skalkül** investment appraisal, pre-investment analysis, calculations concerning profitability
Rentenversicherungs|beitrag *[US]*social security tax; **R.pflicht** compulsory pension scheme; **R.träger** pension insurance institution, pension fund
Reorganisation reorganization, restructuring, reshaping
Reservefläche reserve land
Ressort department, portfolio
Abnahme der Ressourcen diminution of resources; **Schonung von R.** saving of resources; **(Programm zum) Schutz von R.** conservation scheme; **Verfügbarkeit von R.** resource availability; **den R.einsatz planen** to marshal resources; **r.schonend** resource-saving
Restrukturierung restructuring
Restzahlungssumme (remaining) balance to be paid
Rettungsweg rescue route, fire escape
Revierstadt town in the Ruhr area
interne Revision internal audit
Rezession recession, slump, economic setback/downturn/downswing; **Stand vor der R.** pre-recession level; **R.sjahr** recession year
Richt|linie guideline, guiding principle; **R.schnur** guiding principle, yardstick; **r.ungsweisend** trend setting, pointing the way
Ringstraße ring road
Risiko risk, danger, exposure; **R.bereitschaft** risk-taking, willingness to take a risk; **R.investition** venture capital investment; **R.kapital** venture/risk capital; **Möglichkeit zur R.kapitalbeteiligung** venture opportunity; **R.kapitalengagement** venture capital involvement; **R.kapitalfonds** venture capital fund; **R.kapitalgeber** venture capitalist; **R.kapitalgesellschaft** venture capital company; **r.reich** risky, high-risk
Robotertechnik robotics
Rodung felling of trees
Roh|eisen pig iron; **R.metall** pig metal; **R.stahl** crude steel; **R.stahlerzeugung** crude-steel production; **R.stahlkapazität** crude-steel capacity; **R.stoffgewinnung** extraction (of raw materials); **R.stoffpreis** commodity price, price of raw materials
Rohrfernleitung long-distance pipeline
Rotationsprinzip principle of rotation
Rückgang drop
rück|läufig falling, declining; **technologischer R.stand** technological backwardness; **R.tritt vom Vertrag** cancellation of/withdrawal from a contract; **negative R.wirkung** negative/adverse repercussions; **R.zahlung einer Kapitalschuld** repayment of a capital debt; **R.zahlungsplan** repayment schedule
Ruheräume facilities for rest
Ruhrgebiets|branche Ruhr area industry; **R.kommune** Ruhr area community; **R.stadt** town in the Ruhr area; **R.wirtschaft** Ruhr area economy
Rundschreiben newsletter
Ruß soot, carbon black

S

Sach|kapital real capital, capital equipment, permanent assets; **S.lage** situation, state of affairs; **S.schaden** damage (to property), physical/property damage; **S.zuwendung** in-kind contribution; **S.zwang** inherent pressure
Sammel|lager aggregate(s)/general depot; **S.stelle** *(Lagerplatz)* collecting point, *(Deponie)* dump
Sammlung von festen Abfallstoffen solid waste collection
sanieren to redevelop, to rehabilitate, *(Unternehmen)* to reorganize, to restructure
Sanierung redevelopment (process), reorganization, rehabilitation, renewal, capital reconstruction; **S. von brachliegendem Land** derelict land clearance; **S. von Elendsvierteln** slum clearance; **S.sanstrengungen** rehabilitation efforts; **S.sfall** company requiring capital reconstruction; **S.sgebiet** improvement/redevelopment area; **S.sprojekt** redevelopment scheme
Satellitenstadt satellite/new town
attraktiver/günstiger Satz inducement rate
Satzung by(e)-law, articles of incorporation, *[GB]* memorandum and articles of association, *[US]* articles of incorporation
tragende Säule fundamental pillar
S-Bahn *[GB]* suburban railway, *[US]* city railroad
Schacht shaft; **S.anlage** pit, colliery
schädlich harmful
Schadstoff pollutant, contaminant; **S.ausstoß** discharge of pollutants/noxious substances; **S.emission** discharge, emission of pollutants; **S.minderung** reduction of pollution; **S.minimierung** maximum reduction of the pollution level/the level of pollutants
Schall sound; **S.schutz** sound protection/insulation
Schattenökonomie/-wirtschaft black economy
Schätzwert assessed value
Schaufenster der Technologie window on technology
Schicht *(Arbeit)* shift
Schiene-Straße-Verkehr rail-road traffic
Schienen|fahrzeugbau track vehicle manufacturing; **S.netz** rail network, railroad system; **S.transport** rail transport/movement
Schiff|ahrtsweg navigable waterway; **S.bau** shipbuilding
Schilderung portrayal
Schlacht- und Viehhof slaughterhouse

Schleuse lock, sluice
Schließung *(Fabrik)* closure, shutdown
schlüssel|fertig turnkey, ready for occupation; **S.funktion** key role; **S.industrie** key/anchor industry; **S.zahl** key number; **S.zuweisung** *[GB]* rate support grant (RSG)
Schmalband narrow-band
Schnell|straßennetz motorway/expressway network; **S.verkehrsverbindung** transit service
Schnittpunkt interchange; **S. von Autobahnen** intersection
schönfärbe|n *(fig.)* to gloss over; **S.rei** *(fig.)* glossing things over
Schornsteinindustrie smokestack industry
Schreibdienst clerical service
Schrifttum literature
Schritt in die Selbständigkeit venture into independence, setting up on one's own
Schrott scrap (metal)
Schrumpfung decline, contraction, shrinkage, negative growth
Schub|schiffahrt pusher navigation; **S.verband** pusher unit/formation
schuldenfrei free of debt, unburdened with deficit, clear
Schuldverschreibung stock, bond, debenture, obligation
allgemeinbildende Schule school providing general education; **berufsbildende S.** vocational school; **weiterführende S.** secondary school
Schülerzahl school roll
Schulung (→ *Ausbildung*) training, instruction, schooling; **S.seinrichtungen** training facilities; **S.skosten** training costs; **S.smaßnahme** educational/training scheme; **S.sprogramm** educational programme, training scheme
berufsbildendes Schulwesen system of vocational schools
Schutzstreifen *(Abstandsfläche)* protective strip of land
Schwankungen unterworfen sein (to be liable) to fluctuate
schwarze Liste *(fig.)* blackball list
Schwefeldioxid sulfur dioxide
Schwellen|angst fear of embarking on something new; **S.land** threshold country
Schwer|gewicht *(fig.)* emphasis, stress, focus; **S.industrie** heavy (manufacturing)/smokestack industry; **S.metall** heavy metal; **S.metallbelastung** heavy metal pollution; **S.punkt** *(fig.)* centre, main focus/emphasis, *(physikalisch)*

Schwund

centre of gravity; **S.punktmaßnahme** priority measure; **S.punktort** *(Förderung)* priority location, core area for subsidies
Schwund shrinkage
Seitenspeicher *(Btx)* memory block, *(Drucker)* page buffer
Sektor sector, *(Wirtschaft)* trade, line of business
sektoral sectoral; **s.e Differenzierung** sectoral differentiation; **s.e Gliederung** industrial mix; **s.e Konzentration** sectoral concentration; **s.er Spielraum** sectoral scope; **s.e Struktur** sectoral structure
sich selbständig machen to set up on one's own, to set up in business, to start one's own business
rechtliche Selbständigkeit legal independence; **unternehmerische S.** entrepreneurial independence; **wirtschaftliche S.** economic independence
Selbst|finanzierung self-financing; **S.hilfe** self-help
kommunale Selbstverwaltung local self-government; **S.skörperschaft** self-governing body
Selbstzweck end in itself
Serien|fertigung series/mass production, wholesale manufacture; **S.produktion** mass production; **S.reife** readiness for production, production stage
sicher *(gewiß)* certain, *(geschützt)* safe, secure, *(zuverlässig)* reliable
Sicherheit *(Schutz)* safety, security, *(finanzielle Absicherung)* guarantee, *(Kredit)* collateral, *(Zuverlässigkeit)* reliability; **S. des Arbeitsplatzes** employment/job security; **banktübliche S.** banking collateral; **dingliche S.** material security; **S.sabstand** safe distance; **S.sorgane** public safety services; **s.spolitisch** with regard to security; **S.svorschriften** safety regulations
sichten to screen
Siedlungs|brei urban sprawl; **S.form** form of settlement; **S.gefüge** settlement structure; **S.genossenschaft** housing cooperative
Silo elevator
Skizze outline
Slumsanierung slum clearance
Smogverordnung smog ordinance
Sofortprogramm immediate/emergency/crash programme
Sonder|abfälle pollutive waste; **S.einheit** task force; **S.erlaubnis** special permit; **S.fonds** special purpose fund; **S.forschungsbereich** special field of research; **S.genehmigung** special permit; **S.müll** pollutive waste; **S.programm** special/extra programme; **S.stellung** exception, exceptional/special case

Sortiment range/assortment (of goods), line (of products); **S.serweiterung** extension of the product range; **S.stiefe** product depth, depth of range
soziale Aufstiegsmöglichkeiten upward mobility; **s. Auswirkungen** social repercussions; **s.s Elend** social hardship; **s.s Gewissen** social conscience; **s. Not** social hardship; **s. Sicherheit** social security
Sozial|einrichtungen social services/facilities; **S.gericht** (social) welfare tribunal; **S.hilfe** public assistance, supplementary benefit; **S.hilfeleistungen** social benefits; **S.leistungen** social services; **öffentliche S.leistungen** social benefits, public welfare (aid); **S.partner** labour and management, management and unions; **Beziehungen der S.partner** industrial/labour-management relations; **konstruktives Zusammenwirken der S.partner** constructive/meaningful industrial relations; **s.politische Errungenschaften** social achievements; **S.produkt** national product; **S.struktur** social structure; **S.versicherung** social security, [GB] national insurance; **örtliches S.versicherungsamt** [GB] local DHSS office; **S.versicherungsbeitrag** social security contribution; **s.versicherungspflichtig** subject to compulsory insurance; **S.verträglichkeit** social acceptability/compatibility; **S.wohnungswesen** [GB] council tenancy
Spaltung division, split, cleavage
Spar|maßnahme economy, austerity measure; **sparsam** economical; **S.samkeit** economy, austerity
Sparte division
Spediteur haulier, lorry operator
Spedition (road) haulage contractor, haulier, carrier, forwarding business
Speicher|kapazität (main) memory capacity, *(peripher)* storage capacity; **S.platz** memory location, storage space
Spezial|einheit task force; **S.stahl** specialty steel; **S.wissen** expert/specialist knowledge
Spielplatz play centre
preispolitischer Spielraum price-fixing scope
Spin-out-|Gründung spin-out flotation; **S.-o.-Unternehmen** spin-out company
Spitzen|ausgleich smoothing, evening-out of peaks; **S.forschung** high-tech research; **S.lage** prime site; **S.last** peak load; **S.stellung** top/leading position, lead; **S.technologie** high-tech, advanced technology
staatlich national, state; **s.e Aufsicht** state supervision; **der s.e Bereich** public sector; **s.e Beschaffungsstellen** procurement market; **s.er**

Eingriff government interference/intervention; **s.er Entwicklungsplan** state development plan; **s.e Förderung privater Anlagen/Beteiligungen in nicht börsennotierten Unternehmen** *[GB]* Business Expansion Scheme; **s.er Förderungsplan** state development plan; **s.es Hilfsprogramm** state assistance programme; **s.e Intervention** government interference/intervention; **s. geförderte Körperschaft** publicly-sponsored agency; **s.e Stelle** non-commercial agency

Staats|bedienstete government employees; **S.kauf** government procurement; **S.nachfrage** state/public/government demand; **S.verschuldung** public/national debt, state indebtedness **wirtschaftliche Stabilisierung** economic stabilization

kreisfreie Stadt autonomous town, *[US]* incorporated city; **S.autobahn** urban motorway/clearway; **S.bahn** metropolitan railway; **S.bereich** urban area/district; **S.bezirk** municipality; **S.bild** townscape; **S.erneuerung** urban renewal; **S.erweiterung** urban expansion/ growth; **S.gebiet** urban/built-up/municipal area, city zone; **S.kämmerer** town/city treasurer; **S.kern** urban/city/town centre, inner city; **S.planung** urban/town planning; **S.- und Landschaftsplanung** town and country planning; **S.randsiedlung** suburban housing estate; **S.randzentrum** suburban centre; **S.rat** town/ urban district council, councillor; **S.sanierung** urban renewal; **S.teil** district, suburb; **S.verordnetenversammlung** town council, *[GB]* urban district council; **S.verordnete(r)** town councillor; **S.verwaltung** *[GB]* local authority/government, *[US]* town mangement, municipal offices; **S.werbung** urban boosterism; **S.werke** public utilities, municipal undertakings

Städte|bau urban development; **S.bauförderung** urban renewal and town development; **S.bauförderungsgesetz** Urban Renewal and Town Development Act; **s.baulich** relating to urban development; **s.bauliche Verbesserung** urban improvement; **S.baumittel** urban development funds; **S.baupolitik** urban development policy; **S.landschaft** urban landscape, conurbation; **aus s.planerischer Sicht** from the point of view of urban planning; **S.- und Verkehrssanierung** urban renewal and restructuring of transportation

Stadtentwicklung urban development; **massive Förderung der S.** urban boosterism; **S.sgesellschaft** urban development corporation; **S.splanung** urban development planning

städtisch municipal; **s.es Umland** surrounding countryside

einfacher Stahl basic steel; **legierter S.** alloy steel; **vom S. abhängige Industriezweige** steel-related industries; **S.bau** steel construction; **S.erzeugnis** steel product; **S.erzeugung** steel production/output; **S.hilfe-Verhandlungen** aid-for-steel negotiations; **S.hütte** steel foundry; **S.krise** steel crisis; **S.- und Leichtmetallbau** steel and light metal construction; **S.produktion** steelmaking; **S.standort** steel location; **S.standorteprogramm** programme for steel locations; **S.verarbeitung** steel processing; **S.verformung** steel forming; **S.walzwerk** steel mill

Stamm|betrieb parent plant; **S.einlage** original share, capital contribution/investment; **S.kapital** ordinary/share/nominal capital

Stand| der Technik level of technology; **auf dem neuesten S. (der Technik)** state-of-the-art; **auf den neuesten S. bringen** to update

Standort location, site; **alternativer S.** location alternative; **günstiger S.** advantageous location; **neuer S.** new location; **zentraler S.** centralized location; **s.abhängig** tied to a specific location; **S.anforderungen** locational requirements; **S.angebot** locations/sites on offer; **S.bedingungen** industrial environment, locational conditions; **S.berater** developer; **S.beratung** locational guidance, site selection consulting; **S.bindung** locational ties; **S.daten** locational data; **S.eigenschaften** locational quality; **S.entscheidung** locational choice; **S.entwicklung** site development, development of a location; **S.erschließung** site preparation, location development; **S.faktor** locational factor; **S.flexibilität** flexibility of location; **S.gebundenheit** locational ties; **s.gefährdetes Unternehmen** threatened-site enterprise; **S.gemeinde** local community; **S.gutachten** report on a location; **S.hilfe** site location assistance; **S.interesse** interest in a location; **S.katalog** list of locations, location index; **S.merkmale** locational characteristics; **S.nachteil** site/locational disadvantage; **S.planung** locational planning; **S.politik** regional economic/locational policy; **S.präferenz/-priorität** locational preference; **S.problem** location problem; **S.programm** location development programme; **S.qualität** locational quality; **S.schutz/-sicherung** safeguarding a location/of locations; **S.situation** locational conditions; **S.spezialist** locations expert; **S.studie** location study; **S.suche** seeking a new location; **s.typisch** site-

Standort

specific; **S.unabhängigkeit** locational independence; **S.verlagerung** relocation; **S.verzeichnis** location index; **S.voraussetzung** locational prerequisites; **S.vorteil** site/locational advantage; **S.wahl** site selection, locational choice, choice of location; **S.werbung** site location publicity, advertising for a location; **S.wirkungen** locational effects; **S.wunsch** preferred location/site, locational preference
Stärkung strengthening
Start|beihilfe front-end subsidy grant; **S.finanzierung** start-up/front-end finance; **S.hilfe** launching aid; **S.kapital** initial/start-up/seed capital, launching funds; **S.kapitalfonds** seed capital fund; **gewinnorientierter S.kapitalfonds** for-profit seed capital fund; **S.schwierigkeiten** start-up problems
amtliche Statistik official statistics
Stau auflösen *(Verkehr)* to relieve congestion, *(Produktion)* to clear a bottleneck
Staub dust, powder; **S.belastung** (level of) dust pollution
Steinkohle mineral/bituminous/pit coal; **S.kraftwerk** coal-power station, coal-fired power station; **S.nbergbau** coal mining; **S.nförderung** bituminous coal production
Stelle *(Behörde)* agency; **freie S.** vacancy; **offene S.n** (job) vacancies, unfilled jobs/vacancies, positions offered; **Zahl der offenen S.n** unfilled vacancy figures; **S.nabbau** shedding of jobs; **S.nangebot** vacancies, available/unfilled jobs, positions offered; **S.nbesetzung** staffing; **S.nkürzung/-streichung** cutting of jobs; **S.nvermittlung** employment/placement agency, job agency/placement; **S.nwert** status, importance; **einen hohen S.nwert beimessen** to regard as very important; **S.nzuwachs** increase in the number of jobs
Stellplatz *(Container)* slot, *(Auto)* parking place/space
Stellungnahme statement, opinion; **S. des Betriebsrats** opinion of the works council
stellungslos sein to be jobless/without employment
Steuer (→ *Abgabe*) tax, duty; **direkte S.n** direct taxation/tax; **indirekte S.n** indirect taxation/tax; **S.anreiz** tax incentive; **S.anteil** revenue quota; **S.anteil der Gemeinden** revenue quota of local authorities; **S.aufkommen** tax revenue/yield/take; **S.ausfall** revenue loss; **S.beamter/-beamtin** tax official/officer/inspector; **S.befreiung** exemption/immunity from taxes; **s.begünstigt** *(Investition)* tax-deductible, *(Ware)* tax-privileged, taxed at a lower rate;

120

S.begünstigung tax concession/privilege, favourable tax treatment; **S.behörde** taxing authority, tax authorities, *[GB]* inland revenue authorities, *[US]* internal revenue authorities, tax assessor; **S.bemessungsgrundlage** tax base; **S.berater(in)** (tax) accountant, tax consultant/adviser; **S.bescheid** tax assessment; **S.einkommen/-einnahmen** tax revenue/yield/receipts, revenue from taxation; **die S.einnahmen steigern** to raise revenues; **S.erhebungsrecht** right to levy taxes; **S.erhöhung** tax increase/increment; **konsolidierte S.erklärung** consolidated tax return; **S.erleichterung** tax relief; **S.erstattung** tax rebate/refund; **s.frei** tax-/duty-free, tax-exempt, exempt from tax; **S.freibetrag für die Schaffung neuer Arbeitsplätze** new jobs credit; **S.freiheit** tax exemption; **S.freiheit genießen** to be exempt from tax; **S.freijahre/steuerfreie Jahre** tax holiday; **S.hoheit** right to levy tax(es), tax jurisdiction; **S.hoheitsgebiet** tax jurisdiction; **S.jahr** tax year; **S.kennziffer** tax code; **S.klasse** tax bracket/group/code; **S.kraft** tax revenue/yield/base, revenue-raising power, taxable capacity; **nachlassende S.kraft** shrinking tax base
steuerlich fiscal; **s.lich absetzbar/abzugsfähig** tax-deductible/-privileged; **s.liche Auswirkung** tax implication; **s.liche Belastung** tax burden; **aus s.lichen Gründen** for tax purposes; **aus s.lichen Überlegungen** for tax reasons
Steuer|pflicht liability to tax, *(Person)* liability to pay tax; **S.pflichtiger** tax-payer; **S.politik** fiscal/tax policy; **leistungsfreundliche S.politik** tax policy conducive to performance; **s.politisch** relating to tax policy; **s.politische Maßnahmen** fiscal policy, (government) tax measures; **S.progression** progressive taxation, fiscal drag; **S.recht** tax law; **s.rechtlich** relating to tax(-ation) law; **s.rechtliche Behandlung** tax treatment; **S.satz** tax rate; **S.schuld** tax liability, tax(es) owing; **S.senkung** tax cut; **S.stundung** deferred taxation, tax deferment/moratorium; **S.system** tax system; **investitionsförderndes S.- und Abgabensystem** tax system encouraging new investments; **S.- und Regeltechnik** control engineering; **S.vergünstigung** tax concession/break/ relief; **S.vorteil** tax advantage/benefit; **S.zahler** tax-payer; **S.zuwachs** increased tax revenue; **S.zwecke** tax purposes
Stich|straße access road; **S.tag** qualifying/closing date, deadline, date of survey; **S.tagsvoraussetzung** conditions to be met by the qualifying date
Stickstoffoxid nitric oxide

stillegen to close, to shut down
Stillegung closure, shutdown, *(Anlage)* decommissioning; **von S. bedroht** threatened by closure; **S.sbeihilfe** plant closure aid
Stillstandszeit idle time, stoppage, *(Maschine)* down time
stillstehend idle
Stimme *(Wahl)* vote; **S.nverhältnis** proportion of votes
per Straße by motor-freight/road; **S.nanschluß** road link; **S.nausbauprogramm** road improvement scheme; **S.nbahn** *[GB]* tram(-way), *[US]* streetcar; **S.nbau** road construction; **S.nbelastung** road use; **S.nfahrzeugbau** road vehicle industry; **S.ngüterverkehr** road haulage/transport; **S.nnetz** road network; **S.nniveau** street level; **S.ntransport** road haulage/transport; **S.nverkauf** street trading; **S.nverkehrsnetz** road network
Strategie| der neuen Produkte new product strategy; **städteplanerische S.** strategy for urban planning; **eine S. durchführen** to implement a strategy
strategische Planung strategic planning
Streuung spread, mix, dispersal; **regionale S.** regional dispersal
Strom (→ *Elektrizität*) electricity, current; **S.erzeugung** power generation/production, generation of current; **S.leitung** power cable; **S.preise** power rates, electricity prices, electric rate schedules; **S.preisgefälle** electricity price differential, difference between electricity prices; **S.versorgung** power supply; **S.wirtschaft** power/electricity industry
Struktur|analyse structural analysis; **S.bruch** structural break; **S.effekt** structural effect; **S.krise** structural crisis; **S.merkmal** structural characteristic; **S.nachteil** structural disadvantage; **regionale S.politik** development area policy, policy for the improvement of the regional structure; **s.politische Bedeutung** importance for (the improvement of) the regional structure; **s.politische Effekte** impacts on the structure; **S.problem** structural issue/problem; **s.schwach** structurally weak; **s.schwaches Gebiet** development area; **S.veränderung** structural change, change in structure; **sektorale S.veränderungen** sectoral structural changes; **S.verbesserung** structural improvement; **S.verbesserungsmaßnahme** structural improvement measure; **S.verschiebungen** changes in structure; **S.wandel** structural change; **dem S.wandel durch Subventionen entgegenwirken** to stem the tide of structural change by granting subsidies
Stück|kosten unit costs, costs per item; **S.zahl** number of units/items
stufenweise phased, staggered
Stundung extension, moratorium, respite
Stützung support
Submissionsofferte tender
Substanzverzehr depletion
Substitutionswettbewerb competition of substitute goods
Subunternehmer subcontractor
Subvention subsidy; **S.ierung** subsidizing, granting of subsidies; **S.sabbau** reduction of subsidies; **S.sbericht** report on subsidies; **S.smentalität** mentality of expecting subsidies; **S.spolitik** subsidy-orientated policy; **S.swettlauf** subsidy race, race for subsidies
Such|baum *(EDV)* menu; **S.verfahren** search method/strategy, *(EDV)* retrieval strategy; **S.zeit** *(EDV)* search/access time
Synthesegas synthetic gas
Systembeschreibung system description

T

Tabakverarbeitung tobacco processing
Tagebau opencast mining
Talent talent, aptitude
Talsperre dam, reservoir
Tarif|konflikt labour unrest; **T.lohn** standard wage, agreed wage rate; **T.parteien** labour and management, management and unions; **Beziehungen zwischen den T.parteien** industrial/labour-management relations; **T.partner** *(Sg.)* *(Arbeitgeber)* management, *(Arbeitnehmer)* labour; **T.partner** *(Pl.)* management and unions, labour and management; **T.struktur** fee/wage and salary scale, rate structure
Tätigkeits|feld line, field of activity/operation, purview; **T.ausweitung** job diversification
Technik engineering; **T.er** engineer, technician

technisch (orientiert) technological; **t.e Anforderungen/Erfordernisse** technological requirements; **t.e Hilfeleistung** technical assistance; **T.e Hochschule** polytechnic; **t.e Vorgabe** technical specifications

Technische Anleitung| Lärm (TA-Lärm) Noise Abatement Act; **T. A. (zur Reinhaltung der) Luft (TA-Luft)** Clean Air Act, clean air provisions; **Novelle der TA-Luft** Amendment of the Clean Air Act

Beherrschbarkeit der Technologie control of technological developments; **fortschrittliche T.** advanced technology; **führende T.** leading edge technology; **vorhandene T.** off-the-shelf technology; **T.n aufspüren** to detect technologies; **T.n entwickeln** to develop technologies; **T.anteil** technology content; **T.berater** technology advisor; **T.beratung** (high) technology consulting, advice on the scope of new technologies; **T.beratungsstelle Ruhr** Ruhr Technical Advice Centre; **T.bereich** technological field; **T.entwicklung** development of new technologies; **T.feindlichkeit** hostility to new technologies; **T.fenster** window on technology; **T.förderung** promotion of new technologies; **T.- und Forschungsförderung** promotion of research and new technologies; **T.hilfeprogramm** technical support programme; **t.orientiert** technology-oriented; **t.orientierte Existenzgründung** founding of a new technology-based firm; **t.orientiertes Projekt** technology-based project; **T.park** business and innovation centre, science park, centre for new businesses and innovation; **T.politik** technology policies; **T.programm Wirtschaft (TPW)** technology for business programme; **T.ressourcen** technological resources; **T.schub** technological impulse; **T.transfer** technology transfer, transfer of technology; **Agentur für T.transfer** technology transfer agency; **T.zentrum** science park, centre for new technologies

technologisch technological; **t.e Entwicklung** technological development; **t.e Erkenntnisse** technological knowledge/findings; **t. hochwertige Güter** high-technology goods; **t.e Industrie** technology-oriented industry; **t.er Stand** technological level; **t.er Standard** technological standard

Teil *(Organisationseinheit)* section
Teilelieferant parts supplier
teilnahmeberechtigt eligible
Teilnehmer|-Identifikation *(EDV)* subscriber identification; **T.kennung** subscriber identification; **T.rechner** *(Btx)* subscriber's computer terminal, *(Rechnerverbund)* time-sharing computer

Teil|region sub-region; **T.schließung** partial closing; **T.zeitbeschäftigte(r)** part-timer, part-time employee; **berufsbegleitende T.zeitschule** day release school
Teilung partition, division
Telefax telefax (service), facsimile transmission service
Telekommunikation telecommunications; **T.sinfrastruktur** telecommunications infrastructure; **T.snetz** telecommunications network
Teletext teletex (service), broadcast videotext
Termin *(Verabredung)* appointment, *(Frist)* deadline, time limit; **einen T. wahren** to meet the deadline; **T.arbeit** scheduled work; **T.planung** time scheduling
Terrain terrain, ground, site
tertiärer Sektor tertiary/service sector
Textilgewerbe/-industrie textile/clothing industry
Integriertes Text- und Datennetz (IDN) Integrated Text and Data Network (IDN)
Tiefbau civil engineering
Tilgung repayment, redemption; **t.sfrei** redemption-free; **T.sfreijahr(e)** grace/redemption-free period
Tor gateway, access point
Trabantenstadt new/satellite town
Träger öffentlicher Belange government bodies, public authorities
Träger|gesellschaft sponsoring company; **T.schaft** sponsorship, supporting organization
tragfähig able to take a load, *(fig.)* acceptable, viable; **T.keit** load-/weight-bearing capacity, *(fig.)* acceptability, viability
Transferzahlung transfer payment
Transport|art mode of transport; **T.aufkommen** volume of transport; **T.güter** cargo, shipment; **T.kette** transport chain, integrated transport; **T.kosten** transport costs/charges; **t.kostenintensiv** involving high transport costs; **T.kostenvorteil** advantage with regard to transport costs; **T.menge** volume of transport; **T.mittel** transportation equipment, means of transport; **T.netz** transport network; **T.technik** transportation technology; **T.verbot** ban on transport; **T.vorteil** transportation advantage; **T.weg** route
Trasse route, location line, *(Versorgungsleitungen)* alignment; **Freihalten von T.n** safeguarding
flüssiger Treibstoff liquid fuel
Trend trend, tendency
funktionsräumliche Trennung separation of nodal/functional regions
Trinkwasser drinking water
Tüftler(in) fiddler, tinkerer

U

U-Bahn *[GB]* underground, *(coll.)* tube, *[US]* subway
Übereinkunft zwischen Regierungen intergovernmental agreement
Übergangs|finanzierung interim finance; **Ü.hilfe** interim aid
übergeordnete Stelle higher authority
Überkapazität overcapacity, excess capacity
Überlandleitung overhead power line
Überlebensrate survival rate
Übermittlungszeit transmission time
überregional supraregional, national, nationwide
Überschwemmungsgebiet flooded area, flood plain
Übertragungs|gebühr transmission charge; **Ü.geschwindigkeit** transmission speed; **Ü.technik** transmission systems; **Ü.weg** transmission path
Umbau remodelling, refurbishment, conversion; **U.maßnahmen** alterations, renovation, rebuilding
im Umbruch changing; **sich im U. befinden** to undergo (radical) changes
Umfang volume, *(fig.)* scope; **in angemessenem U.** adequately, on an appropriate scale
Umfeld *(Gebiet)* (associated) area, environment, *(fig.)* environment; **unternehmerisches U.** environment for entrepreneurial activity; **U.bedingungen** environment, environmental situation
Umgebung *(Gebiet)* environs, surroundings, *(Gesellschaft)* background
Umladestelle place of trans(s)hipment
Umlegung *(Strecke)* rerouting, *(Kosten)* apportionment of cost(s)
Umsatz| aus Eigenerzeugung sale of self-produced goods/of domestic products; **zu versteuernder U.** taxable turnover; **prozentuale U.abgabe** percentage levy on sales; **U.anteil** share of turnover/of (total) sales; **U.kennzahl/-ziffer** sales indicator, turnover ratio; **u.stark** high-turnover; **U.statistik** sales/turnover statistics; **U.steigerung** increase in sales; **U.steuergenehmigung** sales tax permit; **U.steuerstatistik** turnover tax statistics, statistics on turnover tax; **U.zuwachs** increase in sales
Umschichtung switching
Umschlag turnover, *(Warenverkehr)* handling, trans(s)hipment; **U.kapazität** handling capacity; **U.stelle** transshipment station
Umschuldung debt rescheduling
umschulen to retrain, to rehabilitate
Umschulung *(→ Ausbildung/ Schulung)* retraining; **U.seinrichtungen** retraining facilities; **U.slehrgang** retraining course
Umsetzung transfer; **U.sschwierigkeiten** labour mobility problems
Umsiedlung relocation, resettlement; **U.sinteressent** prospect for relocation
Umstellung rearrangement, reordering, *(Anpassung)* adjustment, *(Veränderung)* change, reconversion; **U.sbeihilfe** adaptation allowance, re-equipment grant
Umstrukturierungs|hilfe restructuring aid; **U.strategie** restructuring strategy
Umwandlung conversion, transformation, reconversion
Umwelt environment; **die U. betreffend** environmental, ecological; **U.analytik** environmental analysis; **U.bedingungen** environmental conditions; **U.belastung** pressure on the environment, (level of the) pollution of the environment; **U.bewußtsein** environmental awareness; **u.feindlich** polluting, harmful; **u.freundlich** non-polluting, clean; **u.freundliches Produkt** ecological/clean/ecologically harmless product; **U.gefahr** hazard to the environment; **U.kontrolle** pollution control; **U.politik** environmental/ecological policy; **u.politisch** environmental, relating to ecological policy; **U.programm** environmental policies, scheme for the environment, ecological policy programme; **U.qualität** environmental quality, quality of the environment; **Verbesserung der U.qualität** environmental improvement; **U.schäden** environmental damage
Umweltschutz environmental protection, conservation, protection of the environment, pollution control; **U.anlagen** pollution control facilities/equipment, anti-pollution installations; **U.auflagen** conditions imposed for the protection of the environment; **U.behörde** environmental health department/protection agency; **U.einrichtungen** pollution control equipment; **U.gesetz** environmental law; **U.gesetzgebung** environmental/anti-pollution legislation; **U.investition** anti-pollution investment; **U.kosten** environmental protection costs; **U.maßnahme** measure aimed at protecting the environment; **U.ministerium** environmental health department; **U.-Regelungen** environmental protection regulations

Umweltschützer(in) environmentalist, conservationist, ecologist
Umwelt|situation environmental situation; **U.technik** environmental technology, technologies designed to protect the environment; **U.technologie** environmental technology; **U.verschmutzung** environmental pollution, pollution of the environment; **u.verträglich** environmentally acceptable; **U.verträglichkeit** environmental compatibility/acceptability
Umwidmung *(Fläche)* rezoning
unbürokratisch unbureaucratic, without a lot of red tape
unempfänglich unresponsive
unerschlossen *(Markt etc.)* untapped, *(Land)* undeveloped
Unfallforschung research into accidents
ungenutzt idle, untapped
Ungleichgewicht imbalance
Universitäts|bereich academic community; **U.gelände** university campus; **U.kreise** academic community
in Unordnung geraten to fall into disarray
untätig idle, inactive
einen Unterauftrag vergeben to subcontract, to contract sth. out
unter|beschäftigt underemployed; **U.beschäftigung** underemployment, *(mangelnde Auslastung)* undercapacity production
Unterbringung accommodation, placing; **U.smöglichkeiten** *(Wohnung)* housing opportunities
unterdurchschnittlich below average
Untergrundbahn underground railway
Unterhaltungselektronik consumer electronics
Unterkunft accommodation, dwelling, lodging
die notwendigen Unterlagen einreichen to file the necessary documents
die Unternehmen| (in ihrer Gesamtheit) corporate community; **U. der Spitzentechnologie** advanced technology company; **U. für Auftragsarbeit** soft company; **U. mittlerer Größe** medium-sized firm; **Ableger eines bestehenden U.s** spin-off (company), offshoot of an existing firm; **Ab- und Zuzug von U.** migration of companies; **Bestand an U.** range of (existing) enterprises; **Eintritt in ein U.** joining a company; **Fläche für U. der Zukunftstechnologie** high-tech accommodation; **Klima für U.** business climate; **ansiedlungswilliges U.** prospective/interested company; **einheimisches U.** local business/company; **erwerbswirtschaftliches U.** for-profit business/firm/operation; **gemeinnütziges/nicht erwerbswirtschaftliches U.** non-profit business/firm/operation; **gemeinwirtschaftliches U.** common ownership enterprise; **gewerbliches U.** industrial enterprise; **junges U.** new business, start-up/fledgling company; **kleines U.** nursery unit; **kleine und mittlere U.** small and medium-sized businesses; **mittelständisches U.** medium-sized business; **öffentlich-rechtliches U.** statutory undertaker/undertaking; **privatwirtschaftliches U.** for-profit business; **staatliches U.** state-owned/public company; **verselbständigtes U.** spin-off (company); **wachstumsförderndes U.** growth-generating business; **neue U. ansiedeln** to attract business from outside; **ein neues U. gründen/starten** to start up/set up/launch a new business, to form a company; **neue U. hervorbringen** to spawn new firms
Unternehmens|akquisition canvassing of companies; **U.berater** management consultant, company adviser; **U.beratung** management consulting/consultancy, advisory service for companies; **U.beratungsgesellschaft** enterprise agency; **U.besteuerung** corporate taxation; **U.ebene** corporate/company level; **U.form** structure of business; **U.führung** (business) management, management of a company; **U.größe** company size; **U.gründung** formation/flotation of a company, creation of a business; **Finanzierung von U.gründungen** start-up funding; **U.konzept** business/corporate concept; **U.konzern** business concern; **U.leitung** management; **Hilfe bei der U.leitung** management support; **Versäumnisse der U.leitung** management neglect; **U.plan** business/enterprise plan; **U.planung** business/corporate planning; **U.sitz** corporate headquarters, registered office; **U.spezifisch** company-specific; **U.struktur** corporate structure/organization; **U.teil** operation, section, division; **U.veräußerung** *[US]* bulk sale; **U.verflechtung** corporate affiliation, interlocking of companies; **U.verlagerung** business relocation; **U.wachstum** business growth; **U.zentrale** corporate headquarters
Unternehmer|(in) entrepreneur, businessman/-woman; **die U.** business/entrepreneurial community; **angehende(r) U.(in)** aspiring entrepreneur; **U.eigenschaften** entrepreneurial skills; **u.freundliches Umfeld** congenial conditions for business; **u.ische Belange** entrepreneurial interests; **u.isches Klima** entrepreneurial environment, environment for entrepreneurial activity; **u.isches Talent** entrepreneurial talent; **(die) U.schaft** business/entrepreneurial

community; **U.tum** entrepreneurship; **U.verband** trade association
Unternehmung business enterprise
Unterorganisation (eines Unternehmens) offshoot of an existing firm
unterrichten to inform, to instruct, to notify, to report
Unterrichtung instruction, notification
unterstützen to support
Unterstützung support, aid; **finanzielle U.** financial support/aid; **U.sleistung** back-up service; **U.smaßnahme** support scheme; **U.sprogramm** support programme; **U.szahlung** transfer/benefit payment

Untersuchung inquiry, investigation, analysis, survey; **U.en im Vorfeld** preliminary survey; **gründliche U.** in-depth investigation; **U.sergebnis** (survey) result, findings; **U.sjahr** year under review; **U.szeitraum** period under review
Unter|vermietung subletting, subleasing; **U.versorgung** insufficient supply
Urbanisierung urbanization
Urheberrecht copyright, proprietary right, *(Patent)* patent right
Ursachen- und Wirkungszusammenhang relation between cause and effect
Ursprungsland country of origin

V

Venture-Capital-Gesellschaft venture capital company
veraltet outdated
Veränderung change, alteration; **auf V.en reagieren** to respond to changes; **V.en vorhersehen/vorausberechnen/vorwegnehmen** to anticipate changes; **V.sdruck** pressure to change
Veranlagungszeitraum tax period
unternehmerische Verantwortung entrepreneurial responsibility
dezentrale Verarbeitung *(EDV)* distributed data processing
Verarbeitungs|betrieb processor, process(-ing) plant; **V.rechner** host/central computer; **V.tiefe** processing stage
Veräußerungserlöse proceeds (of sale)
Verband organization, association, federation, union
Verbesserung improvement, upgrading, amelioration; **V. der regionalen Wirtschaftsstruktur** improvement of the structure of the regional economy/of the regional economic structure
Verbindlichkeiten liabilities, debts/accounts payable
Verbindung link(-age), liaison; **V.sbüro** contact bureau, liaison office
verbraucher|bewußt market conscious; **V.nähe** closeness to the consumer; **V.preisindex** consumer price index
Verbrauchsgüter consumer goods; **V. produzierendes Gewerbe** consumer goods industry/sector; **V.industrie** consumer goods industry

Verbrennung burning, *(Müll)* incineration, *(Treibstoff)* combustion, firing; **V.sanlage** incineration plant; **V.sprodukt** waste product (of combustion), *(Antrieb)* fuel; **V.sprozeß** combustion process
Verbund|netz *(Energie)* grid; **V.rechner** *(EDV)* terminal computer; **V.tarif** joint rate
Verdichtung| der städtischen Siedlung growing density of urban settlements; **solitäres V.sgebiet** rural centre; **V.sraum** *(Siedlung)* conurbation, agglomeration, densely populated area, high-density/core area
Veredelung processing; **V.sindustrie** processing industry/sector
miteinander vereinbaren *(harmonisieren)* to reconcile
Vereinbarung arrangement, reconciliation; **V. über Zusammenarbeit** co-operative arrangement; **V. über Zusammenarbeit in der Forschung** co-operative research agreement
Verfahrens|technik industrial processing engineering; **v.technisch** with regard to industrial processing engineering
Verfall *(Gebäude)* dereliction
Verfassungsgerichtshof constitutional court
Verflechtung interlocking, integration, interconnection, interpenetration, amalgamation; **binnenwirtschaftliche V.** domestic economic interrelations; **regionsinterne V.** regional interlocking/interrelation
verfügbar sein to be available/ready
Zeitpunkt der Verfügbarkeit time of availability

Verfügung instruction, *(gesetzlich)* ordinance, *[GB]* statutory instrument; **V.srecht** title, right of disposal
Verfüllung filling
Vergabe| von Landesmitteln allocation of state funds; **V.bedingungen** award conditions, conditions for the appropriation of funds
Vergleichswert comparative figure
Vergünstigung *(Steuer)* allowance, relief, *(Preisermäßigung)* reduction, *(Vorteil)* privilege
Vergütung payment, compensation, remuneration
Verhandlungsspielraum room for manoeuvre
Verhängung imposition
Verhüttung smelting
Verkabelung cabling, wiring
Verkaufs|büro sales office, agency; **V.förderung** sales promotion; **V.preis** sales/selling price; **V.stelle** outlet; **V.wagen** mobile shop
Verkehrsanbindung transport connections; **innerörtliche V.en** inner-city traffic links; **überörtliche V.en** regional and national transport connections
Verkehrs|anlagen transport facilities; **V.aufkommen** volume of traffic; **V.ausschuß** *[GB]* transport committee, *[US]* transportation committee; **v.beruhigte Zone** restricted traffic area; **V.beruhigung** reduction of noise pollution (caused by cars), lessening of the irritation caused by traffic; **V.betriebe** transport services; **V.brache** derelict traffic area; **V.einrichtungen** transport facilities; **V.fläche** traffic area; **V.fluß** traffic movement, flow of traffic; **V.förderung** transport subsidies; **v.geographischer Mittelpunkt** central geographical location; **V.gestaltung** organization of transport; **V.gewerbe** transport(-ation) industry; **V.hof** freight centre; **V.infrastruktur** transport infrastructure; **V.konzept** transport concept/policy; **V.mittel** means of transport, transportation equipment; **öffentliche V.mittel** public transport; **V.netz** transport network, communications system; **öffentliches V.netz** public transport structure; **regionales V.netz** regional transport network; **Anschluß an überregionales V.netz** connection to the supraregional transport network; **V.system** transportation system; **V.träger** carrier; **V.verbindungen** transportation connections; **V.verbund** joint transport association; **V.wegenetz** transport infrastructure; **V.wegepolitik** policy for transport and communications; **V.wert** *(Grundstück)* market value; **V.wesen** transportation, communications; **öffentliches V.wesen** public transport/transit; **V.wirtschaft** transport industry

Verkettung linkage
Verknüpfungspunkt link, connection
Verkokung coking, carbonization
verkünden to announce
(Buch-)Verlag (book) publisher, publishing firm
Verlagerung relocation, shift(-ing); **V. nach außen** external relocation; **V. von Betrieben** relocation of plants/factories/production facilities; **V. von Produktionsstätten** relocation/transfer of production facilities; **V. eines Unternehmens** business relocation; **innerörtliche V.** relocation within city boundaries; **schwerpunktmäßige V.** relocation of key industries; **V.sabsicht** intention to relocate; **V.sbedarf** relocation reqirements/needs; **V.skosten** transfer costs; **V.spotential** relocation potential
verlangen to request
Verlängerung extension
Verleger(in) publisher
Verlust loss, waste, deprivation
vermarkten to market, to commercialize
Vermarktungschance marketing prospects
Vermessung survey(-ing); **V.sgebühren** surveying charges
vermieten to lease (out), to let
Vermietung vor Fertigstellung pre-let
Vermittler(in) mediator, intermediary, agent, go-between
Vermittlung *(Stelle)* placing
Vermittlungs|büro agency, broker's office, *(Arbeitskräfte)* job centre, placement agency; **V.funktion** agency, mediatory function, *(Telefon)* exchange, switching; **V.zentrale** *(Telefon)* switching centre
Vermögens|bildung capital formation; **V.haushalt** capital budget; **V.schaden** property damage; **V.steuer** *[US] (Unternehmen)* share tax; **V.werte** assets; **bare V.werte** liquid assets; **unbare V.werte** illiquid assets
Verordnung (→ *Erlaß, Gesetz*) *(gesetzlich)* ordinance
verpachten to lease (out), to let, to rent, to hire (out)
Verpackungsindustrie packaging industry
Verpflichtungen eingehen to commit o.s.
Verpflichtungsermächtigung commitment authorization
Versand shipment; **V.handel** mail order (industry); **V.handelsbetrieb** mail order business
Verschiebung *(Termin)* postponement, deferment, *(örtlich)* relocation, displacement
Verschränkung interconnection, integration

Verschuldung indebtedness, level of debt/indebtedness; **langfristige V.** long-term debt
Verseuchung contamination
Versicherung insurance, *(Unternehmen)* insurance company; **V.smakler** insurance broker
versiegeln *(Grund)* to seal up, to encapsulate
Versiegelung sealing, encapsulation
Versorgung supply(-ing), distribution, provision, *(Strom, Wasser, Gas)* service delivery; **V.-und Entsorgung** supply and waste disposal; **V.samt** pension office; **V.sanschluß** utility on site; **öffentliche V.sbetriebe** public utilities; **V.sfläche** supply area; **V.sfunktion** supply function; **V.skosten** service delivery costs; **V.sleitungen** supply network, mains, *[US]* hookup; **v.spolitisch** relating to the supply function; **V.spreis** supply price; **V.ssicherheit** security of supplies; **V.sunternehmen** public utility company
verstädtert urbanized
Verstädterung urbanization
Versuchsanlage pilot plant
Vertagung postponement, deferment
Verteiler|gleis *(Bahn)* distributor rails; **V.straße** distributor road
Verteilung distribution; **V.smuster** distribution pattern, pattern of distribution
sich vertraglich verpflichten zu to contract for sth.
vertragliche Vereinbarung contractual arrangement
soziale Verträglichkeit social acceptability
Vertrags|änderung change in the contract, modification of the contract; **V.firma** contracting firm; **V.forschung** contract research; **V.frist** contract period; **V.gestaltung** contractual arrangements, preparation of a contract
Vertrauensverhältnis (relationship of) mutual trust
vertreiben *(Waren, Güter)* to market, to distribute
Vertreter(in) agent, representative
Vertretung agency, representation
Vertrieb distribution, distributing operation
Vertriebs|gesellschaft selling corporation; **V.politik** distribution policy; **V.standort** distribution location; **V.weg** channel of distribution
Verunstaltungen des Landschaftsbildes scarring of the natural landscape
Verursacherprinzip principle of making the polluter pay
Verwaltung administration, management
Verwaltungs|aufgabe office function; **V.aufwand** administration costs; **V.behörde** government body, governmental agency; **V.bezirk** administrative area; **V.ebene** governmental level; **V.einheit** governmental entity/unit, administrative unit; **V.gebäude** administration block; **V.gebühren** administrative charges/fees; **V.gericht** administrative court; **V.grenze** administrative boundary; **V.handeln** administrative acts; **V.haushalt** revenue budget; **V.kosten** administration costs; **V.reform** administrative reform; **V.tätigkeit** office function, administrative work; **V.vorschrift** administrative regulation; **V.zentrum** administrative centre; **unterschiedliche V.zuständigkeit** administrative splitting
Verwendung application, employment, utilization; **nachgelagerter V.sbereich** downstream (field of) application; **V.szweck** application, use, purpose
Video|konferenz video conferencing; **V.text** broadcast teletext/videotex
Vielfalt diversity
Volkshochschule adult education centre
Volkswirtschaft national economy, *(Lehre)* economics
volkswirtschaftliche Gesamtrechnung national accounting/income accounts
Volkszählung census (of population)
Vollbeschäftigung full employment
Vollendung completion
Vollexistenz full-time job/business
voll verglast *(Gebäude)* glass-clad
Vollversammlung plenary meeting
Vollzeitarbeit(-sstelle) full-time job; **V.skraft** full-time job/employee
Vollzeitbeschäftigte(r) full-time employee
Vollzug execution, implementation; **V.sstand** state of implementation
vorantreiben to promote, to spur
Voraussetzungen requirements, preconditions; **günstige V. schaffen für** to nurture the environment for
voraussichtlich prospective
Vorbild model
im Vordergrund stehen *(fig.)* to be to the fore
Vorderliegergebühren front-foot charge
Vordruck *(Formular)* form
Vorentwurf preliminary/tentative/rough draft
Vorfinanzierung prefinancing, advance financing
Vorgabe *(Ziel)* target, *(Norm)* standard
Vorgehensweise course of action, approach
vorgelagert upstream
Vorhaben (proposed) project; **förderungsfähiges V.** eligible project; **innovatives V.** innovative project

vorhalten

vorhalten   to hold available
vorhanden   available, at hand, existing
Vorkaufsrecht   right of first refusal, option of purchase, preemption
Vorkehrung   preventive measure
Vorlaufkosten   run-up/front-end costs
Vorleistung   advance contribution, preliminary work, *(finanziell)* outlay, advance (payment); **V. für die Zukunft** investment into the future; **V.sverflechtung** interlocking of preliminary works and services
Vormarsch   advance
Vorort   suburb; **die V.e** suburbia
Vorplanung   preliminary planning
Vorprüfung   preliminary screening, initial appraisal
Vorräte   stocks, inventory
auf Vorrat kaufen   to stockpile
Vorratsland   non-plant land, land held for future building
Vorratsvermögen   inventories

Vorreiterrolle   pioneering role
Vorschlagsrecht   nomination right
betriebliches Vorschlagswesen   employee suggestion scheme
Vorschriften   regulations, rules; **V. zur Errichtung von Fabrikgebäuden** factory building regulations; **wirtschaftsrelevante V.** regulations relating to business activities
Vorschuß   advance (payment)
vorsehen   *(einplanen)* to plan, to earmark, to project
ehrenamtlicher Vorsitzender   honorary chairman
staatliche Vorsorge   government provisions
Vorstand   managing board
Vorsteuer   tax prepayment, input tax
Vorstudie   preliminary study/survey
Vorurteile abbauen   to overcome prejudices
Vorvertrag   provisional contract
Vorzugs|miete   preferential rent; **V.preis** special/preferential price, special discount price

W

(wirtschaftliches) Wachstum   economic growth; **W., das Arbeitsplätze schafft** job-producing growth; **Beitrag zum W.** contribution to growth; **qualitatives W.** qualitative (economic) growth; **zurückgehendes W.** declining growth; **unterdurchschnittlich zum W. beitragen** to contribute little to growth, to make a below-average contribution to growth; **W. verzeichnen** to exhibit growth; **W.substand** growth differential; **W.sbranche** growth industry/sector; **W.schance** growth prospect; **W.sdynamik** growth dynamism; **W.sentwicklung** growth trend; **W.sfeld** growth area; **w.sfördernd** conducive to growth; **w.sförderndes Klima** climate conducive to growth; **W.sförderung** promotion of (economic) growth; **W.sgebiet** growing region; **W.sgefälle** growth differential; **W.shemmnis** impediment to growth; **W.simpuls** growth impulse; **W.sindustrie** growth/expanding industry, growing industry/sector; **W.smarkt** growing/expanding market; **W.smöglichkeit** scope for expansion; **W.smotor** economic generator, engine for economic growth; **w.sorientiert** growth-oriented; **W.sphase** growth phase; **W.spol** growth centre; **W.spolitik** growth policy; **W.spotential** growth potential; **W.srate** growth rate, rate of growth/expansion; **w.sschwach** flat-growth; **w.sschwaches Gebiet** low-growth region; **W.ssektor** growth industry/sector; **w.sstark** growing strongly; **W.sstrategie** strategy for growth; **W.sstudie** study of economic sectors promising future growth; **W.svergleich** growth comparison; **W.svorsprung** lead in growth; **W.szentrum** growth centre
Wagnisfinanzierung   venture capital financing; **W.sform** venture capital financing scheme; **W.sgesellschaft** venture capital company
Wagniskapital   venture/risk capital
Wahlergebnis   vote, election result
Währungs|politik   monetary/currency policy; **W.relation** exchange relation
Wald|bestand   forest land; **W.fläche/-gebiet** forest area; **W.schäden** damage to the forest; **W.sterben** decay/depletion of forests
Waren|bestand   inventory, stock (-in-trade); **W.distribution** distribution of goods; **W.export** export of goods; **W.kredit** trade/commercial credit; **W.lager** warehouse, merchandise inventory; **erstes W.lager** start-up inventory/stock

Wärme|-Kraft-Kopplung heat-power link-up; **W.markt** heat market; **W.rückgewinnung** (process/waste) heat recovery; **W.transportsystem** heat transport system
Wartezeit *(EDV)* waiting time, latency
Wartung service, maintenance; **W. der Anlagen** equipment maintenance
Wasseramt water authority; **Wasser- und Schiffahrtsamt** waterways board
Wasserentsorgung sewage disposal
Wasserfläche area/expanse of water; **W. für Sport und Erholung** recreational water
Wasser|schutzgebiet protected water grounds; **W.sport** water recreation; **W.straßen(-netz)** waterways (network); **W.versorgung** water supply; **W.wirtschaftsverband** water authority
Wechsel shift
Wegbereiter des Fortschritts pioneer of progress
Wege *(Mittel)* instruments; **W.recht** right of way; **W.zeit** time of travel (to and from work)
Wegweiser *(fig.)* guide, *(Straße)* signpost
Weichenstellung setting the course
Weiterbildung further education; **außerbetriebliche W.** off-the-job training; **gezielte W.** skill development training; **W.seinrichtung** higher education institute; **W.slehrgang** continuing education course
Weiterentwicklung (further) development, advance
verstärkt weiterführen to step up one's efforts
weitergeben to pass on
Weiterverarbeitung processing, downstream operations
weitsichtig far-sighted
Welthandelszentrum world trade centre
Weltmarktanteil share of the world market
weltweit tätig trans-global
Werbe|anschreiben advertising letter/circular; **W.bemühungen** promotion efforts; **W.kampagne** promotional campaign; **W.konzept** advertising/public relations concept; **W.material** sales literature, advertising/promotional material; **W.methode** advertising method, promotion technique; **W.text** copy
aufklärende Werbung educational/informational advertising; **W. machen** to advertise, to promote; **W.skosten** expenses for the production of income, professional outlay/expenses, *[US]* class A deductions
Werk (→ *Betrieb, Fabrik*) works, plant, factory; **W.sschließung** plant closing
Werkstatt workshop (unit)
Werkstoff material; **W.prüfung** testing of materials; **W.technologie** materials technology

Werkstückintegration component/workpiece integration
Werkzeug tool; **W.maschine** machine tool
Wert|kartentelefon chip-card telephone; **W.minderung** depreciation; **W.schöpfung** value added, real net output; **W.steigerung** appreciation, increase in value; **W.steuer** ad valorem tax
Wertungssystem nach Betriebserfahrung *[US]* experience rating system
unlauterer Wettbewerb unfair competition; **verschärfter W.** increasing competition; **sich an den veränderten W. anpassen** to adapt to changing competition; **W.sbeschränkung** limitation/restraint of competition; **W.schance** competition prospects; **w.sfähig** competitive; **W.sfähigkeit** competitiveness, competitivity; **nachlassende W.sfähigkeit** decreasing competition; **W.smarkt** competitive market; **W.sposition** competitive position; **W.sverhältnisse** conditions of competition; **W.sverzerrung** distortion of competition; **W.svoraussetzungen** requirements of competition; **W.svorteil** competitive advantage
Wiederaufbaukredit rehabilitation loan
Wiederaufbereitung recycling; **W.sanlage** nuclear fuel reprocessing plant
Wiederbelebung regeneration; **W. der örtlichen und regionalen Wirtschaft** regeneration of the local and regional economy
Wieder|eingliederung reintegration; **W.gewinnung** recovery, regeneration; **W.herstellungspflicht** restoration liability, liability for redress; **W.veräußerung** resale
auf der grünen Wiese green field site; **Standort a. d. g. W.** green-field site
entlastende Wirkung easing effect; **eine W. ausüben** to have an effect (on); **W. entfalten** to generate leverage; **w.slos** ineffective
Wirtschaft (→ *Gewerbe, Industrie*) economy; **W. der Stadt** local economy; **Belebung der W.** economic recovery, rebound of the economy; **gewerbliche W.** (trade and) industry; **heimische W.** domestic/national economy; **hochentwickelte W.** sophisticated economy; **mittelständische W.** small and medium-sized businesses/companies; **produktionsabhängige W.** manufacturing-based economy
gutes Wirtschaften good housekeeping/husbandry
wirtschaftlich economic, industrial, *(sparsam)* economical, *(leistungsfähig)* efficient; **w. machbar** economically feasible

wirtschaftliche| Anpassung economic adjustment; **w. und soziale Anpassungen** economic and social readjustments; **w. Anpassungsfähigkeit** economic adaptability; **w. Basis** economic base; **die w. Basis verbreitern** to broaden the economic base; **w. Bedingungen** economic circumstances/preconditions; **w. Dynamik** economic vitality; **w. Frage** economic issue; **w.s Handeln** business activities; **w. Lage** economic condition; **w. Lage und Entwicklung** economic development and situation; **w. Leistung** economic performance; **w. Probleme** economic problems/issues; **w. Rahmenbedingungen** economic environment; **w.s Umfeld** economic circumstances; **w. Umstrukturierung** economic restructuring; **w. Voraussetzungen** economic preconditions; **w. Wiedererstarkung** economic resurgence; **w.s Wohlergehen** economic health/well-being; **w.r Wohlstand** economic prosperity
Wirtschaftlichkeit economy, economicalness, feasibility, economic efficiency, thriftness; **W.sanalyse** feasibility study, investment appraisal; **W.sberechnung** feasibility study
Wirtschafts|abteilung office/department for trade and industry; **W.ausschuß** economic committee; **W.berater** business consultant, economic adviser; **W.beratungsgesellschaft** enterprise agency; **W.bereich** industry, industrial/economic sector, sector of the economy, field of economic activity; **W.betrieb** business enterprise
Wirtschaftsförderung economic/industrial development, economic/business promotion, promotion of trade/the economic development; **kommunale W.** local business promotion; **regionale W.** regional economic development; **W.saktivitäten** business promotion activities; **W.sanreiz** business promotion incentives; **W.sausschuß** economic development committee; **W.sbemühungen** efforts to promote economic development; **W.sgesellschaft** industrial development corporation; **kommunale W.sgesellschaft** local development corporation; **W.sinstrumentarium** instruments/toolkit of business promotion; **W.skommission** development commission; **W.skonzept** business promotion scheme, concept for the development of economic activities; **W.smaßnahmen** business promotion activities; **W.spolitik** policy of business promotion; **W.spraxis** industrial aid policy, applied business promotion; **W.sprogramm** economic development programme

Wirtschafts|gebäude industrial/commercial building; **W.geschichte** industrial history; **kurzlebiges W.gut** short-term commodity, wasting asset; **W.güter** assets, economic goods, merchandize; **W.ingenieur** commercial engineer, engineering manager; **W.kraft** *(einer Region)* economic strength/vitality/base/health; **die W.kraft erneuern** to revitalize the economic base; **W.kreise** business community; **W.krise** recession, economic setback/downturn; **W.leben** economic life/activity; **W.ordnung** economic system/order; **W.plan** economic plan
Wirtschaftspoltik economic policy; **regionale W.** regional economic policy/strategy
wirtschaftspolitische|s Instrument instrument of economic policy; **w. Zielsetzung** economic objective/target
Wirtschafts|prüfer accountant; **W.raum** economic area, market; **w.- und strukturstark** economically and structurally strong; **W.strategie** economic strategy; **W.struktur** economic structure; **regionale W.struktur** regional economic structure; **W.system** economic system
Wirtschaftstätigkeit economic activity; **private W.** private-sector economic activity; **die W. ankurbeln** to revitalize business
Wirtschafts|verband trade association; **W.vertreter** representative from industry; **stagnierendes W.wachstum** slackening economic growth
Wirtschaftszweig *(→ Branche)* industry, (industrial) sector, economic sector, sector of the economy, branch of industry, line of business; **blühender/florierender W.** booming sector; **hauptbeteiligter W.** main industry involved
Wissensaustausch sharing of knowledge
Wohn|baufläche land for housing; **W.bauten** residential buildings; **w.bereichsnah** in close proximity to residential areas; **W.bevölkerung** resident population; **W.fläche** living space; **W.gebiet/-gegend** residential area/location; **Entwicklung zur W.gegend** residential development; **Entwicklung zur feinen W.gegend** gentrification; **Zerfall einer W.gegend** neighbourhood decline; **W.geld** rent rebate, housing assistance; **W.raum** living space; **W.raumbedarf** housing need(s)
Wohnsiedlung housing estate; **verfallene W.en sanieren** to reclaim deteriorated neighbourhoods; **W.sbereich** residential area
Wohn|umfeld residential/living environment; **W.umfeldverbesserung** improvement of residential environments, residential amenity im-

provement; **W.verhältnisse** housing conditions; **W.viertel** residential quarter; **W.wert** general livability; **W.- und Freizeitwert** residential and recreational value
Wohnung home, flat, dwelling; **W.sangebot** housing supply
Wohnungsbau housing, residential/house-building, housing development/construction; **gemeinnütziger W.** non-profit-making house-building; **W.darlehen** home/housing loan;

W.maßnahme housing development; **W.programm** housing programme
Wohnungsbedarf housing need(s)/ requirements; **W.sbeihilfe** rent rebate, housing assistance; **W.sbestand** housing stock; **W.seigentümer** home-owner, home ownership; **W.seinheit** dwelling; **W.smarkt** housing market; **W.sneubau** housing/dwelling start; **W.swirtschaft** housing

Z

Zahlungs|aufschub moratorium, extension (of credit); **Z.streckung** extension of the term of payment; **Z.unfähigkeit** illiquidity, insolvency, inability to pay
Zechenbrache mining waste land
im Zeitablauf in the course of time
Zeit|bedarf time needed/required; **Z.horizont** time limit; **Z.rahmen** timescale
Zentraldeponie central dump/disposal site
Zentrale corporate headquarters
Zentralrechner *(EDV)* mainframe
Zentrum centre; **Z. für Innovation und Technik** centre for innovation and technology; **wirtschaftliches Z.** economic centre
Zerfall eines Viertels neighbourhood decline
Zerrbild distorted picture/view
Zersiedlung urban sprawl, settlement fragmentation
Zersplitterung fragmentation; **Z. der Verwaltungshoheit** administrative splitting
Ziel|erfüllung objective/aim/goal attainment; **Z.gruppe** target group/audience; **z.gruppenorientiert** target-group oriented; **Z.konflikt** competing goals, conflict of aims
Zins|belastung interest charge/burden; **z.günstig** low-interest, at a favourable rate of interest; **Z.kosten** interest costs; **Z.niveau** interest rate level; **marktüblicher Z.satz** going/market interest rate; **Z.vergünstigung** subsidy on loan interest; **Z.vorteil** interest rate advantage; **Z.zuschuß** interest rate subsidy, subsidy on loan interest
Zoll customs, *(Gebühr)* duty; **Z.abfertigung** customs clearance; **Z.amt** customs office/house; **Z.anmeldung/-erklärung** customs declaration; **Z.bestimmungen** customs regulations; **z.frei** duty-free; **Z.freiheit** customs exemption, exemption from duties

Zubringer|dienst feeder/shuttle service; **Z.-Linie** commuter airline
Zuckerindustrie sugar industry
Zufuhr input
Zugang access point; **Z.sberechtigung** right of access
Zugriffs|berechtigung authorized access, right of access; **Z.möglichkeit** access (permission)
Zukauf additional purchase
zukünftig future, prospective
Zukunfts|aussichten outlook, (future) prospects; **Z.forschung** futurology; **Z.investitionen** investments for the future; **z.orientiert** future-directed; **Z.technologie** advanced/high technology, technologies with a promising future; **z.trächtig** promising, with a promising future
Zulassung licensing, authorization, registration; **Z.sgebühr** entrance fee
Zulieferbetrieb (component) supplier, ancillary company
Zulieferer (parts) supplier, component supplier, subcontractor
anteilmäßige Zumessung apportionment
Zurückbehaltungsrecht right of retention
zusammen (mit) in tandem (with)
Zusammenarbeit co-operation, liaison; **zwischenbetriebliche Z.** inter-firm co-operation
Zusammen|bau assemblage; **Z.hang** interconnection; **Z.laufen** convergence
Zusammenschluß combination, *(Unternehmen)* merger, *(Gemeinden)* amalgamation; **Z. von Kommunalverwaltungen** consolidation of local governments
Zusatz add-on; **Z.auftrag** surplus order; **Z.funktion** auxiliary function
Zuschlag bid award
zuschneiden (auf) *(fig.)* to tailor (to)

Zuschuß (→ *Beihilfe, Hilfe*) grant, allowance, aid, subsidy, contribution; **Zuschüsse der öffentlichen Hand** government aid; **laufender Z.** operating grant/subsidy; **rückzahlbarer Z.** repayable grant; **verlorener Z.** non-repayable grant; **zweckgebundener Z.** specific/tied grant; **z.fähig** eligible for a grant/subsidy; **z.schädlich** detrimental; **Z.zahlung** grant payment, granting of a subsidy

zuständig responsible, in charge of; **z.es Amt** responsible authority/office/agency; **z.e Stelle** responsible agency

abgestufte politische Zuständigkeit layered political authority

Zustimmung consent, approval

Zuteilung allocation, assignment

Zuverlässigkeit reliability

prozentualer Zuwachs percentage growth

Zuwanderer immigrant

Zuwanderung immigration (to the area), in-migration

Zuweisung allocation, appropriation; **Z.en an die Kommunen** local authority grants, financial equalization at the local government level

Zuweisungs- und Steuersystematik transfer and revenue system

Zuwendung (→ *Beihilfe, Hilfe, Zuschuß*) allocation, grant, allowance

Zuwiderhandlung violation, contravention

Zuzug in-migration, arrival

zwangloser sozialer Kontakt casual social interaction

Zwangsmitgliedschaft compulsory membership

Zwangsvollstreckung aus einer Hypothek mortgage foreclosure

zweck- und sachgebunden tied (to a specific purpose), earmarked; **nicht zweckgebunden** unspecific, non-committed

Zweckzuweisung specific grant

Zweigbetrieb branch, subsidiary plant; **Z.serrichtung** establishment of a branch operation

Zweigbüro/-niederlassung branch office

zweigliedrig dual, two-tier

zweistufig dual tier, two-step/stage

Zweitschrift copy

Zwischen|bericht interim/progress report; **Z.bescheid** progress report, interim reply, provisional notification; **Z.bilanz** interim balance, provisional appraisal; **Z.finanzierung** interim finance; **Z.händler** intermediary; **Z.lager** intermediate storage place; **Z.produkt** unfinished/semi-finished/intermediate product; **Z.stadium** intermediate stage